創夢先行者

꿈을
좇는
사람들

創夢先行者
꿈을
좇는
사람들

초판 1쇄 인쇄 2022년 9월 22일
초판 1쇄 발행 2022년 9월 26일
발행인　　김승일(金勝一)
디자인　　조경미
출판사　　경지출판사
출판등록　제 2015-000026호

ISBN　979-11-90159-83-8　(03300)

판매 및 공급처 경지출판사

주소: 서울시 도봉구 도봉로117길 5-14 **Tel:** 02-2268-9410　**Fax:** 0502-989-9415
블로그: https://blog.naver.com/jojojo4

※ 이 도서의 국립중앙도서관 출판시 도서목록(CIP)은 서지정보유통지원시스템 홈페이지(http://seoji.nl.go.kr)와 국가자료공동목록시스템에서
　이용하실 수 있습니다.

創夢先行者

꿈을 좇는 사람들

경제일보(经济日报) 지음 | 김승일(金勝一) 옮김

경지출판사 Korea Wisdom China   新世界出版社 NEW WORLD PRESS

contents

머리말
"중국경제는 왜 가능한가?"

『경제일보』 사장 겸 편집장

장샤오잉(张小影)

중국은 세계 제2대 경제대국, 최대 공업국가, 최대 무역국, 최대 외화보유국이다. 중국은 세계에서 제일 큰 규모의 수입 집단으로 형성된 소비시장이 있으며, 세계 최대 여행시장이며, 130여 개 국가와 지역의 주요 무역 파트너이다. 세계경제의 성장에 대한 중국의 공헌률은 1/3로 세계 경제성장 동력의 원천이고, 경제안정을 유지해주는 닻의 역할을 하는 국가로 성장했다.……백여 년간 강대한 중국을 건설하려는 수많은 인사들의 꿈은 거의 이루어졌다!

이와 동시에 중국경제의 붕괴론을 거론하며 중국이 붕괴된다고 주장하는 여론은 끊이지 않고 있다. 하지만 사람들은 세계경제가 쇠퇴하는 상황에서도 '아름다운' 중국의 풍경을 발견하게 되었다. 중국은 세계외교와 경제무대에서도 중요한 역할을 하고 있다. "중국 붕괴론"은 묵직한 '중국의 답안지'에서 거품이 되어 사라졌다. 도대체 무엇이 중국경제의 "불가능한 기적"을 가능하게 했으며, 중국 인민이 각종 위기와 도전에 맞닥뜨리면서도 앞으로 나아가게 했는가? 또한 사회주의 중국이 "경제학 교과서의 관례를 타파할 수 있는 힘"은 무엇인가?

간략하게 말해서 "중국경제는 왜 가능한가?"라는 문제의식이다. 이는 수많은 사람들이 갖고 있는 의문점이다.

"개혁개방은 당대 중국의 운명을 결정한 키포인트였으며, '두 개 백년'의 분투목표를 실현하고, 중화민족의 위대한 부흥을 실현하는 중요한 전략이었다." 40년 전 중국공산당은 "실제와 민심에 기초하여 사상을 해방시키고 실사구시하며, 단결하여 일제히 앞으로 나아가자"라는 역사적 전환을 가져오게 한 구호를 제기했다. 역사적 전환을 알리는 우렁찬 나팔소리가 널리 울려 퍼졌다. 이렇게 해서 당대의 중국발전과 진보의 활력을 가져오게 한 원천이 뿌리를 내리기 시작했다. 억만 인민들은 두 팔을 벌려 과학과 교육의 봄날을 맞이했다. 혁신 창조의 붐이 일어났고, 굳게 닫혀 있던 국문도 활짝 열렸다. 무수한 기업가들이 성장했으며, 세계적인 경쟁에 참여하게 되었다. 이렇게 중화민족은 시대를 따라잡을 수 있었고, 시대의 앞장에 서게 되었다. 40년을 아우른 큰 논리에는 "중국경제는 왜 가능한가?"라는 최종 병기가 내재되어 있었던 것이다.

이러한 큰 논리가 바로 "실사구시(实事求是)·인민지상(人民至上)"이다. 이는 "중국특색의 사회주의"를 구성하는 견고한 핵심 키워드이다. 실사구시는 우리가 과학적으로 규칙을 파악하는 과정에서 창조적으로 제도의 변혁을 실현할 수 있도록 했다. 중국 공산당원의 위대함은 바로 진정한 마르크스주의자의 실사구시적 태도와 사상 해방의 용기를 겸비하고 있다는 점에 있다. "중국의 사회주의 사회는 오랜 시간 동안 초급단계에 처해있게 된다."는 형세 분석은 역사유물주의의 입장에서 시장경제를 인입(引入)하는 기초가 되었고, "사회주의 사회의 생산력 발전에 유리한가라는 여부, 사회주의 국가의 종합적인 국력강화에 유리한가 하는 여부, 인민들의 생활수준 향상에 유리한가 하는 여부"를 판단의 기준으로 하여 인민들이 문제를 사고할 때 공허한 이론에서 실제적인 효과를 고려하도록 했다.

시장과 계획은 '수단'이다. 장기간 시장경제에 붙어 있던 자본주의의 꼬리를 떼어버리고, 사회주의 시장경제가 문제를 해결하고 성공할 수 있도록 해야 한다. 40년의 실천과정에서 자원 배치에 대한 시장의 작용이 끊임없이 확대되도록 하여 '효율의 향상'과 '부의 증가'를 실현토록 했으며, 생산력을 대대적으로 해방시키고 발전시켰다. 오늘에 이르러 사회주의는 시장경제에 "평화적으로 침식"되지 않았을 뿐만 아니라, 시장의 번영, 경제의 비약을 실현함으로써 전례 없는 생기와 활력을 가져왔다. 명백한 사실들이 확고한 판단을 증명해주고 있다. 즉 "중국이 이 길을 선택하지 않으면 다른 길이 없다. 오직 이 길만이 부유와 번영으로 통하는 길"이라는 것이다.

'인민은 최고'라는 사상을 가지고 있기에 우리는 '천신만고'의 어려움을 이겨낼 수 있는 제일 큰 원동력을 가질 수 있었다. 지난 40년간 모든 혁신과 모든 극복은, 계승과 발전·현재와 미래·점진과 난관, 나아가 정치경제와 국제환경 및 자연적인 돌발 재해에 직면하게 되는 난관을 극복해야 하는 기로에서 벗어나게 할 수 있었다. 이런 수많은 난관을 돌파 할 수 있었던 원인은 바로 중국의 개혁이 시작부터 자신의 주체 역량을 정확하게 인식했다는데 있었다. 억만의 중국인들은 경직되고 침체된 상황에서 각성했으며, 그러면서 점차 안목과 담력을 연마했고, 시야를 넓혀갔으며 힘과 추구하는 바를 축적해 나갔다. 무수한 기업가들은 성장하여 중국경제에서 제일 활력이 있는 세포가 되었다. 개혁발전의 성과는 더욱 공정하고 더욱 크게 전체 인민들에게 돌아갔고, 사회는 심각한 변화과정에서도 시종일관 안정을 유지해 나갔기에, 당과 국가는 여러 가지 난관을 이겨내고 정확한 방향으로 전진할 수 있었던 것이다. 바로 개혁을 인민에 의존하고, 개혁이 인민을 위한 것이기에 사회주의 중국은 생기와 활력이 넘치는 강대한 원동력을 확보할 수 있었으며, 시종일관 왕성한 원동력을 유지할 수 있었다. 수많은 중국인의 원동력이 모여 중국경제의 원동력이 되었던 것이다.

우리는 신세계출판사(新世界出版社)와 공동으로 "중국경제는 왜 가능한가?"라는 시리즈 출판 프로젝트를 기획하면서 인물에 초점을 두기로 했다. 사회경제 활동에서 사람들은 주관적이면서 능동적으로 작용할 수 있는 능력을 가지고 있으므로 절대로 무시할 수가 없다. 인민 군중의 노력과 분투 및 개척정신과 봉사정신을 지닌 기업가와 혁신정신을 지닌 중소기업 설립자들이 있었기에 중국의 개혁개방과 경제발전이 가능했다. 사람의 이야기는 사람들의 심금을 울리기 쉽고, 막강한 전파력과 영향력을 가지고 있으며, 시대의 변천과 중국인민이 추구하는 '중국의 꿈'을 제일 잘 반영할 수 있고, 중화민족의 위대한 부흥을 실현하는 정신적 역량을 실현할 수 있다. 이 시리즈는 『중국경제는 왜 가능한가?』라는 문제에 대한 답안을 중국의 경제인물에 녹여 중국인의 이야기를 통해 중국경제의 이야기를 풀어나가려는 계획이다.

중국 신시대 개혁의 재출발을 위해 현재 중국은 직면한 사항들을 몇 가지 방면으로 나열했는데 다음과 같다. 첫째, 경제의 지속적인 고속성장 단계는 이미 끝났고, 속도가 적절한 고품질 성장단계에 들어섰기 때문에 더욱 건전하고 더욱 보완된 사회주의 시장경제체제를 위한 제도적 보장이 필요하다. 둘째, 경제의 고속발전 과정에서 축적된 일련의 문제에 대한 해결이 시급하다. 예를 들면 환경자원, 산업구조, 도시와 농촌의 일체화, 취업, 인구노령화 등이 그것이다. 수백 년의 발전을 거친 선진국은 이런 문제들이 순차적으로 나타났지만, 중국은 고속발전으로 인해 모든 문제가 폭발적으로 나타났기 때문에 이를 해결하기 위한 난도와 긴박감이 높다는 점이다. 셋째, 이익의 다원화에서 각 측을 통괄적으로 조정하고, 개혁의 공동인식을 집결하며, 효과적인 거버넌스를 실현하는 것이 어느 때보다 복잡하다. 외부적으로 볼 때 중화민족의 위대한 부흥의 기세가 강하므로 불가피하게 여러 각도 및 여러 측면에서 일부 전통적인 대국의 심기를 건드리게 되기 마련이다. 이렇게 비교적 민감한 단계의 대외관계에 대한 처리는 반드시 목표와 실력, 그리고 수단을 균형 있게 정해야 한다는 점에 주의해야 한다.

개혁 초기에 우리가 직면한 것이 구불구불한 '강'이었다면, 미래에 우리가 넘어야 할 것은 파란만장한 '바다'이다. 치국이정(治国理政)의 측면에서 우리는 경제의 고속발전 상황에서 국제와 국내 두 가지 상황을 모두 고려하고, 경제사회의 균형적인 발전을 이끌어 본 세기 중엽에 이르러 부강하고 민주적이며, 문명되고 조화로우며, 아름다운 사회주의 현대화 강국을 건설하는 목표를 실현하는 데에 중점을 두어야 한다. 새로운 시작점, 새로운 장정의 길에서 우리는 40년 동안 누적해온 개혁개방의 성공적인 경험을 깊이 새겨 실사구시를 견지하고 인민이 최고라는 사상을 견지하며, "누구도 예언할 수 없는 미래를 향해 나아가야 하는 노정"에서 "중국은 왜 가능한가?", "중국경제는 왜 가능한가?", "중국공산당은 왜 가능한가?"라는 역사적인 시험지에 더욱 훌륭한 답안을 써내려가야 할 것이다.

로욜(ROYYOLE) 테크 : 창업의 '매직쇼'

경제일보·중국경제망

기자/위젠(喩劍)

[기업 개요]

로욜테크(柔宇科技, Royole)는 세계적인 플렉시블(flexible, 영어로 휠 수 있음을 의미하며, 휠 수 있는 인쇄 회로 기판을 제조하는 기술 혹은 휠 수 있는 디스플레이 장치를 뜻함) 디스플레이, 플렉시블 센서, VR 디스플레이 및 관련 스마트 기기 영역의 선두 기업이다. 특히 인간과 기계의 상호 연결기술과 상품 연구개발, 생산과 판매에 중점을 두고 있다. 2012년에 실리콘 밸리, 선쩐(深圳)과 홍콩에서 창립된 로욜 테크는 이미 중국 내외 유명 벤처캐피탈의 여러 시리즈의 투자를 받았다. 회사 창립 5년이 지나 회사의 예상 총액은 이미 50억 달러를 넘었다. 2014년에는 당시 세계에서 제일 얇은 0.01㎜ 두께의 플렉시블 디스플레이를 출시하여 플렉시블 디스플레이 산업의 붐을 일으켰다. 2018년에는 세계 첫 자주적 지적재산권을 보유한 6세대(类六代) 풀 플렉시블 디스플레이 대규모 생산라인을 가동했다.

선쩐만(深圳湾) 부근에 위치한 새로운 로욜 테크 사무실에는 전시홀이 있다. 매미 날개처럼 얇은 풀 플렉시블 디스플레이와 플렉시블 센서, 3D 이동 극장 등 상품이 진열된 전시 홀은 수많은 관람객들과 협력 파트너들의 발길을 사로잡고 있다. 사람들에게 첨단적 시각 효과를 주는 플렉시블 디스플레이는 기존의 디스플레이 업계에 지각변동을 일으키고 있다.

조용하고 침착하며 온화한 모습과는 달리 로욜테크 설립자 겸 CEO 류쯔홍(刘自鸿)의 혁신 창업 이야기는 반전 매력이 있다. 학생시절 그는 '조명 강도 자동조절시스템'을 발명하여 무대조명의 조절문제를 해결했으며 '착용 가능 반도체 감지시스템'을 개발하여 전기담요에 열 감지 기능을 추가했다. 또한 '실내 종합 운동 시뮬레이션시스템'을 설계하여 집에서도 골프를 치고 볼링을 칠 수 있도록 했다.……류쯔홍은 지금도 여전히 '경력직' 창업자이다. 그는 초기 창업에서 이미 정확하게 업계의 '불편 사항'을 파악했으며, 심지어 몇 년 후의 유행과 추세를 조준했다.

어떤 이들은 류쯔홍의 창업 경력을 마술사의 매직쇼와 같다고 한다. 어느 순간 그는 '비둘기'를 날렸고 '불'을 뿜었으며 '보따리'를 만들어내 사람들의 식견을 넓혀 주었다.

'문제 해결이 바로 가치 창조이다.'

대학시절부터 지금까지 류쯔홍은 일상생활에서 문제를 발견하고, 전업적인 지식으로 발견한 문제를 해결하는 방식의 창업을 견지했다.

일상생활 속의 실제로 문제해결이 가져다주는 거대한 가치는 창업과 산업계의 고증을 받고 있다.

류쯔홍의 혁신 창업경력은 칭화대학(清华大学) 전자공학과 본과 시기부터 시작되었다. 칭화대학의 학업은 어렵고 경쟁도 심했다. 하지만 그는 모든 에너지를 학업에만 몰두하지 않았다. 예술에 큰 관심이 있었던 그는 칭화대학에 입학한 초기에 학생예술단에 가입하여 아나운서로 활동했으며, 연극에 참여하면서 예술단 학생들과 함께 활발한 활동을 했다. 그의 첫 번째 발명 작품도 이 경력과 관련이 있다.

대학 2학년에 있었던 일이다. 하루는 연극 리허설을 하고 있었다. 무대조명이 너무 강해 그는 조명감독에게 조명의 강도 조절을 부탁했는데 너무 어두워 졌다. 그러자 그는 "자동적으로 조명 강약을 조절하는 시스템을 만들 수 없을까?" "사전에 프로그램으로 변수를 입력하여 자동적으로 조명 강도를 측정하도록 하면 가능하지 않을까?"하고 생각하다가, 얼마 지나지 않아 그는 전문지식을 응용하여 조명 강도 자동조절시스템을 만들어 냈고 칭화대학 '도전컵(挑战杯)' 시합에 참가하여 상을 받았다.

류쯔홍은 예술단 경력과 예술적인 사유가 그에게 큰 영향을 미쳤다고 했다. 응용과학 분야의 창업과 혁신에서 공과분야의 빈틈없는 신중함과 예술의 풍부한 상상력은 어쩌면 더욱 화려한 결과를 가져다 줄지도 모른다. "과학, 기술, 공학발전의 선두와 최고의 경지는 예술적이다. 영어에서는 'state of the art'라는 말로 사물의 최고 수준을 형용하기도 한다." 그는 이렇게 말했다. "나는 로욜의 플렉시블 디스플레이, 플렉시블 전자 센서와 3D 헤드 마운트 디스플레이 등의 상품을 개발했다. 소비자의 미적 추구를 고려하여 상품의 굴곡도, 디스플레이 기계적 구조의 설계과정에서 예술적 이념을 포함시켰다.'

자신의 흥미에 따라 자신이 잘 하는 일을 하자. 이는 류쯔홍이 창업과정에서 선택을 해야 할 때 유지했던 원칙이다. "자신이 좋아하는 일을 하면 무미건조하지 않고 즐거움이 따르고 도전과 난관을 이겨낼 수 있다. 즐거움이 있다면 생명은 새로운 의미를 가지게 되기에 인생을 허비할 시간이 없다." 그는 이렇게 말했다. "동시에 자신이 잘 하는 일을 찾아 해야 한다. 기초가 있고 그간 쌓아 놓은 경험이 있어야만 다른 사람보다 더 잘 해낼 수 있다."

2015년 로욜 플렉시블 디스플레이 프로젝트를 시찰하고 있는 리커창(李克强) 총리.

장시(江西)에서 태어난 류쯔훙은 습도가 높고 한랭한 겨울밤에 전기
담요를 사용해야 했다. 전기담요를 오래 켜놓으면 바싹 마를 정도로
덥고, 더워서 전기를 끄면 순식간에 열기가 식는 문제가 있다는 것을
류쯔훙은 누구보다 잘 알고 있었다. "전기담요를 더 스마트하게 할 수
는 없을까?" 이렇게 생각한 그는 대학교 4학년 때 반도체 센서를 연
구했다. 그는 의학 자료들을 참고하여 손목에 찰 수 있는 반도체 센
서를 설계했다. 착용할 수 있는 '시계'는 실시간으로 생리 상태를 측
정하고, 상황에 따라 전기담요를 켜거나 끌 수가 있다고 생각했다. 그
는 이 '인체 생물 지능 센서 및 응용 시스템' 프로젝트로 중국 제8기
'도전컵(挑战杯)' 대학생 과외 학술 과학기술 시합에 참가하여 개인 대
상을 받았고, 전국 1위를 차지했다. 당시 20살이었던 류쯔훙은 10년
이 지나면 착용 가능한 전자제품이 세계적으로 유행될 것이라고는
상상하지도 못했다.

　석사과정에서 류쯔훙은 10명으로 이루어진 팀을 이끌고 집에서도
골프나 볼링을 칠 수 있는 '실내 종합 운동 시뮬레이션시스템'을 개발
했다. 이 프로젝트는 칭화대학 학생 창업 시합에서 최고 창의상을 받
았다. 당시 그는 "우리는 이미 시제품을 만들어 냈으며, 이 프로젝트
로 창업을 시작할 것입니다."라고 말했다. 하지만 당시 학생 창업에
대한 벤처 캐피털의 투자는 매우 신중했기 때문에 첫 번째 창업은 시
작하지 못했다.

　몇 년 후, Xbox, PS4 등 게임기가 세계적으로 유행하기 시작했다.
두 번이나 제일 좋은 '입장 시기'를 놓친 류쯔훙은 아쉬웠다. 상품가

치와 산업추이에 대한 그의 판단은 틀리지 않았다. 그는 "창업자들은 성공을 보장할 수 없지만, '좋은 창업'을 하면 유지해 나갈 수는 있다. '좋은 창업'을 위해 선택한 방향이 반드시 사회의 적극적인 가치를 구현하고, 하려는 사업이 세상을 더욱 아름답게 만들 수 있는 것이라면, 의미가 있기에 쉽게 포기하지 않을 것이다."라고 하는 확고한 신념을 가지고 있었던 것이다.

스탠퍼드 대학교 교정의 소나타

2006년 가을 23살의 신입 박사생인 류쯔홍은 미국 스탠퍼드 대학교에 입학했다. 학교 관례에 따라 스탠퍼드 대학교 학술 지도교수는 관련 과제와 방향을 제시해주었다. 하지만 류쯔홍은 지도교수의 리스트에서 향후 10년 혹은 20년간 노력하고 싶은 과제를 찾지 못했다.

스탠퍼드 대학교의 넓은 교정에 누워서 류쯔홍은 사람들이 70%이상 시각으로 정보를 입력하는 미래를 그렸다. 그때가 되면 액정 디스플레이는 CRT 디스플레이를 대체할 것이다. 헌데 모든 화면은 왜 굴곡이 없는 평면일까? 더 얇을 수는 없을까? 하지만 당시의 디스플레이 생산기술은 크기나 해상도 및 휴대성에서 한계가 많았다. 작은 크기로 명확한 영상을 보여주기 어렵고, 명확한 영상을 보여줄 수 있는 크기의 제품은 휴대성이 떨어졌다.

"만약 디스플레이가 종이처럼 얇고 또 접거나 말수 있다면 휴대하기 쉽지 않을까?" 류쯔홍은 당시 디스플레이의 기술 난제를 해결할 수 있는 방법을 모색하기 시작했다. 그는 '플렉시블 디스플레이'를 자신의 박사과정 연구과제로 정했다.

그는 학술 지도교수에게 자신의 생각을 말했다. 류쯔훙의 말을 들은 교수는 무척 놀란 모습이었다. "첫째, 지금까지 학생들은 내가 제시한 과제 중에서 자신의 과제를 선택했을 뿐 너처럼 자신의 과제를 스스로 정한 학생은 없었다. 둘째, 나는 네가 제기한 관련 과제를 연구한 적이 없다." 이에 류쯔훙은 이렇게 답했다. "혁신은 새로운 사물을 창조하는 것입니다. 연구한 사람이 없으니 진정한 혁신이 아니겠습니까? 공업 분야에서의 교수님의 경험이 저의 연구에 큰 도움을 줄 수 있을 것입니다. 저희가 공동으로 연구할 수 있을 것입니다."

오늘에 이르러서도 류쯔훙은 교수의 가르침을 잊지 않고 있다. "새로운 상품이 큰 사회적 가치를 실현하려면 응당 상품의 공업화와 산업화를 실현할 수 있도록 해야 한다." 10여 년 전 류쯔훙이 스탠퍼드 대학교 교정에서 싹트기 시작한 '플렉시블 디스플레이'의 씨앗이 10여 년이 지난 오늘 일련의 제품으로 열매를 맺기 시작했고, 그 열매는 아름답고 무수한 꽃으로 피어나고 있다.

차세대 인간과 기계의 인터랙티브 정의

3년도 안 되는 시간에 류쯔훙은 스탠퍼드 대학교의 박사학위를 따냈다. 그는 졸업 후 플렉시블 디스플레이 분야에서 창업을 하려고 했지만, 당시 미국은 금융위기에서 벗어나지 못했기에 창업투자를 얻기가 쉽지 않았다. 마침 유명한 뉴욕 IBM Watson 연구소의 요청이 있어 그는 IBM에서 몇 년간 일을 했다.

2011년 하반기에 이르러 미국경제는 점차 회복하기 시작했다. 그는 창업기회를 얻게 되었다. 2012년 초 류쯔홍은 IBM을 떠나 자신의 창업팀을 만들기 시작했다. 같은 해 8월 로욜테크는 중국 선전과 실리콘밸리, 중국 홍콩에서 동시에 성립되었다. 로욜테크는 선후로 중국 내외 유명한 벤처 투자자들의 십여 억 달러의 투자를 받았으며 광둥성(广东省) 혁신단체계획, 선쩐시(深圳市) '쿵췌 플랜(孔雀计划)'의 지원을 받게 되었다.

로욜 테크에서 자체적으로 개발한 3D VR인 Royole Moon은 이미 20여개 나라와 지역에서 판매되고 있다.

---

1) 2010년 10월 선전경제특구에서 신기술 관련 인재 발굴 및 지원.

2014년 로욜 테크가 발표한 0.01mm의 세계에서 제일 얇은 플렉시블 디스플레이.

플렉시블 디스플레이 기술의 난관 해결은 결코 쉽지 않았다. 액정 디스플레이와 달리 플렉시블 디스플레이는 얇은 판에 수천만 개의 트랜지스터를 넣고 발광소재도 넣어야하기에 높은 기술을 요구한다. 류쯔홍의 말을 빌리면 두부 위에 고층빌딩을 짓는 셈인 것이다. 플렉시블 디스플레이 업계는 무에서 유를 만들어내야 하고, 재료 기술과 전자 부품부터 상품 설계까지 새로 창조해야 했다. 관련 업종이 너무 많다 보니 짧은 시간에 효과를 예측하기가 어렵다. 이렇게 수많은 어려움이 있었지만 류쯔홍은 회사의 밝은 미래를 굳게 믿었다.

2014년 8월 로욜테크는 두께가 0.01㎜의 세계에서 제일 얇은 컬러 플렉시블 디스플레이를 발표했다. 이 '블랙 테크'가 가져올 거대한 상업의 미래에 로욜테크는 일약 스타덤에 올랐다.

2018년 6월 총 투자액 110억 위안으로 세계에서 처음으로 6세대(类六代) 플렉시블 디스플레이 대규모 생산라인을 선쩐(深圳)에 건설한 로욜테크는 생산에 들어갔다. 생산라인 구축에 수백억이 필요한 전통 디스플레이 보다 플렉시블 디스플레이 생산라인 구축이 원가가 적을 뿐만 아니라 생산한 디스플레이는 유연성이 높고 화면도 더욱 선명하고 대량생산 합격률도 더 높았다.

그 뒤로 한달 후에 열린 2018년 러시아 월드컵이 모스크바에서 열렸다. 로욜테크가 자주적으로 개발한 세계 첫 고해상도 디스플레이가 달린 모자를 쓴 축구팬의 모자에서는 경기상황이 실시간으로 중계되고 있었다.

설립 된지 5년도 안 되는 사이에 로욜테크의 회사 가치는 50억 달러에 달했고, 국내외에서 2000여 개의 핵심기술 지적재산권을 보유하고 있다. 또한 그들의 플렉시블 디스플레이 기술은 여러 가지 전자제품, 스마트 교통, 스마트 가전제품, 운동 용품, 건축 인테리어 등에 광범위하게 사용될 수 있다.

"플렉시블 디스플레이, 플렉시블 센서는 창문이다. 이 창문이 열리면 커다란 '삼림'이 보일 것이다. 이 '삼림'은 수많은 전자제품과 관련 디자인이 포함된다. 때문에 플렉시블 디스플레이, 플렉시블 센서 기술은 어느 한 제품에 영향을 미치는 것이 아니라 전반 산업과 생태계

로욜 테크의 자주적인 지적재산권을 가진 세계 첫 6세대(类六代) 플렉시블 디스플레이 대규모 생산라인은 2018년 6월에 본격 가동되었다.

에 영향을 준다." 류쯔훙은 이런 예를 들었다. 만약 플렉시블 디스플레이가 휴대폰에 응용된다면 스마트폰과 태블릿 PC는 완전한 융합을 실현할 수 있으며, 휴대폰 제조사에서는 휴대폰을 휴대가 더욱 간편하고 통화 시 접고, 펼쳐서 인터넷을 이용하고 게임을 하는 등 소비자가 자유롭게 이용할 수 있는 스마트폰을 개발할 수 있다.

"미래 정보기술의 핵심 방향은 세 가지가 있다. 인간–기계 인터페이스, 인공지능과 만물 인터페이스이다." 류쯔훙은 이렇게 해석했다. 인간과 기계의 소통방식이 바로 인간–기계 인터페이스이며, 사람들이 정보를 감지하는 방식이고, 사람과 기계의 교류에서 기계는 정보를 받은 후 분석을 하고 결정을 내리는데 이것이 인공지능이며, 사람과 기계가 상호 교류 혹은 인공지능의 개체가 여전히 시스템에서 독

립된 것이기에 만물 인터페이스 기술을 통해 이를 연결시키면 지능
정보 네트워크가 된다. "우리는 굽힐 수 있는 플렉시블 디스플레이로
차세대 인간과 기계의 인터페이스를 창조하려 한다."

로욜테크를 설립한 이후로 류쯔홍은 상상이상의 열정과 집념을 보
여주었다. 그는 매일 거의 16시간 작업을 했으며, 오늘까지 미국과 중
국을 오간 거리는 100만 km가 넘는다. 창업 초기에 그는 지출을 줄이
기 위해 실리콘 밸리에 있는 친구의 객실에서 한 달 동안 지냈다. "우
리는 물질적인 향락보다는 자신이 종사하는 일이 사회에 더 큰 가치
를 창조하기를 바라고 더 많은 사람들이 세상을 인지하고 그들이 더
욱 좋은 생활을 누리기를 바란다."

2018월드컵 현장에 로욜테크의 플렉시블 디스플레이를 장착한 모자를 쓴 축구팬

로욜테크 회장 겸 CEO 류쯔홍 박사

창업자의 말

개혁개방 이후에 성장한 '80후(80后-1980년~1989년 사이에 태어난 사람을 일컫는 말)'인 우리는 행운아이다. 중국에서 좋은 교육을 받았고 외국으로 유학할 수 있는 기회도 있었기에 우리는 국제 최신 첨단기술 지식과 문화이념을 이해할 수 있었다. 로욜 6년의 창업 여정을 돌이켜보면, 제일 먼저 떠오르는 단어는 '천시, 지리, 인화(天时-하늘이 내린 기회, 地利-우월한 지리적 조건, 人和-사람 간의 화목함)'이다. 바로 중국의 개혁개방 이후 축적이 있었기에 유학을 마치고 귀국한 후에 우수한 인재들을 모아 창업의 꿈을 바탕으로 기술과 제품으로 만들어 낼 수 있었으며, 높은 효율로 0에서 1로, 1에서 N으로 다방면 적인 자주혁신을 실현할 수 있었다.

제일 좋은 창업의 시대에 우리는 언제나 신시대의 역사 방위와 책임을 생각하게 된다. 국제정보산업의 기초 부품은 '칩과 디스플레이'이다. 이 두 가지 기초 연구와 혁신은 충분한 준비가 필요하다. 그 이유는 말할 필요도 없다. 기업이 상업 규모와 생산 규모 확장을 추구한다면 심도 깊은 핵심 기술의 자주적인 연구와 개발을 멀리하게 된다. 그렇게 되면 '종이 연'과 같아 높이 나는 듯 보이지만 비가 조금이라도 내리면 바닥에 떨어진다. 때문에 반드시 굳건하게 과학기술을 중시하는 자주혁신을 유지하여 가치를 실현해야 한다.

중국은 지금 경제 글로벌화 과정에 참여하고 있다. 과학기술 종사자도 전례 없는 위대한 시대에 있다. 이 시대는 변화 속도가 빠르고 개방 정도가 높으며, 혁신 강도가 더 높기 때문에 과학기술 종사자는 큰 가치를 창조할 수 있는 기회가 더 많다. 하지만 유혹과 도전도 많다. 때문에 우리는 더욱 착실하고 확실한 생각을 가져야 한다. 섭섭한 상황도 이겨내야 하며 고독과 유혹도 이겨내야 한다. 이런 정신은 언제나 소중하다.

혁신의 과정은 '다섯 가지 부정'의 도전을 이겨내야 한다. 처음에는 "감히 해내지 못하고" 그러다 "중시하지 않고" "믿음이 줄고" "이해하지 못해서" "기회를 놓지는 상황"이 발생하게 된다. 이 다섯 가지 도전을 이겨내야만 혁신의 기회를 움켜쥐고 국제적 반열에 진입할 수 있다.

DJI의 혁신 : '외나무다리'를 지나 넓은 대지로

경제일보·중국경제망

기자/위젠(喻劍)

[기업 개요]

DJI혁신(Da Jiang Innovation, 大疆创新)의 줄임말이다. 중국 내에서는 간략하게 大疆(dàjiāng, 따장))은 기술과 혁신력으로 세계에 새로운 시각을 제공한다. 2006년에 설립된 DJI 혁신은 "'미래에는 불가능이 없다"는 이념으로 드론시스템, 휴대용 영상시스템과 로봇교육 영역에서 세계적인 브랜드 창설에 힘쓰고 있다. 일류의 기술제품으로 'Made in China'에 새로운 혁신적인 정의를 내렸다.

12년 동안 DJI 혁신은 부단한 기술, 제품혁신을 통해 글로벌 '천지일체' 영상시대를 열었다. 영화, 농업, 부동산, 뉴스, 소방, 구원, 에너지, 원격 탐지 측량, 야생동물 보호 등 여러 분야에서 사람들의 생산과 생활방식을 바꾸었다. 2017년 말 DJI 혁신의 판매액은 180억 위안을 돌파했으며, 전 세계 백여 개 나라와 지역에서 제품이 판매되고 있다.

일반인들이 쉽게 다룰 수 있는 '하늘의 눈'을 개발하면 소비자의 인정을 받을까스 있을? 처음으로 출시한 일체화 드론인 'Phantom'이 출시된 5년 후, 선전시 DJI 혁신(深圳市大疆创新)의 년 매출액은 180억 위안을 기록했다. 동시에 매년 60%이상의 속도로 증가하고 있다. 글로벌 시장의 모든 국가와 지역에서 DJI의 드론시장 점유율은 절대적 우세를 차지하고 있다. 미국 『타임즈』에서는 DJI의 'Phantom'을 유사 이래 제일 영향력이 있는 50대 과학기술 제품의 하나로 선정했다.

세계 주요 첨단 소비제품의 선두를 달리고 있는 DJI가 신속하게 궐기할 수 있는 원인은 무엇인가? DJI 총재 뤄전화(罗镇华)는 기술제품에 전념하고, 기술 심화를 실현하면 시장은 자연스레 무한대로 커진다고 했다. DJI의 비결은 아직 기술적으로 극복을 하지 못하고 아직 나타나지 않은 설계와 아직 형성되지 않은 시장이라는 '좁은 통로'를 선택한 것이다. 동시에 그들은 '기초 공사'를 단단히 하여 더 많은 업계에서 드론기술을 이용하여 새로운 아이디어를 실현하고 효율을 높여 실현하도록 하고 있다.

8년의 탐색 끝에 하루아침에 이름 날린 '날개 달린 카메라'

마음속으로부터 우러러 나오는 열정과 과학기술에 대한 존중이 없다면, DJI는 오늘과 같은 독특한 스타일의 스타트업으로 성장할 수 없었을 것이다.

DJI는 처음에 드론 산업을 시작하려 한 것이 아니었다. 그렇다고 우연은 아니었다. DJI의 창시자인 왕타오(汪滔)는 광활한 우주와 과학기술에 대단한 열정을 가지고 있었다.

　수많은 '80후'와 마찬가지로 왕타오는 어릴 때부터 '모형 항공기' 애호가였다. 하지만 원격 조종 모형기는 제어하기 어려웠다. 그의 2005년 홍콩과학기술대학 본과 졸업 논문 과제가 바로 자동공중 정지 기능의 헬리콥터 비행 제어기다. 이 연구는 그의 사업방향이 되었다. 왕타오는 2006년 홍콩과학기술대학 대학원 과정 때 DJI을 창립했다.

　창업 초기에 왕타오는 DJI는 '세계에서 제일 좋은 제품을 만들자'는 높은 표준을 설정했다. DJI는 최초에 모형 항공기 애호가들에게 시스템 모듈을 개발하고 판매했다. 장기간의 연마를 거쳐 DJI는 항공 모형 애호가들 사이에서 '유명 브랜드'가 되었다.

　최초에 DJI는 모형 헬리콥터의 비행 제어시스템 개발을 했다. 2008년에 DJI의 첫 헬리콥터 비행 제어시스템 XP3.1가 출시되었다. 이는 헬리콥터가 공중에서 정지할 수 있는 시스템이다. 제품은 일부 전문 사이트나 BBS를 통해 주문을 받기 시작했으며, 점차 애호가들 사이에서 호평을 받았다. 2010년에 이르러 DJI의 월 평균 판매액은 수십만 위안이 되었다.

　초소형 정밀기계 기술(MEMS)을 포함한 산업기술이 형성되면서 다 회전익 항공기를 사용하는 고객들이 늘어났다. DJI는 신속하게 다 회전익 항공기 제어시스템을 새로운 연구 방향으로 정했다.

　당시 다 회전익 항공기의 주요 고객은 '마니아 층'이었다. 그들은 부품을 구매한 후 코드를 다운 받아 직접 조립하기에는 문턱이 높았다. DJI는 그들 고객 대부분은 촬영장비를 설치하는데 촬영장비 고정 부품을 구매해 비행체에 고정하여 항공촬영하는 것을 발견했다.

항상 제품에 높은 표준을 요구하던 DJI이기에 조립이 필요하지 않은 직접 촬영할 수 있는 일체화 드론의 제품시장이 형성되지 않았음을 발견했다. DJI는 6년 동안 축적된 모든 기술을 응용해 비행시스템, 동력시스템, 통신시스템과 기기 구조기술을 공략했다. 짧은 1년 동안 DJI는 다 회전익 드론인 제1대 'Phantom'을 출시했다.

'날개 달린 카메라'는 기술의 집합체이다. 전문 모형 항공 애호가인 천장(陈章)은 이렇게 말했다. "'Phantom' 계열이 출시되면서 DJI 제품은 사용하기 쉽고, 가성비가 높은 제품 특성을 가지게 되었다." DJI는 드론을 마니아층에서 일반 소비자들이 사용할 수 있는 대중 시장으로 진출 시켰으며, 전 산업에 활기를 불어 넣었다.

빠른 세대교체의 '공중 로봇'

기술 교체와 반응속도가 빠른 시대에 핵심영역에서의 기술경쟁력과 제품 정합능력은 DJI이 선두를 지켜나갈 수 있는 무기가 되었다. 기술에 대한 열정, 시장의 수요에 대한 관심은 DJI이 혁신을 견지하고 사용자의 체험을 최적화하는 원동력이 되었으며, 이를 기초로 형성된 비행 제어, PTZ, 영상 전송, 카메라 등 핵심영역에서의 기술경쟁력과 제품 정합능력은 DJI가 드론산업에서 월등한 우세를 유지할 수 있는 무기가 되었다.

'날개 달린 카메라'는 의미가 있는가? 전경(全景)을 볼 수 있는 '하늘의 눈'을 가지고 있다. 하늘의 시각으로 풍경을 촬영하기에 시각적인 충격을 준다.

"일반 소비자에게 높은 품질의 항공촬영 능력을 제공하는 것은 엄청난 의미가 있다. 드라마나 영화에서만 볼 수 있던 항공촬영을 개인 소비자도 완성할 수 있게 되었다. 이렇게 항공촬영 유행이 일어났다. 명절, 여행, 일상생활에서 항공촬영은 보편현상이 되었다. 이와 동시에 여러 업종에서도 드론을 이용해 임무를 수행하고 데이터를 수집하게 되면서 드론은 효율과 생산력을 높이는 최적의 도구가 되었다." DJI 혁신 홍보담당 책임자 셰텐디(謝闐地)는 이렇게 말했다. 'DJI는 줄곧 최상의 기술과 제품을 제공하려한다. 풍부한 상상력을 가진 소비자들은 생산 상황의 문제해결을 위해 드론을 창의적이고 적절하게 응용하고 있다.'

Phantom P2V+, DJI의 첫 3축 PTZ 드론

제일 큰 수혜자는 드라마나 영화 제작진이다. 값비싼 헬리콥터를 이용하지 않고도 항공 촬영을 완성할 수 있다. 멕시코와 캘리포니아 주 연해안에서는 드론을 이용해 고래들이 뿜어내는 물줄기 모양을 연구한다.

네팔 지진 후 재건과정에서 드론은 재해지구 상공을 날면서 다양한 건축 측량 임무를 완성했다. 화재진압 과정에서 드론은 뜨거운 불길 속을 날아다니며 소방관이 정확한 발화 위치와 물체, 불길의 세기를 확인하고 정확한 소화 방안을 제정하도록 한다. 실종자 수색 과정에서도 드론은 몇 분 안 되는 사이에 수천㎡가 넘는 지역의 영상자료를 확보할 수 있기에 수많은 인력을 동원하여 수색을 할 필요가 없다.

2018년 7월, 65세의 스코틀랜드 등산가가 세계 제12대 산맥인 브로드피크를 등산하던 과정에 실종되었다. 구조대는 베이스캠프에서 DJI의 '어(御)' Mavic Pro를 이용해 해발 8000m 지역에서 실종자를 찾아 성공적으로 구조했다. 드론 기술은 일반 사람들의 손을 거쳐 더욱 많은 기적을 만들고 있다.

전 세계 드론 사용자들은 DJI의 드론과 영상기술을 여러 분야에 응용하고 있다. 최근 몇 년 동안 DJI는 새로운 드론 시장을 개척했다. 상품 시장은 DJI 드론 제품의 미래 발전 방향을 제시해준다. 첫째, 소비형 드론은 더욱 지능적이고 더욱 정교하며 사용이 더욱 용이해지고 가격도 더욱 저렴해지고 있다. 둘째, 드론의 응용을 진일보 적으로 발전시키고 있다. DJI는 측량, 환경보호, 농업, 전력 등 부동한 분야 관련 전담팀을 만들어 소비자들과 소통을 이어가고 있다. 셋째, 전 업계의 중하단 드론 기술 응용 혁신을 추진하고, 개발자 플랫폼과 인재양성을 제공하며, 기술 개발자 생태계 발전을 추진하고 있다.

천장(陳章)은 DJI 제품 기술의 빠른 교체와 진보를 체험했다. "오(悟)INSPIRE 1'이 출시되기 전 DJI의 대부분 제품은 외부의 강한 영향에 통제 불능 상태가 되거나 '폭발'하는 사고가 발생했다. 얼마 지나지 않아 DJI는 이 문제를 수정했다. 오늘에 이르러 제품의 결함으로 발생하는 사고는 별로 없다." 천장은 이렇게 말했다. "문제해결의 속도뿐만 아니라 DJI의 주요 제품 갱신 속도도 강한 기술 축적 실력을 보여준다." 드론 'Phantom' 계열을 예로 든다면 2012년부터 지금까지 DJI는 'Phantom' 계열제품에서 4대 제품 13가지 모델을 선보였다. 'Phantom 1'의 내장 GPS 모듈은 모든 기종의 기본 형태였고, 'Phantom 2'에는 높은 영상 종합 전송, 촬영 기술과 DJI이 자주적으로 개발한 카메라가 탑재되어 있으며, 'Phantom 3'에는 시각 위치 고정시스템을 가지고 있어 부분적인 지능화를 실현했다. 2016년에 출시한 'Phantom 4'는 처음으로 기계 시각을 대량생산하는 소비 전자 제품을 통해 영상으로 출력한 제품이다. 이는 인공지능 능력을 실제 현장에 응용하여 가능하게 한 '획기적인 제품'이다. 이 모델은 기계 시각에 근거하여 환경 감지능력과 장애물 회피능력, Active Track, Draw 모드 등 참신한 기능을 가지고 있기에 자주 능력을 가진 '공중 로봇'이다.

DJI는 높은 시장 점유율을 유지함과 동시에 새 제품 기술 교체 속도에도 박차를 가하고 있다. 제품의 세대교체 속도와 기술 업그레이드 폭에 동업자들도 두 손을 들 지경이다. 불완전한 통계에 따르면 2016년부터 DJI는 연평균 10가지 모델을 출시했으며, 새로운 제품 기술은 여러 영역의 표준기술을 창조하고 있다. 이는 관련 산업 진입 문턱을 높여주었다.

애플, 마이크로소프트 등이 기술에서 일체형 기업을 형성한 것과 마찬가지로 DJI도 이미 기술과 제품시스템의 자급자족 가능한 폐쇄적인 사슬을 형성하고 있다. "드론의 안전성은 매우 중요하다. 이는 땅에서 달리는 자동차와 다르다. 자동차는 고장이 나면 멈출 수 있지만 드론이 공중에 멈추면 추락한다. 오픈된 시스템보다 봉폐된 시스템은 제품의 안전보장에 유리하다. 예를 들면 DJI의 지리적 위치 울타리는 드론이 비행금지구역에 진입하지 못하도록 하여 공공안전을 보장하고 있다."는 DJI 관련책임자의 말이다.

DJI은 2014년부터 드론 기술 개발자 생태계를 구축하기 시작했다. 'Mobile SDK', 'Onboard SDK'를 출시했으며, 2018년에 DJI는 'Payload SDK'를 출시해 개발자들에게 기술을 오픈함으로써 산업 생태를 구축했다. 이렇게 그들은 다른 기술인재, 공학도 학생들과 응용 엔지니어들이 공동으로 드론의 새로운 응용 영역을 발굴할 수 있도록 했다. "드론기술의 보급은 정부 기술(IT)산업의 새로운 유행이고, 공업의 정보화, 정부의 실무 정보화의 중요한 기초이다. 미래 드론산업의 개발자는 지금 IT 산업의 프로그래머와 같이 보편화될 것이다. 그렇게 되면 드론산업은 폭발적인 응용을 실현할 것이다. 드론산업의 중단, 하단에서도 수많은 신흥기업이 탄생할 것이다."라고 셰텐디는 이렇게 말했다.

드론 산업의 새로운 생태 구축

DJI는 매년 5,000만 위안을 투자해 다채로운 로봇시합을 주최하고 있다. 이 시합의 '스타'는 엔지니어들이다.

DJI는 '인재는 제1 자원'임을 내세우고 있다. 설립자인 왕타오는 직접 연구에 참가하는 엔지니어이다. DJI가 끊임없이 과학기술 인재를 양성하기에 기술 난관들을 돌파할 수 있다. 하지만 이는 사회 전반에 엔지니어가 많아야 하고, 이공계 학생들에게 더욱 좋은 기회의 무대가 제공되어야 하며, 사회에서 존중을 받는 지위에 있어야 한다.

2015년 왕타오는 다른 사람들의 눈에 이상한 행동을 했다. 그는 아무런 대가를 요구하지 않는 상황에서 매년 5,000만 위안을 투자해 Robo Master 리그를 개최했다. 이는 대학교 재학생을 상대로 하는 시합이다. 로봇기술 개발을 보급하고, 사회적으로 로봇 엔지니어를 발굴하려는 초심이다. 동시에 왕타오는 "눈도 즐겁고 다채로운 경기를 만들어 엔지니어들이 '스타'가 되도록 해야 한다"고 말했다.

이런 경기를 개최하게 된 데는 왕타오의 학습과정과 연관이 있다. 10여 년 전, 홍콩과학기술 대학에서는 '로봇 설계'라는 새로운 학과를 개설해 다른 전공, 다른 배경을 가진 학생들이 합력하여 전자기기, 기기시스템, 전자시스템, 프로그램시스템 등 여러 영역의 지식을 응용하여 제품설계의 문제를 해결하도록 했다. 학생들이 직접 설계를 완성하려면 반드시 선쩐(深圳)에서 로봇 관련 부품을 구매해야 했다. 그 과정에서 그는 선쩐의 지능 부품산업을 이해하게 되었다. 왕타오는 바로 로봇설계 전체를 전공한 학생이었다. 학교에서 그는 기술을 연마했고 리더십을 배웠으며 홍콩 최고의 로봇 설계팀을 조직했다. 그는 아시아 태평양 대학생 로봇시합(Robocon)에 두 차례 참가하여 홍콩 1등과 아시아 태평양 지역 3등의 성적을 거두었다. 왕타오는 로봇시합이 "제일 큰 영향을 미친 경력이다"라고 했다.

핫셀(Hasselblad) 카메라와 1인치 센서를 탑재한 '어(御)' Mavic 2 Pro.

전통 로봇시합과는 달리 Robo Master는 '로봇대결'로 진행 된다. 양측 참가 로봇은 참가자가 연구개발한 로봇으로 1대1 시합을 하게 된다. 농구장 크기의 시합장에는 지형과 각종 장애물이 설치되어 있다. 양측은 전략적으로 7분 동안 공격을 하게 된다. 베이스캠프가 점령당하거나 'HP(게임에서 말하는 체력)'가 상대적으로 적은 측이 패배한다.

시합규칙에 따라 선수들은 참가 로봇의 부품을 자체로 설계하고 개발하고 조립하고 제어해야 한다. DJI는 동력시스템, 배터리 등 로봇의 기초 부품을 제공하고 기기 설계도, 전기회로 원리도, 제어 코드 등을 전부 오픈한다.

홍측의 보병 로봇

기술방면에서 DJI는 제일 기초적인 기술을 지도해 준다. 각 지역에서 청년 엔지니어 대회를 조직하여 오프라인으로 공유하고 온라인으로 교류하는 방식으로 기술을 전수하고 있다.

Robo Master 기술 감독은 Robo Master에 참가하는 대학교의 컴퓨터 공학 자동화 전공서적에 관련 기술이 있지만, 이를 조합하여 로봇으로 만들려면 난이도가 있다고 했다. '우리가 Robo Master 시합 규칙을 결정할 때 대학교 공과 특히 전자 자동화 전체의 모든 내용을 포함했다. 본과생도 노력하면 해낼 수 있고 연구생은 기술 응용공간이 넓다.'

2018년 시합은 '보초병' 로봇을 추가하여 로봇 스스로 주동적으로 적군과 아군을 구분하고 주동적으로 다가오는 적군을 공격하도록 했다. 때문에 이 로봇은 기계 자동화와 이미지 식별에 대한 요구가 높다. 또한 '공병' 로봇은 제일 중요한 '탄약고에서 탄약 수령'을 완성해야 한다. 때문에 기계의 신축 설계, 구조 안정성 등에 대한 요구가 엄청 높다.

이번에 사용하게 될 기술은 첨단 제조업 발전 추세에 따라 결정된 것이다. 예를 들면 보병 로봇의 자동 스캔 시각 식별 기능은 자율 주행 자동차의 계산기 시각 기술과 일맥상통한다. 공병 로봇의 탄약 수령 로봇 팔과 견인 기계도 물류 창고 로봇에 응용된다. 로봇이 섬에 오르기 위한 승강식 섀시(기계의 뼈대 구조)는 복잡한 환경에서 승강 로봇의 중요한 기술이다. 화려한 디자인과 착실한 기술. 바로 DJI의 풍격과 '유전자'가 그대로 함축된 Robo Master 리그이다.

2018년 Robo Master 리그에서 선수들은 로봇 성능을 테스트하고 있다.

2015년부터 지금까지 이미 4기 리그를 진행했으며, 참가 선수들은 로봇 개발과 창업에 참여하고 있다. 동시에 Robo Master는 중고등학생들을 상대로 하는 여름 캠프를 진행했다. 이 캠프에 400여 개 학교의 1,000여 명 학생들이 신청했다. 캠프에서 학생들은 리그에 응용하는 탄약 수령 및 로봇 팔 설계 관련 내용을 수료했다. 학생들은 요구에 따라 잡고 드는 로봇을 설계하여 물품 운송과 임무 구축을 완성했다.

여름 캠프 외에도 DJI는 Robo Master와 학교 교육과정 결합을 시도했다. DJI의 총재 뤄전화는 Robo Master는 이미 선쩐중학(深圳中学), 선쩐실험학교(深圳实验学校), 선쩐제2고급중학(深圳第二高级中学), 광저우즈신중학(广州执信中学), 광저우광야중학(广州广雅中学), 춘훼이중학(春晖中学), 인민대학부속중학(人大附中), 마카오 현지 고등학교 등 40개 고등학교와 로봇과정을 개설했다. 대학교 교육과정에서 Robo Master은 이미 베이징항공항천대학(北京航空航天大学), 전자과학기술대학(电子科技大学), 동북대학(东北大学), 하얼빈공업대학(哈尔滨工业大学), 칭화대학(清华大学), 서남과학기술대학(西南科技大学), 옌산대학(燕山大学) 등 7개 대학과 협력하여 다 회전익 항공기 원리, 다 회전익 항공기 응용개발 및 지면 로봇 응용개발 등 세 가지 학과과정을 설치했다. 이렇게 그들은 실천과 이론의 융합을 추진하고 있다.

DJI 혁신 총재 뤄전화.

창업자의 말

항공 모형으로부터 시작한 DJI는 소비 전자에서 영상 업계로 확장했으며, 나아가 더욱 많은 산업으로 넓혀가고 있다. DJI의 드론 시스템, 영상 기술, 프로그램과 서비스는 계속 도구 역할을 한다.

DJI의 제일 큰 고객 시장인 영상 업계에서 우리는 드론이 영상 공업을 변화시킨 것이 아니라 영상 업계가 드론 등 도구를 이용해 효율을 높이는 변화를 가져옴으로써 더욱 창의적인 영상을 제작하고 더 많은 청년 창업가들은 놀라운 작품을 제작할 것이라 믿고 있다.

기타 업계에서도 비슷한 이야기가 일어나고 있다. 공공안전 영역에서 드론은 안전 강화와 범죄 타격 효율을 향상시켰다. 얼마 전에 "DJI 드론이 경찰서의 정찰에 투입 된 4개월 사이에 멕시코 작은 도시의 범죄율은 10%가 줄어들었다."는 보도를 읽었다. 과장된 부분이 있겠지만 범죄율 감소는 전 경찰의 사업 효율이 향상된 결과로서 전부 드론의 공로라고 할 수는 없지만, 드론은 디딤돌처럼 공공안전의 정보화를 받쳐주고 효율을 높여 가치를 창조한다.

디딤돌의 작용은 도로의 작용을 할 뿐만 아니라 도로가 나타남으로써 교통능력이 향상되어 지역경제의 발전으로 이어질 수 있다.

수많은 업종의 정보화와 자동화 전환 과정에서 DJI는 디딤돌의 역할을 하고 있다.

이항지능(亿航智能) : 유인 드론의 '전복자(颠覆者)'

경제일보· 중국경제망

기자/정양(郑杨)

[기업 개요]

이항지능(亿航智能)은 후화즈(胡华智)가 2014년에 광쩌우에서 설립한 회사다. 세계에서 처음으로 자율 비행 드론을 개발한 이항지능은 전폭적인 혁신으로 전반 드론 업계의 동질화 경쟁을 타파함으로써 전세계 민용 드론영역에서 지능소프트웨어 제어, 휴대폰 체감 제어와 VR의 통합 체험, 자동화 드론 편대 비행, 자율 비행 드론, 인터넷 연결 드론, 스마트 시티 지휘 센터, 드론 물류 배송 등 수많은 혁신 이념과 응용의 선구자가 되었다.

"비행에 대한 대중들의 인식과 체험을 대대적으로 변화"시켰기에 미국 잡지 『Fast Company』는 이항지능을 '2016 세계 최고 혁신 회사'로 선정했고, 이제는 세계 3대 드론 기업으로 성장했다.

낮은 높이에서 날고 있는 자동차. 그리고 날고 있는 자동차에서 발아래의 숲과 집을 내려다보는 승객들. 이는 1957년 7월 미국의 저명한 과학기술 잡지『Popular Machanics』표지에 실린 그림이다. 글에서는 10년 후인 1967년이면 그림속의 화면이 현실로 된다고 예언했다.

그로부터 60년이 지난 2016년 3월에야 예언이 실현된 현실판 자율운전 유인항공기의 사진을 표지로 한『Popular Machanics』가 발행되었다. "'우리는 50년을 기다렸다!" 잡지사는 자율 운전 유인 드론 개발자인 이항지능 회사를 찾아 '원망'하듯이 말했다. 설립 된지 겨우 4년 밖에 되지 않은 신생 회사가 드론이라는 '넓은 바다'에서 드론산업의 혁신을 일으킬 것이라고 누가 생각했겠는가?

이항지능 회사 전시장에서 기자는 '세계 최초 자율 비행 유인 드론'인 '이항 184(亿航184)'의 실물을 만났다. 이 드론은 드론 중 '몸집이 큰 놈'이고 여객기에서는 '작은 새'였다. 사람이 탈 수도 있고 조종할 필요도 없었다. 중요한 것은 진짜로 사람을 태우고 도시, 사막, 해안을 날 수 있다는 점이다. 멀지 않은 미래에 일반인들도 이 드론을 타고 자율 비행을 만끽할 수 있을 것이다.

"이항지능-인류가 새처럼 자유롭게 하늘을 날 수 있도록 하자" 이는 회사벽에 새겨진 문장이다. 이는 홍보용 문구가 아니라 아이의 마음에 심어 놓은 꿈처럼 수많은 '창업 스타'들이 진실하게 노력하는 현실을 말한다.

그 아이가 바로 이항지능의 설립자이며 회장인 후화즈이다. '창업 스타'들이 바로 후화즈 주위의 같은 꿈을 가진 '슈퍼 파트너'들이다.

지금 그들은 꿈이 이루어지는 소리를 들었다. '비행에 대한 대중들의 인식과 체험을 대대적으로 변화'시켰기에 미국 잡지 『Fast Company』 는 이항지능을 '2016 세계 최고 혁신 회사'로 선정했으며, 이제는 세계 3대 드론 기업으로 성장했다.

모형 항공기 마니아의 '소우주'

후화즈의 유년시절은 대다수 남자아이들과 마찬가지로 모든 날 수 있는 물건에 관심이 많았다. 5살부터 그는 "커서 비행기 완구점을 차리겠다"고 했다. 조금 커서는 컴퓨터에 빠졌다. 이런 열정은 나이와 함께 줄어들지 않았다. 언제부터인지 이 두 가지에 대한 사랑은 하나의 꿈으로 뭉쳐졌다.

이항지능 지능 드론 포스터

13살이 되던 해, 시험에서 만점을 맞은 후화즈는 부모님께 졸라 자신의 첫 컴퓨터를 갖게 되었다. 그 시기에 컴퓨터는 값이 엄청 비쌌기에 큰 투자였다. 프로그래밍에 재능이 있었던 후화즈는 칭화대학 입학 통지서로 부모님의 투자에 보답했다.

2005년 후화즈가 창설한 시스템 집성 회사 팀은 뛰어난 기술을 바탕으로 베이징 올림픽, 상하이 엑스포, 광저우 아시아 운동회의 지휘 제어 시스템 프로젝트를 맡았다. 그는 여전히 '슈퍼 모형 항공기 마니아'이다. 후화즈는 모형 항공기를 다룰 뿐만 아니라 비행기 조종도 배웠다. 심지어 친구들과 함께 베이징에 중국 첫 우주항공 모형 박물관을 차리기도 했다.

2013년 후화즈는 드론 업계로 진출할 생각을 가졌다. 여행 부동산 프로젝트를 시행하던 시기에 그는 사람이 아니라 드론으로 측량할 수 있다는 생각이 들었다. 헌데 2만여 위안을 들여 사온 유명 브랜드 드론은 많은 사람들 앞에서 추락했다. 그 시기에 더욱 안타까운 사건이 발생했다. 그의 헬리콥터 조종사 코치인 유명 비행기 조종사가 임무 수행 과정에 비행기 추락으로 사망했다. 심지어 당시 조종한 비행기는 미국 유명회사의 헬리콥터였다. '진짜로 안전한 비행기가 없단 말인가? 안전을 고려하지 않고 자유로운 비행을 할 수 없을까?' 후화즈는 자신이 직접 만들어야겠다고 결심했다.

모형 비행기 마니아의 '소우주'는 폭발했다. 그는 베이징의 모든 업무를 중단하고 몇 명 남지 않은 파트너들을 드론 산업을 완비한 주강 삼각주(珠江三角洲)로 요청해 소형 드론 개발에 몰두했다. 그는 드론

영역은 투자가 많은 영역이라는 것을 너무 잘 알고 있었다. 먼저 소비형 소형 드론을 만들어 안정적인 자금 순환을 형성한 후에 대형 유인 드론을 연구하기로 했다.

마침 2013년은 스마트폰이 보급되고 3G 네트워크가 한창 구축되던 시기였다. 후화즈는 드론의 '표준 부품'인 리모컨이 아닌 휴대폰으로 제어하는 드론을 연구하기로 했다.

1년 동안 그는 매일 수입 탄소 섬유관 사이에서 낮에는 드론을 조립하고 밤이면 미친 듯이 프로그래밍을 한 후 시험비행을 진행했으며, 시험비행에서 나타난 버그를 수정하고 다시 시험비행을 했다. 그렇게 그는 거의 매일 해가 뜰 때까지 열 번도 넘는 시험비행을 했다. 드론이 하늘에서 날다가 떨어지는 일이 수없이 발생했다. 그 1년 동안 얼마나 많은 드론이 폐기 되었는지 모른다. 거듭되는 실패와 수정에 그는 모든 재산을 투자했다.

첫 번째 유인드론은 무수한 난관을 거쳐 탄생되었다. 기자는 이항 지능 회사 전람실에서 1대 GHOSTDRONE 지능 유인 드론을 보았다. 비록 거칠고 모형항공기 모습이지만 처음으로 휴대폰 App을 통해 지능 제어를 실현한 전폭적인 드론이었다. App을 통해 10분이면 사용자는 드론을 제어할 수 있기에 유인드론 제어 장벽을 대대적으로 낮추었다.

후화즈는 모형항공기 제조공장에 생산을 맡겼다. 어떻게 판매할 것인가? 이는 후화즈가 해결해야할 다음 문제였다.

'영웅 연맹'

2014년 4월의 어느 날, 후화즈는 유인 드론을 들고 모교 칭화대학 동창인 리쥐환(李卓桓)을 찾아 갔다. 그 시기 리쥐환은 꽤 유명한 에 인절 투자자였다. 그들이 후화즈의 '보배'에 대해 이야기를 나누고 있을 때 옆에 있던 젊은이가 말을 걸어왔다. "이 유인드론은 멋진데요. 해외에서 지금 이런 기계가 인기가 있어요. 제가 해외에서 크라우드 펀딩[2]을 해도 될까요?"

이항 Falcon 업종 응용 드론

---

2) 크라우드펀딩(crowd funding) : 은 온라인 플랫폼(중개업자)을 통해 다수의 개인들로부터 자금
  을 조달하는 금융서비스이다. 이는 세 행위주체 즉, ① 아이디어 또는 프로젝트 기획자(자금수요
  자) ② 아이디어를 지원·전파하는 다수의 개인 또는 집단(자금공급자) ③ 아이디어를 실행하도
  록 이끄는 중개자 또는 조직(플랫폼)으로 이뤄진다.

이 말을 들은 후화즈는 좋은 방법이라 생각했다. 이 청년은 미국 듀크 대학교 MBA를 졸업한 25살의 숑이팡(熊逸放)이었다. 그는 창업의 광인이었다. 창업자들의 천당으로 불리는 실리콘 밸리에서 연속 창업을 하고 귀국한 그는 베이징, 상하이, 광저우, 심천 등 도시에서 창업기회를 찾고 있었다.

숑이팡은 캐리어를 끌고 홀로 미국 실리콘 밸리에 가서 클라우드 펀딩을 진행했다. 펀딩을 통해 86만 달러를 모집했다. 이는 당시 중국 과학기술 제품의 해외 펀딩 최고 기록이었다. 이항지능의 연합 설립자이고 최고마케팅책임자인 숑이팡은 "2016 포브스 세계 30세 이하 30대 창업가"라는 칭호를 얻었다. 창업경력을 이야기 하면서 그는 "마윈(马云)이 되려하기보다는 자신의 알리바바(阿里巴巴)를 찾는 것이 낫고, 자신의 알리바바를 찾아 최선을 다한다면 세계를 개혁 할 수 있다"고 했다.

GHOSTDRONE가 해외에서 각광을 받게 되자 에인절 투자, 시리즈 A, 시리즈 B 융자는 신속하게 완성되었다. 이항은 선후로 약 5,200만 달러의 융자를 얻었다.

'돈' 문제는 해결했다. '사람'의 문제가 더 시급했다. '첫 번째 유인드론을 만들었으니 다음은 무엇을 할 것인가?' 후화즈는 전문가가 전문적인 일을 해야 한다고 생각했다.

그는 칭화대학 자동화 학과에서 드론을 연구하는 후배들이 떠올랐다. "우리는 인류의 교통역사를 개편하여 사람들이 새처럼 하늘에서 날도록 해야 한다." 후화즈가 그린 미래는 혁신의 꿈을 가진 젊은이들의 마음을 움직였다.

　전문 관리팀이 필요했다. 투자융자영역에서 유명한 샤오상원(萧尚文)을 소개 받은 후화즈는 불가능하다고 여겼다. 샤오상원은 원 VNET(스지후롄−世纪互联) 총재 겸 최고재무책임자였으며, 중국에서 제일 큰 인터넷 기초 시설 서비스 회사의 미국 나스닥 상장을 성공시켰고, 전후로 3개 상장회사의 최고재무책임자를 역임했다.……당시 상황은 초대할 처지가 아니었다. 이항의 전체 자산도 샤오상원의 연봉보다 적었다. 하지만 후화즈는 '인류 비행의 꿈'으로 샤오상원의 마음을 움직여 보려 했다. 마침내 퇴직하고 세계일주를 하려 했던 샤오상원은 인생의 마지막 도전이라며 후화즈의 손을 잡았다.

　반년 사이에 또 한명의 중량급 고위직 임원이 샤오상원처럼 후화즈의 '영웅연맹'에 가입하고 꿈을 위한 도전을 하게 되었다. 이항지능은 업계의 '올스타' 라인업을 완성했다. 설립자 후화즈가 회장과 CEO를 맡았으며, 샤오상원이 최고전략관(CSO)을 맡았으며, 숑이팡이 CMO, 미국 나스닥 기업 VNET의 재무 부총재(副总裁)였던 류젠(刘剑)이 최고재무관(CFO)을 맡았다.……후화즈는 '기적'을 "전폭적 혁신의 매력"이라 했다.

이항 184!

　인재를 얻은 자가 '하늘'을 얻는다.

　2016년 1월 6일 세계 첫 자율 비행 유인드론인 '이항 184(亿航 184)'가 미국 라스베이거스에서 열린 2016 CES(국제 소비류 전자제품 박람회)에서 처음으로 선보였다. 이항 184는 처음으로 인류의 자율비행에 성공했다. 승객이 목적지를 지정하고 '비행'을 입력하면 비행이 시작된다.

"인류의 하늘 정복의 꿈을 실현하는 것은 저의 일생 최대의 꿈이다. 저는 이항지능이 개인 이동방식을 창조하여 전 세계 수많은 업종에 큰 영향을 미치고 미래 인류의 교통과 운송 방식을 근본적으로 변화시킬 것이라 믿어 의심치 않는다." 제품 발표회에서 후화즈는 흥분을 감출 수가 없었다.

빠른 듯 하지만 수많은 연구와 개발, 긴 시간의 시험비행을 거쳐 제품을 완성할 수 있었다. 오늘 그는 사람들의 기대에 부응할 수 있었고 '안전비행'이라는 자신의 요구에 응할 수 있었다.

"우리는 역사상 처음으로 IT 이념의 항공기를 만들었다. IT는 다중 백업을 요구하기에 안전을 보장할 수 있다. 이항 184는 1명의 승객, 8개의 프로펠러, 4개의 기계 팔을 의미한다. 이는 다중 백업의 이념이다." 후화즈는 이항 184는 여러 방면에서 안전을 위한 '완전 백업'을 실현했다고 소개했다. 우선 자율 비행으로 전통 교통 방식의 위험 요소인 조종사의 인위적인 실수를 없앴으며, 모든 비행 부분에 대한 완전 백업으로 부품에 이상이 생기면 백업할 수 있도록 했다. 비행기가 새와 같은 물체와 부딪쳐 비행체가 파손되면 독자적으로 개발한 FAIL-SAFE 시스템이 내장되어 있기에 파손 정도를 예측한 후 계속 비행할 것인가 아니면 가까운 곳에 착륙할 것인 가를 결정케 했다. 8개 프로펠러 중 하나가 파손되는 긴급 상황에서도 유인드론은 추락하지 않고 안정적으로 착륙할 수 있게 되었다.

　이항 184는 처음으로 선보이고, 그 후 4개월 뒤에 상업화의 첫 걸음을 내딛게 되었다. 인공장기 이식에 주력하는 미국 바이오 기술 회사인 Lung Biotechnology은 이항지능과 전략 협력을 맺고 '이항 184' 1,000대를 주문했다. 여기에서 Lung Biotechnology이 만든 인공장기를 활성 유효기간 내에 빠른 속도로 환자에게 전달하는 것이 '이항 184'의 임무였다.

　두바이의 '만수르'도 누구보다 먼저 체험하려 했다. '이항 184'가 출시된 직후, 후화즈는 두바이 교통국에서 보내온 전자우편을 받았다. '세계 최고 스마트시티 계획'을 진행 중인 두바이는 2030년에 이르러 25%의 도로 수송 스마트 자율 주행률을 실현할 계획이었다. 그들은 최근에 상업화를 시작한 자율비행 유인드론인 '이항 184'를 발견했던 것이다.

　두바이 '만수르'와 손잡고 싶었지만, 인공 장기와 달리 사람을 태운 자율비행은 한 치의 착오도 용납할 수 없기에 후화즈는 확답을 주지 않았다. 후화즈와 엔지니어들은 '이항 184'의 시험비행과 개선에 최선을 했다. 2017년 선날 후화즈는 두바이로 날아가 시험비행을 했다. 사막 위를 비행하고 해안에 우뚝 서있는 부르즈 알 아랍을 넘은 '이항 184'는 두바이 관원들의 마음을 사로잡았다. 당시 두바이에서는 제5기 세계정부 정상회의가 열렸다. 두바이 교통국은 전 세계에 이항과 함께 스마트 교통 수송시스템을 구축할 것이라고 선포했다.

　2018년 2월 이항은 처음으로 '이항 184'의 자율비행 드론 시험비행

동영상을 외부에 배포했다. 후화즈가 직접 탑승한 시험 비행이었다. 그는 동영상에서 이렇게 말했다. "유인드론 시험비행은 '이항184'의 안전성과 안정성을 제일 잘 보여준다. 이는 SF 소설 속의 환상도, 용감한 자들의 극한 운동도 아니다. 우리는 모든 승객의 안전을 책임져야 한다."

난관은 꿈을 실현하는 걸림돌이 아니다.

2017년 정월 대보름 날 광쩌우탑(广州塔) 상공에는 1,000대 드론의 드론쇼가 펼쳐졌다. 이는 제일 많은 드론이 참여한 드론쇼로 기네스북에 등재되었다. 이를 계기로 다양한 매체가 집결해 있는 광저우에서 항상 조용했던 이항은 사람들의 주목을 받기 시작했다.

2018년 5월 네덜란드 AJAX 축구장에서 시험비행하고 있는 이항184.

"'이항 184'를 의심하고 질타하는 사람들이 많았다. 처음에는 절대 날 수 없다고 했고 사람이 탈 수 없다고 했다. 자칫 잘못하면 부정적인 프레임을 쓸 수 있다." 이항이 조용했던 원인에 이항지능 부총재 탕저쥔(唐哲君)은 연구개발과 상업화에 몰두해야 했기에 어쩔 수 없었다고 했다.

그렇다. 성공은 모든 의심의 목소리를 잠재운다.

성공적인 드론쇼로 명실상부 세계 선두 주자가 되된 이항은 국제적인 기업 인텔과 야간 드론쇼 경쟁을 펼쳤다. 2018년 5월 이항은 역사적인 고성 시안(西安) 성벽 상공에서 1374대의 드론이 참가한 쇼를 성공적으로 마쳤다. 이는 2018년 2월 한국 평창 동계올림픽에서 인텔이 개발한 1218대 드론쇼의 기네스 기록을 돌파한 드론쇼였다.

제어시스템을 개발했기 때문이다. 컴퓨터 한 대와 사람 한명이면 천대가 넘는 드론이 하늘에서 20분 동안 자유자재로 움직이는 쇼를 완성할 수 있다. 이항이 개발한 '하늘을 나는 매체'는 징둥 618(京东 618), 『트랜스포머 5』의 시사회 등 홍보활동에 활용되어 '서비스를 제공'으로 얻은 수익은 드론 판매 수익보다 많았다. 이렇게 이항은 스마트 제조에서 첨단 서비스 분야로 확장했다.

3년 동안의 꾸준한 연구와 탐색을 거쳐 이항지능은 스마트 물류영역에서 30,000여 차례의 시험비행과 50여 차례의 비행 제어시스템 갱신을 통해, 개발·생산·판매서비스를 제공하는 등 제품과 프로그램의 일체형 드론 물류 해결방안을 모색함으로써 물류, 판매, 전자 상사 등 산업시장 전반에 드론 배치를 가속화 시켰다. 이항지능은 전후로 화웨이사와 합작하여 선쩐과 상하이에서 드론으로 커피를 배달하는 서비스를 제공했으며, 융훼이윈창(永輝云创)과 중국내 첫 드론 물류 배송의 보편화 비행노선을 개척하는 전략협력을 맺어 스마트 판매+드론 배송형태를 적극 모색했다.

유인드론 방면에서 이항은 화웨이, 네덜란드 로얄 전신과 협력하여 2018년 4월 16일에 세계 첫 자율비행 유인 드론인 이항 AAV의 시험비행을 유럽에서 진행했다. 당일 네덜란드 암스테르담 축구장에서 네덜란드 왕자 Pieter Christiaan는 직접 이항 AAV 비행을 체험했다. 좌석이 두 개인 이 자율비행 유인 드론은 고속 4G 모바일 네트워크 통신으로 비행 노선을 선택한다. 유럽에서 첫 시험비행에 성공한 후 이항의 자율비행 유인 드론은 여러 국가 파트너들과 함께 공동으로 미래의 스마트 공중교통의 현실화를 위해 노력하고 있다. 이항은 이미 AS9100D 국제 우주항공 품질 관리시스템이 인증을 받아 스마트 저공 중단거리 자율 드론 설계·개발·생산과 서비스 등 영역에서의 선진능력은 국제적인 인정을 받았다. 이항의 자율비행 유인 드론 제품은 중국 민용 항공국에서 발급하는 민용 항공기 특허 비행 허가를 받아 중국 광쩌우를 시험 비행 기지에서의 일상적인 비행 시험할 수 있게 되었다.

"성공은 아직 멀었다. 지금은 충분한 준비를 하고 대기하는 단계라고 할 수 있다." 유인드론이 추락하지는 않을까? '이항 184'가 겨우 30분 비행할 수 있는데 너무 짧은 시간이 아닌가? 유인드론에 대한 통제가 세계적으로 엄격하고, 관련 법규·표준이 아직 명확하지 않아 이항지능이 벗어 날 수 없는 '큰 함정'에 빠지지는 않을까? 앞날에 각종 난관에 직면하고 여러 가지 돌발상황과 극복하기 어려운 제한에 봉착할 것이라는 것을 후화즈는 누구보다 알고 있다.

난관은 꿈이 없는 사람들을 막을 뿐이다.

후화즈는 이런 말을 남겼다. '기술혁신, 제품창조만이 새로운 규칙의 출현을 촉구한다. 함께 꾸준히 노력하자!'

2018년 5월 이항은 역사 고성 시안(西安) 성벽 상공에서 1374대의 드론이 참가한 쇼를 성공적으로 마침으로 새로운 기네스 기록을 창조했다.

이항지능 설립자, 회장, CEO 후화즈(胡华智).

창업자의 말

이항지능 설립자, 회장, CEO 후화즈

비행은 나의 사랑이고 나의 꿈이다. 오늘날 중국인이 자체적으로 연구개발한 자율비행 유인 드론이 안정적인 정상화 유인 드론 시험 비행을 실현한 것에 나는 큰 자부심을 느낀다. 이를 위해 이항지능은 기나긴 기술연구와 기초시험을 진행했다. 150여 명의 엔지니어들은 각 비행성능을 개선하기 위해 천회도 넘는 시험을 통해 자율비행 드론의 안전성과 안정성을 부단히 개선했다. 오늘도 이항의 자율비행 드론의 자체 최적화와 개선은 여전히 진행 중이며 미래에도 여전히 계속될 것이다.

현대사회는 혁신과 창업을 요구하는데 이는 좋은 일이다. 하지만 창업에 뛰어들어서야 0에서 1, 1에서 2, 3으로의 성장이 더욱 힘든 일임을 알게 되었다. 더욱 적극적이고 더욱 담대한 생각이 기본적으로 요구되고 있다. 하지만 변화하는 환경에서 새로운 상황에 적응하려면 높은 정신력과 강한 체력이 있어야 한다.

자본과 인재가 왕이 되는 시대에 어떤 자금이 도움이 되는가? 어떤 인재가 기업에 적합한가? 자금이 많다고 좋은 것이 아니고 인재도 더욱 우수하다고 더 좋은 것이 아니다. 나아갈 길을 잘 고려하고 확고하게 견지하면서 서로 도움이 되고, 윈윈의 협력 파트너를 선택하고 핵심 팀을 구축하는 것 모두가 중요한 부분이다.

미래에 하늘은 인류를 구속하는 영역이 아니다. 인류도 새처럼 하늘에서 자유롭게 날 것이다. 비행은 일부 사람만이 가능한 일이 아님을 나는 믿어 의심치 않는다. 어떠한 시대에든 꿈과 미래는 영원히 뒤처지지 않는다. 마음속에 꿈을 가지고 착실하게 나아가자.

안텐(安天): 국가의 안전을 최우선으로

경제일보·중국경제망

기자/뉴진(牛瑾), 창리(常理)

[기업 개요]

안텐과학기술집단(安天科技集团)은 2000년에 성립된 위협 감지와 방어능력 발전의 네트워크 보안 국가대표 팀으로 국가에 핵심정보와 시스템, 기초시설 안전방어 관련 핵심기술 및 해결방안을 제공하는 회사이다.

안텐은 차세대 위협 감지 엔진, 인간과 기계결합의 다중 분석, 인공지능 등 자주적 선진기술에 의탁하고 '싸이버 슈퍼 브레인(Cyber super brain, 赛博超脑)' 이네이블 플랫폼과 전문가 팀의 지원을 바탕으로 단말기 방어, 네트워크 모니터링, 심층분석, 쾌속 처리 등 서비스를 제공하고 안전 관리, 위협 정보, 상태 감지와 공격 시뮬레이션 등 종합적인 해결방안을 제공한다.

안텐이 제공하는 제품과 서비스는 우리나라 유인 항공, 달 탐사 프로젝트, 우주 정류장 도킹, 대형 비행기 첫 비행, 주력 함(艦) 항행보호, 남극 과학기술 고찰 등 중대 프로젝트의 성공을 보장했다. 동시에 안텐은 세계에서도 중요한 기초 네트워크 보안 공급체인의 핵심인 Enabling node로 세계 백여 개 유명 보안기업과 IT기업이 안텐을 능력검측 협력 파트너로 지정했으며, 안텐은 세계 수 만 대의 네트워크 설비, 네트워크 보안설비, 14억 대가 넘는 스마트 기기에 보안서비스를 제공하고 있다. 그중에서 모바일 검측 엔진은 세계에서 권위적인 3자 독립 측정 인증기관인 AV-TEST의 상을 받은 첫 번째 중국제품이다.

인터넷의 출현으로 세계는 더욱 다채로워졌고, 대중의 생활도 더욱 풍부해졌다. 하지만 인터넷은 시작부터 양날의 칼이었다. 인터넷의 빠른 발전과 더불어 안전위험도 존재했다. 개인 인터넷 위험은 개인정보 유출 등으로 나타나는 손실이다. 국가차원에서 인터넷은 전쟁의 내포와 의미를 부단히 변화시키고 있다. 3군 연합작전 의미의 전쟁은 육지·해상·하늘·우주·전기·인터넷 등 분야의 전쟁으로 변화되었다. 인터넷정보의 우위는 현대화 전쟁의 연합 승리를 위한 선결조건이 되었기 때문에 인터넷 공간은 군사 대항의 첫 번째 전쟁터가 되고 있다. 시진핑(习近平) 총서기가 지적한 바와 같이 "네트워크 보안이 없으면 국가의 안전이 없으며" "안전의 본질은 대항이고, 대항의 본질은 공격과 방어 두 가지 능력 싸움이다."라는 사실이다. 우리나라는 새로운 사회주의 발전단계에 접어들었고, 국제형세와 적아 상황은 큰 변화가 일어나고 있다. 우리나라 네트워크 보안은 엄중한 도전에 직면해 있다. 네트워크 보안과 전반적인 국가의 안전은 긴밀히 연결되어 있기 때문에, 인터넷 세계의 '안전 열쇠'를 만들 필요가 있다. 안텐이 바로 이런 일을 하는 기업이다. 안텐에서 일하는 사람들은 오직 국가의 안전을 유일한 입장과 제1의 시각으로 간주하고 있다.

2016년에 안텐을 시찰한 시진핑 총서기는 이런 말을 했다. "비록 민영기업이지만 당신들은 국가대표팀이다." '네트워크 보안 국가대표팀'인 민영기업 안텐은 설립자 샤오신광(肖新光)의 인솔 하에 18년의 역사를 가진 기업으로 성장했다. 컴퓨터 3대와 7명으로 시작한 안텐은 그룹기업으로 발전했다. 바이러스 대응으로부터 강한 지속성을 가진 바이러스 기원에 대한 심층 분석까지, 안티바이러스 엔진을 이용한 방어에서 동적이고 종합적인 안전방어 해결방안까지 수많은 난관을 이겨 낸 안텐은 갓난아기에서 앳된 소년기를 거쳐 점차 건장한 청년기에 들어섰다.

국가 네트워크 안보에 긴급 투입

2017년 5월 13일 새벽 4시 하얼빈 과학기술 혁신 타운(哈尔滨科技创新城)에 위치한 안텐 본사에는 여전히 환한 불이 켜져 있다.

네트워크 보안 엔지니어 가오시바오(高喜宝)는 동료들과 하루를 꼬박 지새우면서 『랜섬웨어 워너크라이(WannaCry) 바이러스에 관한 안텐의 심층분석 보고』를 완성했다. 이는 안텐 분석 팀이 WannaCry에 관한 분석이 깊이 있게 진행되고 있음을 의미한다. 8시간 전 이 바이러스는 세계적으로 배포되었다. 안텐은 이 문제해결을 위해 뭉쳤다.

안텐 자전거 동호회를 이끌고 내몽골(內蒙古)에 다녀왔던 가오시바오는 아오치(傲气) 안텐 축구팀 부주장이기도 하다. 그는 이틀 전에 아빠가 되었다. 하지만 이 시기에 그는 전국 각지에서 밤을 새고 있는 백여 명의 안텐 엔지니어 중 한 사람일 뿐이다.

"시바오, 여기 봐요!" 밤샘 작업으로 두 눈이 붉어진 안텐 CERT(安全研究与应急处理中心－안전 연구와 응급 처리 중심) 부주임 류자난(刘佳男)은 핸드폰으로 그 날의 긴박한 작업 현장을 사진으로 남겼다.

책상 위의 모니터는 바이러스 테스트 환경을 보여준다. 가오시바오는 바이러스가 작동 중인 모니터를 향해 하찮다는 손짓을 했다. 이 사진은 벽에 걸려 있는 '신속한 대응'이라는 표어와 함께 안텐의 응급 대응 역사에 기록되어 있다.

'신속한 대응, 두 가지 위협, 3가지 체계 연동, 4가지 작업 협동'은 안텐 응급 대응 사업의 '네 가지 지도원칙'이다. 여기는 포화가 없는 전쟁터이다. 단말기 방어, 데이터 검측, 허니팟 바이러스, 전자 우편 바이러스 등 각종 탐측 포획수단의 감지 레이더는 세계 안전 위험을 감지한다. 시시각각 대량의 감지 데이터, 미지의 문서가 전달되고 수만 가지 노드 계산을 실현 하는 '사이버 슈퍼 브레인'시스템에서 분석하고 처리된다. 초대형 모니터에서는 파란 불이 반짝인다. 다른 검색 조건을 입력하면 신속하게 샘플의 발신지 분석을 얻는다.

중국공산당 제19차 전국 대표대회 네트워크 안전을 보장하고 있는 안텐 엔지니어들.

5시 38분 세계 첫 중문 분석 보고인 안텐의 분석보고가 인터넷에 발표되었다. 6시 정각 위챗 공중계정 버전도 발표되었는데 발표 당일에 클릭 수는 45만이 넘었다.

위협을 분석하고 분석보고를 발표하는 것은 위기대응의 한 가지이다. 다른 안전위협을 해결하려면 목표성이 강한 다른 대응수단이 필요하다. 이번 WannaCry 바이러스는 놀라운 속도로 확산되었다. 우리나라의 수많은 기관과 기업의 LAN이 감염되었다. 안텐은 제일 높은 단계인 'A급 정보 보안 재해'를 대응해야 했다. 이런 규모의 보안사건을 위해 안텐은 상응한 특정 안티바이러스, 방역 프로그램, 복구 프로그램, 처리 USB, 부팅 수칙 등 일련의 해결방안을 개발해야 했다. 응급 대응작업은 시간과의 싸움이다. 안텐 엔지니어들은 기대를 저버리지 않고 세계에서 제일 먼저 체계적인 해결방안을 개발했으며 국내 랜섬웨어의 더 큰 확산을 성공적으로 막았다.

공격 위협은 제품능력을 검증하는 시험이다. 시험팀에서는 엄격한 시험을 통해 안텐의 단말기 보안제품을 설치하면 WannaCry 바이러스가 암호화할 수 없다는 것을 확인했다. "랜섬웨어가 작동하려면 수많은 문서나 섹터를 암호화하고 지우고 기록하는 등의 절차가 필요하다. 우리는 이런 규칙에 근거하여 방어패턴을 구축했으며 후속적인 위협을 예측했다." 안텐의 단말기 안전 연구센터 주임 쉬한룽(徐翰隆)의 말이다. 5월 12일 저녁 쉬한룽은 팀을 이끌고 안텐 랜섬웨어 방어 프로그램을 무료 프로그램으로 작성했다. 비록 제품 판매수입에 영향을 미치겠지만 위기의 시각은 빠른 대처가 필요하다.

5월 13일 6시 하얼빈, 베이징, 우한(武汉), 선쩐 등 여러 지역의 안텐 기술책임자들이 참가한 제3차 위협 연구 판단 영상회의가 완료되었다. 이는 '네트워크 보안 국가대표팀'인 안텐의 네트워크 위협 대처 능력을 보여준 것이며, '네트워크 보안 국가대표팀' 안텐의 확고한 입장과 책임감을 보여준 것이다. 이번 랜섬웨어 공격에 미처 대응책을 내놓지 못한 네트워크 보안기업은 중국 응급대처프레임에서 배제되었다.

긴박한 'A급 정보 보안 재해'에 대응하고 있는 안텐.

"자주적인 연구개발을 견지하고, 선진적인 능력을 추구하자." 이는 창업시기부터 존재한 안텐인의 영혼이다. 샤오신광(尚新光)을 포함한 1대 안텐 창업자들은 팀 선언에 아래와 같은 결심을 적었다. "우리는 뭇사람과 다른 특출함을 추구하고 평범함과 표절을 수치로 여긴다."

백팩 하나에 노트북 3개, 귀밑까지 이어진 수염, 항상 목에 걸려 있는 사원증. 변함없는 샤오신광의 모습이다. 그는 자신을 안텐의 최고 기술설계사(Chief technical architect)라고 했다. 이는 마이크로소프트에서의 빌 게이츠의 직함이다. 창업 10년 전까지도 벤처투자의 지원이 없었고, 창업 스타도 아니던 안텐은 네트워크 보안에 대한 샤오신광의 정확한 판단으로 창업은 비교적 순탄했다.

첫 번째 창업은 각종 네트워크 설비의 데이터 측 안티바이러스 엔진 개발이다. 2001년에 안텐은 악성코드 자동분석 처리시스템을 기반으로 하는 안티바이러스 엔진과 보안제품 개발을 시작했으며, 2002년에는 백본 악성코드 감지속도 문제해결에 주력했다. 2004년에는 미립자 감입 안티 바이러스 엔진의 개념을 제시하고 이 개념을 확장시켰다. 안텐은 10년의 시간을 거쳐 네트워크 보안의 상단 기술을 제공하는 기업이 되어 기업 검측서비스를 제공했다.

2010년부터 안텐은 2차 창업을 시작했다. 그들은 모바일 안전으로 목표를 바꾸어 4년의 시간을 들여 세계 선진수준의 모바일 악성코드 검측 프로그램을 출시했다. 이 기술로 AVTEST 국제상을 수상했다. 오늘까지 안텐은 수십만 대 네트워크 설비와 네트워크 보안 설비 및 14억 대 스마트 기기에 바이러스 감지서비스를 제공했다.

안텐의 엔진인 젊은 장수 판솬천(潘宣辰)은 안텐 2차 창업의 핵심인물이다. 2007년 우한대학(武汉大学) 정보보안학과 본과과정을 학습하던 그는 여름방학에 안텐에서 인턴으로 일했다. 관련 전공의 우수한 성적을 바탕으로 그는 반장이었다. 인턴으로 일하던 과정에 안텐은 그를 중점적으로 양성하기로 했다. 인턴과정이 끝나 우한으로 돌아간 판솬천은 우한에 안텐연구팀을 조직했다. 2010년에 우한대학을 졸업한 그는 정식으로 우한에서 안텐 모바일 보안연구센터를 창설했다. 안텐 본사에서는 모바일 안티바이러스 개발 지원을 아끼지 않았다. 안텐 모바일보안연구센터는 세계 모바일 위협 감지분야의 최고 기업으로 성장했다. 판솬천은 안텐모바일보안회사의 최고경영자(CEO)로 성장했으며, 안텐의 최연소 파트너가 되었다.

세 번째 창업. 형세 판단을 통한 자체 기술 업그레이드의 실현.

정보화의 빠른 발전과 안전 위협의 빠른 변화로 네트워크 보안의 핵심기술의 의미도 부단히 변화되고 있으며, 요구도 날로 높아지고 있다. 안전을 위협하는 방법도 악성 코드 제거 등 간단한 방법에서 높은 대가를 치러야 하는 체계적인 공격으로 진화했다. 안티 바이러스 엔진의 위협 대응능력은 기본능력이 되었다.

악성코드 위협 감지기술 발전만으로 자주적이고 선진적이라는 요구를 견지해야 하기 어려울 뿐만 아니라, 국가와 사용자들의 요구를 만족시키기 어렵다고 판단한 안텐은 세 번째 창업을 시작했다. 그들은 오랜 기간 악성코드를 검측하고 제거한 능력 모듈과 플랫폼을 더욱 광범위 하고 전면적인 위협 제거에 응용했다. 기존의 단말기, 데이터, 분석, 처리와 안전관리의 기초위에서 안텐은 종합 능력형 보안기업으로의 변화를 시도했다.

오늘날 안텐은 하얼빈, 베이징, 우한, 선쩐, 상하이, 청두에 연구센터를 설립했으며, 성급 프로젝트 센터 2개와 성급 중점 실험실, 박사후 유동센터 1개를 가지고 있다. 또한 200가지 네트워크 보안핵심 특허기술을 보유하고 있다. 안텐의 탄하이(探海)위협 감지시스템, 줴이잉(追影)위협분석시스템, 즈자(智甲)단말기 보호시스템 등의 핵심제품은 우리나라의 국방, 항공과 관건적인 기술의 안전을 보장해주었다. 유인 우주비행, 우주정거장 도킹 등 중대 임무의 완성을 위한 네트워크 보안서비스를 제공했으며, 국내 여러 사태 감지 시험 프로젝트도 안텐이 구축했다.

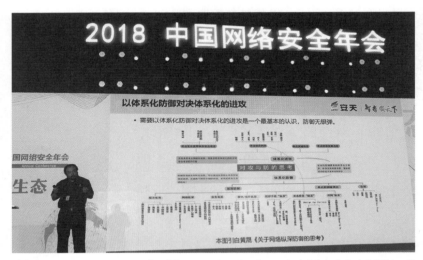

안텐의 Chief technical architect 샤오신꽝은 2018 중국 네트워크 보안 년회에서 관련 가상위협으로부터의 네트워크 방어 사고를 공유하고 있다.

방어의 가치 실현을 위해 안텐은 '차등 모델(滑动标尺-Sliding scale)'을 번역하여 국내 상황에 적합하게 개조한 후, 다중 진화 모델을 만들어 국내의 능력형 보안기업의 공공 모델이 되도록 했다.

　이런 설계계획을 추진하는 실천과 참고과정에서 안텐은 네트워크 정보시스템의 복잡성을 더욱 깊이 있게 인식했다. 네트워크 보안의 위협은 어느 한 부분의 혁신으로 대응할 수 없고, 혼자 모든 비밀병기를 가질 수 없으므로 사전의 착실한 기획과 대량의 기초작업이 필요하고 능력축적을 통한 변화가 필요하며, 전반적이고 체계적인 종합능력의 제고가 필요하다.

적정 가상을 통한 제품의 실전화 인도.

　2001년의 'Code Red II' 감지와 경보를 시작으로 안텐은 'Dvldr 웜', 'Shockwave', 'Blaster virus', 'Worm.Mocbot.a' 등 대규모 안전사건 해결과정에 버그의 이용 경보, 메인 서버 보호와 특정 바이러스 퇴치, 네트워크 감시규칙 공유 등의 방법을 사용했다. 네트워크 관리자에게 민첩하게 처리할 수 있는 대응책을 제공했기에 안텐 CERT는 관련 부처로부터 '응급의 영혼'이라는 찬사를 받았다.

　안텐의 일꾼들은 유사한 대규모 위협은 고급의 적수가 만든 것이 아니고 대적하기 어려운 공격은 발견하기도 방어하기도 어렵다는 것을 너무 잘 알고 있다. 2010년 이후 '스틱스넷(Stuxnet)'을 대표로 하는 국가와 정치·경제 등 배경의 APT 공격위협이 나타났다. 안텐은 신속하게 주요 대응인력과 자원을 APT 심층분석과 대응에 투입했다.

제3차 창업 선서대회에서 샤오신광은 이렇게 말했다. "네트워크 보안 위협상황에서 우리나라는 체계적인 안전 위협 대응능력을 가진 보안 기업이 필요하다. 안텐은 상위 안티바이러스 엔진공장에서 더 나아가야 한다. 이는 역사의 사명이다. '작고 정교한' 역사단계는 이미 지나갔다. 다음 목표는 '크고 강대한' 안텐을 발전시키는 것이다."

이 과정에서 안텐은 적의 바이러스 침투수단을 분석하고, 개방된 정보를 종합하여 적의 능력분석도표를 유추하여 상대적으로 전면적인 네트워크보안의 위협을 인지했으며, 자신의 능력과 최고급 적수의 공격 능력 간의 격차도 인지했다. "격차를 인지했다는 것은 좋은 일이다. 부족한 점을 알아야 다음 단계의 중점을 알 수 있다." 샤오신광의 말이다.

안텐 모바일 안전회사 CEO 판솬천(潘宣辰)은 팀을 이끌고 AV-TEST 년도 상을 받았다

2017년 6월에 안텐은 '유효한 적정 가상'을 제기했다. 유효한 시스템 보안 계획의 조건에서 "물리적 격리+좋다는 가정+추정 전개 규정"의 자아마비 현상을 벗어나기 위해 제5기 안텐 네트워크 보안 겨울훈련에서 "가상 적정 상황에서의 네트워크 보안을 실전화하자"는 구호를 제기했다. 실전화한 네트워크 보안제품은 현실감이 있는 가상 적정에서 확실한 시스템 능력을 기초로 하여 일반 사용자들이 간편한 조작으로 효과적인 안전가치를 실현하도록 했다. 이는 안텐인이 사용자 측면에서 다량의 테스트를 거쳐 얻은 실제 경험과 교훈이며, 안텐의 미래제품의 주요 개선방향이기도 하다.

　　네트워크 보안사업에서 "전천후 적이고 전 방위적인 감지와 효과적인 보호를 실현"해야 한다고 시진핑 총서기는 요구했다. 효과적인 보안을 통해 위협 대항과 위험 통제의 감지와 보호능력은 반드시 전방위적이어야 한다고 강조했으며, '보안 라인 전진'을 통해 보안효과를 지향하는 확실한 지향 인도 요구를 형성했다.

　　네트워크 보안 국가대표팀인 샤오신광과 안텐은 시종 국가안전을 유일한 입장으로 시시각각 더욱 착실한 능력과 노력으로 국가 네트워크 보안의 실제 수요에 부응하려고 한다.

　　안텐는 네트워크 보안기획과 사용과정에서 "전천후적이고 전방위적인 감지", "효과적인 보호"와 "보안 라인 전이"를 실현하여 네트보안 능력의 '결합면'과 '보안 범위' 문제를 효과적으로 해결하려고 결심했다. '결합면'은 네트워크 보안의 방어능력과 물리적, 네트워크, 시스템, 응용, 데이터와 사용자 등 각 차원의 결합을 의미하며, '보안 범위'는 네트워크 보안 방어 능력이 기초시설 정보화와 정보 시스템의 '모든 부분'에서의 유효성을 의미한다. 안전 관리와 보호조치 실시를 앞 단계로 이전시켜 기획과 구축 등 시스템 생명의 초기단계에 태세 감지 구동의 실시간 보호기능을 시스템 실행 보호과정에 융합시켜 실시간 위협 발견과 대응 처리작업을 실현함으로써 "위협을 미연에 방지"해야 한다.

샤오신광은 이렇게 말했다. '이 방면에서 안텐은 공급 사슬 안전 이 네이블의 독점 우세가 있고, 정부와 기업 환경에서의 안전과 정보화 가 융합되어야 하는 새로운 능력 요구에 부응해야 하는 도전이 존재 한다. 기회와 도전은 병존한다. 안텐인은 지속적인 기술축적과 자아 성찰을 하면서 더욱 명확한 책임감과 사명을 가지고 새로운 여정을 시작한다.'

안텐 본사에 걸려 있는 대련(对联)은 설만 되면 새로 바뀐다. 이는 안텐의 전통으로 새로운 한해의 사명과 목표를 말해준다. 2018년의 대련은 이런 내용이었다. "초심을 견지하며 국가 사명을 지진 지난 18 년은 붉은 기 휘날리는 여정이다. 가상 적정을 분석하고 실전 무기를 만들어 세 번째 창업의 푸른 날개로 하늘을 날자.(守后程初心, 秉国家使 命, 十八载征程红旗漫卷 ; 析敌情想定, 铸实战重器, 第三次创业蓝翼飞天.)"

네트워크 보안의 책임은 무겁고 갈 길은 멀다.

안텐 과학기술 집단 설립자 샤오신광(肖新光)

2016년 5월 25일 시진핑 총서기가 안텐을 시찰했다. 그는 하얼빈 안텐 본사 창업 역사를 기록한 전시장에서 이렇게 물었다. "그렇듯 힘들었던 2000년의 네트워크 보안상황에서 당신들은 어찌 네트워크 보안이라는 회사로 방향을 결정했는가?" 총서기가 이런 질문을 할지 몰랐던 나는 한참 생각을 하고 정중하게 대답했다. "네트워크 보안은 기술 신앙과 아름다운 이상이 집중되고, 애국주의, 정의 역량, 기술 추구와 사용자 배려 등이 융합된 단단한 주먹과 같은 영역입니다. 안텐 창업자에게 이는 매력적인 영역입니다.'

창업은 구사일생의 과정이기에 충분한 축적, 쾌속 발전이 있어야만 위험을 줄일 수 있다. 전통적인 위험은 점차 고급적인 위협으로 진화하고 있으며, 위협이 존재하는 곳에는 우리의 방어벽이 설치될 것이다. 2018년은 안텐이 창업한지 18번째 되는 해이다. 18년 전에 우리는 간단한 꿈과 현실적이지 않은 자신심을 가지고 시작했다면, 오늘의 우리는 지속적인 기술 축적과 자아 성찰 및 더욱 명확한 책임감과 사명감을 가지고 새로운 여정을 시작하려고 한다!

우리는 우리의 선택을 믿어 의심치 않는다. 우리는 자신의 방법과 사로를 감추지 않는다. 우리는 수많은 능력형 공장이 나타나기를 기대하며, 효과적인 안전보호 장치의 솔루션을 함께 탐색하기를 희망한다.

우리는 진행형이다.

하늘은 스스로 돕는 자를 돕고, 용감한 자를 반길 것임을 믿어 의심치 않는다!

안톈 과학기술 집단 설립자 샤오신광

Kika Tech : 세상의 소통이 더욱 간편하도록

경제일보 · 중국경제망

기자/숑리(熊丽)

[기업 개요]

　2011년에 성립된 Kika Tech의 메인 제품인 Kika 키보드는 세계에서 제일 크고 사용자 수가 제일 빨리 늘어나고 있는 세계 140개 국가 180여 가지 언어를 입력할 수 있는 입력기이다. 지금 Kika 사용자 수는 거의 5억에 달하며, 매 달 사용 빈도 MAU는 6,000만에 달한다. Kika는 중국 베이징, 선쩐, 상하이, 타이완과 미국의 실리콘 밸리, 영국의 런던 및 인도, 러시아 등 지역에 8개 사무실을 가지고 있다. Kika는 드림 워크스 SKG, 포크스, 디즈니, 20세기 폭스, 레알 마드리드, FC 바르셀로나 등 유명 영화 IP, 체육 IP와 협력관계를 맺어 세계 사용자들에게 더욱 다채로운 내용을 제공하고 있다. 2017년 Kika는 스마트 TV, 자동차, 항공기 등 지능 부품 영역에서 AI 구동 음성대화를 실현할 수 있는 더욱 지능적인 해결방안을 제공하면서 AI기술 변혁의 소통에 힘쓰고 있다.

Kika Kika, 키보드 소리와 함께 소통이 시작된다. 무엇을 말하고 무엇으로 전달할 것인가? 이는 기분 좋은 대화일까? 모바일 네트워크 시대에 소통은 모니터를 넘고 문화를 넘어 사람과 사람의 대화는 간단하고도 복잡해졌다.

Kika Tech는 기술혁신을 통해 사용자들이 입력기를 이용하여 더욱 자유롭고 흥미롭게 생각을 전달하여 세계의 소통을 간편하게 하려한다. 이 초심을 견지하면서 출시 4년 동안 Kika 입력기는 성공적으로 140개 나라와 지역의 180가지 언어를 입력할 수 있게 되었다.

2017년 11월 Kika는 미국 새너제이 샤크스(San Jose Sharks) 아이스하키 팀과 전략 협력을 체결했다.

2011년 4월, 후신용(胡新勇)과 저우리(周立)는 연합하여 Kika Tech를 창설했다. 후신용이 항저우 쓰카이(斯凯) 네트워크 부총재 직무를 사직한 직후이다. 사직 몇 달 전, 그는 스카이의 나스닥 상장을 성공시켰다. 이는 중국의 첫 모바일 회사의 나스닥 상장이다. '본분을 지키지 않는 사람' 이는 후신용이 자신에 내린 평가이다. 밥을 먹어도 매번 다른 식당을 찾는 그는 일을 할 때에도 다른 시도를 했다. 창업을 하려던 그는 마침 그처럼 사직을 한 스타트업 완더우자(豌豆荚) 프로젝트의 기술 거장인 저우리를 만났다. "우리는 모든 것이 맞았다. 그가 기술을 책임지고 내가 운영을 책임지게 되었다." 후신용의 말이다.

스마트 단말기 해외시장은 후신용과 저우리는 같은 판단을 했다. 후신용은 경제 글로벌화와 함께 세상은 더욱 가까워질 것이라고 여겼다. "우리는 시작부터 글로벌 회사를 만들려고 했다." 후신용은 이렇게 말했다. "우리는 스마트 폰이 더욱 보급되고 성능도 개선될 것이며 인터넷 속도도 더욱 빨라지고 가격도 저렴해 질 것이라고 여겼다. 우리는 이는 절대적인 결과라고 생각했다. 컴퓨터와 달리 휴대폰은 24시간 손을 떠나지 않는다. 일부 국가는 컴퓨터 단계를 거치지 않고 직접 휴대폰 시대에 진입했다. 우리는 휴대폰이 먼저 미국에서 유행할 것이라고 여겼다. 모든 것은 도박과 같았다."

해외시장을 겨냥한 원인은 무엇인가? 후신용은 비록 중국인구가 13억이 넘지만 세계 인구는 75억이기에 세계 80% 이상의 사용자는 해외에 있음을 의미한다고 했다. "당시 우리는 3년이 지나면 반 이상의 사용자는 해외 사용자일 것이라고 예측했다. 사실 1년도 안 돼 우리 대부분 사용자는 해외 사용자였다." 후신용은 웃으면서 지금 돌이켜보면 당시의 예측이 너무 보수적이었다고 했다.

비록 초기에 방향을 확정했지만 구체적으로 어떤 제품을 만들 것인가는 긴 고통의 시간을 거쳐 확정지었다. 2011년부터 2014년까지의 3년 동안 Kika Tech는 이미지, 문자, 카드, 오디오, 영상 등 70여 가지 프로그램을 개발했다. 그들은 배터리 절약관련 스마트폰 보조 앱도 개발했다. 여러 프로그램은 미국에서 좋은 시장 반응을 가져왔지만 후신용은 사용자가 이런 앱을 자주 사용하는 것이 아니라는 것을 알고 있었다.

"얼마 후, 사람들의 소통과 관련된 우리 프로그램의 기능을 하나로 묶으면 더욱 개성 있는 의사소통을 할 것 같다는 생각이 들었다." 후신용은 인류는 항상 매체를 통해 자신의 생각과 정서를 표현하려고 한다고 했다. 인류는 처음 산속 동굴의 벽에 그림을 그렸고 후에는 상형 문자가 나타났으며 제지술과 인쇄술을 발명했다. 지금은 계산기와 인터넷의 발명으로 정보가 넘쳐나고 소통방식 변혁의 시대가 되었다. 하지만 상응한 언어 환경이 마련되지 않으면 문자를 통해 정확한 메시지가 전달되기 어렵고 왜곡된 의미가 전달될 수도 있다. 드른 지역의 서로 다른 민족은 언어문화 차이로 원활한 교류가 진행되기 어렵다. 사람과 사람 사이의 소통 수요가 만족되지 못하고 있다고 할 수 있다.

후신용은 유럽과 미국 같은 나라는 입력기가 영문으로 되었기에 입력기 혁신에 대한 요구가 절박하지 않다고 여겼다. 지금 문자입력은 일상생활이 되었다. 이것이 바로 문제점이다.

2014년 6월 반년의 연구를 거쳐 Kika 입력기가 정식으로 출시되었다. 기본적인 문자 입력 외에도 Kika는 수천 개의 이모티콘과 수많은 배경화면, GIF, 음성, 동영상이 있으며 스킨을 지정할 수 있고 동영상 검색 기능도 있다. 사용자가 APP를 안장하면 전자 우편, 메시지와 각종 SNS에서 멀티 입력이 가능하다.

독자적인 재미있는 입력기인 Kika는 SNS에서 입소문을 타기 시작했다. 반년 만에 첫 번째 사용자로부터 100만 사용자를 돌파했다. 100만부터 1,000만까지도 반년이 들었다.

후신용은 2014년 저우리와의 첫 미국 실리콘 밸리에 출장 시에 발생한 일을 이야기 꺼냈다. 경비 절약을 위해 두 사람은 방 하나를 잡았다. 밖에서 일을 보고 11시 넘어야 호텔에 돌아와 방문을 두드렸지만 깊은 잠에 든 저우리를 깨우지 못했다. 카드키를 가지고 나오지 않은 후신용은 호텔 직원과 손짓 발짓 해가면서 겨우 상황을 전달해서야 호텔 카드키로 방에 들어갈 수 있었다.

미국에서 제일 인상 깊었던 것은 창립된 순간부터 국제 회사인 Kika는 격 없는 미국 회사 마인드였다고 후신용은 말했다. "실리콘 밸리의 이념은 무엇인가? 비록 우리 본사가 실리콘 밸리에 있지만 우리의 시장은 전 세계이다." 그는 실리콘 밸리를 방문할 때마다 회사의 꿈도 커지는 것만 같다고 했다.

이해한 바에 의하면 현재 Kika 입력기는 이미 140여 개 나라 5억 사용자들이 이용하며 MAU는 6,000만 명이라고 한다. 2015년에 Kika 는 구글의 '최고 개발자' 칭호를 받았고 2016년, 2017년 연속 2년 동안 구글의 '최고 APP'를 받아 중국 스타트업회사 기술 수출의 본보기가 되었다. 2018년 국제 소비류 전자 제품 전시회(CES2018)에서 Kika의 새 제품인 Kika GO 차량용 음성 조수는 스마트 가전, 스마트 차량 용, 스마트 응용 프로그램 및 과학기술 촉진 생활 등 4가지 혁신 상 을 받았다. 만약 모든 사용자가 매일 Kika를 이용해 소통하는 시간 을 더하면 1,800년이라는 재미있는 통계가 있다.

사용자의 바람을 위해

2017년 스페인 세계 이동통신 대회에 참가한 Kika

2015년 Kika를 찾아온 러시아 바시키르족 언어학자는 바시키르언어 입력기를 연합 개발하기를 희망했다. 사용자가 겨우 150만 명인 바시키르어 사용자들은 러시아어 입력기를 사용하다보니 소통이 원활하지 않았다.

"그들의 언어를 모르지만 우리는 기술이 있지 않는가?" 쌍방은 프로젝트 팀을 꾸려 상대방이 언어자료를 제공하고 Kika가 연구개발하게 되었다. "잘못된 부분이나 사용하기 불편한 부분이 있으면 그들은 그림으로 문자를 대신했다. 이를 기초로 우리는 조금씩 개선했다." 한 달 동안의 연구와 시험을 거쳐 세계 최초로 Kika 이모티콘 사용과 슬라이드 입력이 가능한 바시키르어 입력기를 개발했다. 언어 전문가는 직접 현지 방송국에서 Kika를 홍보했다. 현재 이 입력기는 거의 모든 바시키르민족이 사용하는 입력기가 되었다.

"전 세계에는 7,000여 가지 언어가 있지만, 일부 언어는 스마트 폰에 입력할 방법이 없기에 다른 언어로 대체하여 사용하고 있다. 사용자가 적은 언어는 스마트폰의 보급과 함께 점차 사라지고 있다." 후신용은 이렇게 말했다. "언어는 계승해야 한다. 우리는 언어가 인터넷 환경에서도 더욱 좋은 표현력을 가지도록 하는 것이다. 언어 입력기가 없으면 우리가 만들면 된다. 우리는 기존 언어의 표현형식을 풍부히 하려 한다."

지금 Kika는 세계 180여 가지 언어 입력을 지원하고 있다. 인도에서만도 30여 가지 언어의 입력이 가능하며 10여 가지 언어의 혼합 입력을 실현했다. 2017년 초 Kika는 베이징외국어대학과 손잡고 공동으로 세계 비 통용 언어 공익기금을 설립했다. 후신용은 Kika 공익기금은 세계의 언어가 스마트 폰에서 더욱 완벽하게 표현되도록 노력할 것이라고 했다.

사용자가 적은 언어 입력기 개발을 위한 물력·인력·시간 투자가 상업 가치가 있는가? "사용자의 요구를 만족시킬 수 있다면 우리는 존재의 가치가 있다. 우리가 하는 모든 일은 사용자의 문제를 해결하는 것이다. 유럽과 미국과 같은 나라는 이민 국가이기에 두 가지 언어를 혼합 사용하는 경우가 많다. 때문에 사용자가 적은 언어 입력기라도 좋은 평판을 받고 영향력을 넓힐 수 있다." 후신용의 대답이었다.

사용자의 요구, 사용자의 체험. 이는 후신용이 자주 사용하는 단어이다. 후신용은 Kika 입력기 사용자들은 보통 젊은 층이며, 그들은 입력기로 오락·체육·정감 등 생활의 모든 것을 표현하려 한다고 했다.

최근 2년간 Kika 여러 가지 합작을 선보였다. 2017년에 Kika는 선후로 발렌시아 CF, 레알 마드리드, FC 바르셀로나 등 유럽 정상 축구 클럽과 합작하여 특별 입력기를 개발했다. 클럽 전용 입력기 App을 설치하면 Kika 입력기에서 클럽 스킨과 축구선수의 이모티콘을 사용할 수 있다. 그 전에도 Kika는 미국 20세기 폭스와 합작하여 팀 버튼(Tim Burton)이 제작한 판타지 영화『미스 페레그린과 이상한 아이들의 집(Miss Peregrine's Home For Peculiar Children)』특별 입력기를 제작했다.

kika가 제작한 FC 바르셀로나 입력기

"문화 생태를 구축하여 사용자들에게 다양한 선택과 양질의 체험을 선사하는 것이 우리의 핵심이다." 후신용의 말이다.

현재 Kika는 베이징과 실리콘 밸리 두 개 본사 형식으로 운영되고 있으며, 영국·인도·러시아 등 지역에 사무실이 있다. "우리는 국가 시장을 하나씩 개발하여 미래에 100여 개 국가와 지역에 서비스를 제공하려 한다. 이는 특별한 투자와 능력 집결이 필요하다. 현재 우리는 아프리카 시장 개척을 준비하고 있다."

AI로 소통 방식을 변화하다.

2015년 옥스퍼드사전에는 처음으로 웃는 얼굴에 눈물이 흐르는

emoji를 올해의 단어로 선정했다. Kika는 해마다 세계 사용자들의 표정부호 사용 빈도를 데이터화하고 분석한다. 2016년의 통계에 따르면 매일 Kika 입력기를 20차 이상 사용하는 사용자는 70%가 넘었고, 50~100차 사용하는 사용자는 50%가 넘었으며, 9.5%이상의 사용자들은 매일 1시간 넘게 입력기를 사용했다. 또한 평균 3,100차 이상 표정 이모티콘과 이모지(감정을 표현하기 위해 유니코드의 체계로 만든 그림 문자)를 전송했다.

입력기가 문화와 부딪치면 재미있는 일이 일어난다. Kika 입력기를 사용하는 10개 주류 국가들 가운데서 웃는 얼굴에 눈물을 흘리는 이모지의 사용 빈도는 프랑스를 제외한 나머지 9개 국가에서 1위였다. 미국 사용자는 유일하게 100점 이모지를 제일 많이 사용하는 집단이고, 프랑스 사용자들이 애용하는 10대 이모티콘 가운데서 6개는 하트모양과 관련 있는 이모티콘이었다.

Kika는 표정부호에 깃든 다른 문화와 정감을 정확하게 판단하려 한다. 후신용은 입력기의 본질은 '출력'이며 표현과 소통의 문제를 해결하는 것이라고 했다. 사람의 소통은 표현 욕구, 정보 공유와 정감 표현이 포함된다. 현재 로봇은 정보 공유와 정감 표현 욕구와 정감 표현에 미숙하다.

2017년 7월 Kika가 스스로 개발한 20여 가지 주류 언어가 가능한 딥러닝 AI 엔진이 출시되었다. 후신용은 Kika가 제일 좋은 지능 엔진과 슬라이드 입력기술을 보유하고 있으며, 제일 훌륭한 고급 어휘 추천시스템이 있기에 소통의 신속성·전면성·정확성을 대폭 향상시킨다고 했다. 후신용이 휴대폰에 "I wanna go to America"라고 하자 즉시 문장이 휴대폰 화면에 나타났다. 손이 휴대폰 화면을 떠나지 않는 슬라이드 방식으로 단어를 훑으면 프로그램은 자동적으로 관련 표정을 제시한다. AI를 이용한 소통혁명은 용이한 세계적인 소통을 위한 것이며, 그 본질은 효율을 향상이고, 사용자의 의도를 정확하게 예측하는 것이라고 후신용은 말했다. "예를 들면 외국인들이 CLG를 자주 사용했는데 처음에는 무슨 뜻인지를 몰랐다. 후에 빅데이터를 통해 젊은이들이 college를 간략하여 쓰는 것임을 알게 되었다."

Kika 최고기술경영자 야오총레이(姚从磊)는 인공지능은 데이터·기술·상황이 있는데 데이터나 상황 중 어느 하나라도 빠지면 인공지능이 아니라고 했다. 상황이 많고 사용빈도가 높으며, 데이터 량이 많은 것은 휴대폰 입력기의 특점이다. 이는 인공지능 성능의 돌파구가 될 수 있다.

Kika는 사용자가 입력한 단어를 통해 다음 내용을 예측하는 입력엔진개발을 통해 문자 입력의 정확성과 표현력을 향상시키고, 언어상황 분석을 통해 정확하게 사용자가 표현하려는 표정, 이모티콘 등 다매체 내용을 정확하게 예측하고, 음성 상호 교류 엔진 등 세 가지 엔진 개발에 중점을 두고 있다고 야오총레이는 말했다. Kika의 음성식별 정확률은 이미 95%를 넘었기에 정확하게 음성을 문자로 전환할 수 있을 뿐만 아니라 음성으로 메시지를 수정할 수도 있다. 미래에 음성 입력은 문자 입력을 초과한 주요 소통 형태가 될 것이다.

"지금 인터넷 화사임을 특별히 설명할 필요가 없듯이 5년 후의 미래에는 모든 회사가 AI회사일 것이다." 후신용은 Kika는 로봇, 자동차, 스마트 가전 등 첨단기술의 연구개발에 박차를 가하고 있으며, 다양한 상황의 사용자들에게 더욱 훌륭한 지능 소통을 실현하도록 노력하고 있다고 기자에게 소개했다.

Kika 직원들 중 연구개발 설계에 참여하는 직원은 75%가 넘으며 그들 대부분은 마이크로소프트, 구글, 노키아, 바이두 등 국내외 유명회사에서 일했던 사람들이다. 베이징 사무실의 외국적 직원은 20% 정도이다. Kika는 미국 미시간대학, 일리노이대학교 샴페인캠퍼스, 캘리포니아대학교 샌디에이고캠퍼스 등 대학교 최고 실험실과 함께 과학기술 연구센터를 설립했다.

"우리와 같은 글로벌 회사는 세계 여러 나라와 경쟁하기에 기술에 더 많은 투자를 해도 과하지 않다." 후신용은 미래에 세계 절반 이상의 인구를 위해 서비스를 하는 것이 Kika의 꿈이라고 했다.

후신용은 수익은 급하지 않다고 했다. 그는 사용자가 많고, 호평을 받고 기술력이 강하다면 상업 이익 형식은 어느 순간 자연적으로 실현될 것이라 여기고 있다.

Kika Tech 설립자 겸 CEO 후신용

창업자의 말

Kika Tech 설립자 겸 CEO 후신용

 사람은 꿈이 제일 중요하다. 나의 꿈은 소통이 더욱 간편하도록 세상을 변화시키는 것이다. 창업과정에 각종 곤란과 도전이 존재하기 마련이다. 하지만 사람이 병들 듯이 기업도 병에 걸릴 수 있다. 이 규칙을 잊지 말고 평상심을 유지하고 낙관적인 마음을 가져야 한다.

 오늘의 시대는 이동설비가 날로 보급되고 있는 시대로 해마다 전 세계적으로 15억대의 휴대폰이 판매된다. 모바일은 빠른 속도로 발전하고 있다. 절대 다수의 인터넷 제품의 가격은 0이다. 이런 상황에서 경쟁은 더욱 치열해지기에 기술과 제품에 대한 체험을 통해 사용자를 유치해야 한다. 제품이 좋다면 사용자는 자연스레 제품을 홍보해 준다. Kika는 언어와 인류 소통에 주력하고 있다. 우리는 사람의 표현 본질은 문화와 관련이 있음을 발견했다. 우리는 새로운 매개체를 통해 사람과 사람, 사람과 기계, 기계와 기계가 더욱 원활한 소통을 실현하기를 희망한다. 기술 연구개발에 대한 투자가 아무리 많아도 아깝지 않다. 우리가 사용자들을 이해할수록 기술효율도 더 높아 질 것이다. 우리는 Kika의 국제화에 힘쓰고 있다. 미래에 더 많은 사람들이 그들의 민족언어를 이용하여 휴대폰으로 더욱 나은 소통을 실현하기를 희망한다. 현재 Kika 사용자는 5억 명에 달한다. 미래에 세계 반 수 이상의 인구가 우리 제품을 사용하기를 바란다. 5년 사이에 우리는 30억 사용자를 보유하게 될 것이다.

  나는 차세대 중국 창업자들은 응당 국제화 사유를 가지고 있어야 한다고 생각한다. 베이징에서 전 세계를 내다보고 글로벌 시야를 가지고 글로벌 자원을 응용해야 한다. 중국은 매우 강한 기술적 우위와 혁신적 우위를 가지고 있으며, 더 많은 외국 인재들은 날로 개방적인 중국에 취업하게 될 것이다. 글로벌화와 함께 미래 30년 혹은 더 긴 시간 동안 날로 많은 중국 스타트업 기업은 세계로 나가 더욱 좋은 제품과 서비스를 전 세계에 제공할 것임을 믿어 의심치 않는다. 우리는 여러 나라에서도 강한 경쟁력을 보이고 있다. 만약 현지 문화와 깊은 차원의 융합을 실현한다면 차세대 세계적인 기업이 탄생할 것이다.

헨리우스(Henlius) : 곤경에 빠진 환자들에게 서광을 가져다주다.

경제일보·중국경제망

기자/리즈궈(李治国)

[기업 개요]

헨리우스(复宏汉霖-푸훙한린)는 암 면역 치료에 전념하는 세계적 범위에서 임상연구를 하는 국제 바이오 의약회사이다. 중국 상하이, 베이징, 타이완과 미국 캘리포니아의 국제적인 유능한 연구 팀으로 구성된 헨리우스는 2009년에 성립되어 연구·개발·생산과 상업화를 실현하는 전 방위적인 혁신 바이오제품 개발회사이다.

헨리우스는 여러 바이오시밀러와 혁신형 모노클로널 항체 제품 라인을 가지고 있다. 그 중에서 12개 제품은 이미 임상시험 허가를 신청했으며, 세계 범위에서 24개의 허가를 받았다.

상하이 헨리우스 바이오 기술 주식 유한회사에서 개발 생산한 '리툭시마브 주사액'은 2018년 1월에 국가식품약품감독관리총국의 '우선 심사 평가 약품 등록 신청' 리스트에 올랐다. 이는 이 약이 2018년 말이면 시장에 출시할 수 있음을 의미한다. 이는 첫 국산 바이오시밀러로 비호지킨 림프종 치료제이다.

시장에서 묘약을 구할 때, 국내에 신통한 방법이 있음을 잊지 말아야 한다. "제약회사 창립은 자신 만의 신념이 있었기 때문이다." 헨리우스 총재 겸 CEO 류스까오(刘世高)는 이렇게 말했다. "암과 같은 중대 질병에 걸린 환자들이 가성비 높은 모노클로널 항체약을 이용하여 치료할 수 있기를 희망한다. 이는 내가 헨리우스를 창립한 초심이다."

헨리우스

중국의 혁신이 환자들에게 희망을 가져다주도록

미국 암젠회사에서 품질 총감독으로 있었던 류스까오는 바이오 제약업계의 일류 전문가이다. 2007년에 부친이 돌아간 후에 그는 더 많은 중국 환자들이 효과가 좋은 모노클로널 항체 약품을 사용할 수 있는 방법을 고민하기 시작했다. "미국에는 나와 같은 인재가 많다. 그들이 귀국하여 창업하여 좋은 약품을 만들어 낸다면 동포들에게 혜택이 되기에 더 큰 인생 가치를 실현할 수 있다." 그는 미국 캘리포니아의 안락한 생활을 포기하고 귀국하여 창업을 선택했다.

상하이 차오허징(漕河泾) 개발구의 소박한 사무실에서 류스까오는 기자에게 신비한 모노클로널 항체를 설명했다.

"현재 암과 같은 중대 질병은 보통 수술이나 화학요법으로 치료한다. 하지만 부작용이 크고 효과가 선명하지 않다." 류스까오는 기자에게 모노클로널 항체는 대 분자 단백질이기에 전통적인 작은 분자 약물과 달리 암 치료와 면역 계통 질병치료에서 타깃성이 강하며 효과도 확실하고 부작용이 적은 우점이 있어 국제적으로 공인하는 첨단과학기술 바이오약품으로 암 치료의 기본 약물이라고 소개했다. 1990년대부터 모노클로널 항체약물은 계속 미국 식약품감독관리국(FDA)의 허가를 받고 유럽과 미국시장에 출시되었다. 10여 년의 쾌속 발전을 거쳐 세계시장의 규모는 1,500억 달러에 달한다. 하지만 세계인구의 20%~25%를 차지한 중국시장에서의 점유율은 겨우 2%~3%에 불과하다.

그 원인은 두 가지이다. 하나는 수입 모노클로널 항체약품의 가격이 높아 일반 백성들이 부담스러워하고 다른 하나는 국산 모노클로널 항체 약품이 출시되지 않아 수입에만 의존하기에 수입약품의 독점 상황이어서 약품 접근성이 낮기 때문이다. 사실 affordable(감당 가능)과 available(접근 가능)의 문제이다. 류스까오는 이렇게 말했다. "헨리우스의 네 가지 연구 항목이 임상 III기에 접어들었다. HLX01의 비호지킨 림프종과 류마티스 관절염 적응증, HLX02의 유선암 적응증, HLX03의 마른버짐 적응증 및 HLX04의 직장암 적응증 등 네 가지는 이미 III기 임상실험을 진행하고 있다. 헨리우스에서 연구개발 속도가 제일 빠른 바이오실밀러인 HLX01는 비호지킨 림프종 적응증 III기 임상실험을 마치고 국내에서 처음으로 허가받고 출시한 바이오시밀러 모노클로널 항체가 될 것이다. 이 시대에 이 업종에 종사하면서 더 많은 환자들을 위해 우리의 힘을 이바지할 수 있음에 영광을 느낀다."

2009년 12월 여러 기업과 협상을 진행한 류스까오는 연합 설립자인 장웨이둥(姜伟东)과 함께 푸싱의약(复星医药)과 공동 출자하여 상하이에서 헨리우스를 설립하기로 결정했다. 류스까오는 푸싱의약과 손잡게 된 원인을 이렇게 설명했다. "푸싱의약은 전문 의약회사이며 국제적인 안목을 가지고 있어 모노클로널 항체 의약품 시장에 큰 기대를 하고 있었다."

회사 성립 8년 동안 푸싱의약은 대규모로 확장했다. 헨리우스는 모노클로널 항체 영역에서 우수한 성적을 보여주었기에 업계에서는 '황관의 보석'이라고 불렀다.

현재 헨리우스는 목표성이 강하며 박테리오파지기술, 혼성세포기술, 항체 인간화와 친화력 성숙 등 항체기술을 이용하여 친화력이 높고 현저한 체내와 체외 생물학 기능을 가진 치료성 모노클로널 항체 연구개발을 전면 진행하고 있다. 헨리우스 연구개발 팀에는 모노클로널 항체의약품 개발, 체외 활성 및 잔류 검측, 세포 배양기술 개발, 정화기술 개발, 약품 제조기술 개발과 분석기술 개발 등 방면에서 풍부한 경험이 있는 기술인재들이 있다고 류스까오는 소개했다. 『푸싱의약 2017년 기업 사회 책임 보고』에 따르면 푸싱의약은 줄곧 자주 혁신을 기업발전의 원동력으로 간주했으며, 지속적으로 '모방과 혁신

결합'의 약품개발 체계를 보완했으며 중국, 미국, 인도 등 지역에 고효율의 국제적 연구개발 팀을 설립하여 세계적으로 연동되는 연구개발 체계를 형성했다.

"2018년 8월까지 헨리우스는 12개 제품의 20여 가지 적응증 연구성 신약(IND) 신고를 마쳤다. 제품은 종양, 자가 면역질환 등 치료에 사용된다. 세계적 범위에서 이미 24가지 임상 허가를 받았다. 앞에서 언급한 HLX01~HLX04는 모두 III기 임상실험을 진입하거나 완성했다. 중국 외에도 HLX02는 우크라이나, 필리핀, 폴란드 등 지역에서 III기 임상실험을 진행하여 성공적으로 제품 연구개발의 국제화 전략을 실현했다." 류스까오 박사는 혁신형 생물 개량형 모노클로널 항체 HLX07, 혁신형 모노클로널 항체 HLX06과 HLX10은 이미 중국대륙, 중국 타이완과 미국 세 지역의 임상허가를 받았다고 했다. 또한 그는 타이완에서 I기 임상실험이 순조롭게 진행되고 있고, HLX07는 최근에 국내에서 Ib/II기 임상실험을 진행하게 될 것이며, HLX20는 오스트레일리아, 중국대륙의 임상허가를 받아 빠른 시일에 오스트레일리아에서 I기 임상실험을 진행할 것이라고 소개했다.

'효과가 좋고 부담 가능한' 약품제작을 추구

"중국의 화웨이, OPPO 등이 휴대폰을 잘 만들 수 있는 원인은 무엇인가? 중국의 휴대폰이 국제에서 잘 판매되고 있는데 의약품을 팔지 말라는 말이 있는가? 관건은 품질이다. 우리의 약품품질이 국제표준에 부합되면 판매될 수 있다. 때문에 국제 품질표준에 부합되는 제품을 생산하기 위해 우리는 부단히 노력하고 있다." 류스까오는 기자에게 말했다.

푸싱의약집단 회장 천치위(陳启宇)도 푸싱의약이 하고 있는 일은 환자가 적절한 시기에 진단을 받고, 더욱 효과적 치료, 더욱 효율적인 공급, 더욱 만족스러운 서비스를 받고 환자에게 품질이 좋고 부담 가능한 가격의 제품을 제공하는 것이라고 했다. 이런 이념을 바탕으로 류스까오는 더 많은 방법을 생각했다.

류스까오는 혁신형 모노클로널 항체개발은 미래의 발전추세라고 생각했다. 환자에게 '부담 가능한' 혁신약품 공급에 입각한 헨리우스의 구체적인 책략은 개량식 혁신이다. 이는 이미 목표 지향성이 검증된 항체의 제2대, 제3대 항체를 개발하여 제품개발 위험을 줄이고 원가를 줄여 혁신약품의 미래가 더욱 가능하도록 하는 것이다.

헨리우스 차오허징(漕河泾) 생산기지

"HLX01의 통용명은 리툭시마브 주사액이며 최초 이름은 Rituxan
이다. 이는 비호지킨 림프종 치료에 사용하는 모노클로널 항체약물
로 미국 식약품감독관리국이 1997년에 허가한 제품이다. Rituxan는
2000년에 중국시장에 출시되었으나 보통 환자가정에게는 부담스러운
가격이었다. 중국은 매년 비호지킨 림프종 환자가 4만여 명씩 증가한
다. HLX01가 약품 허가를 받아 출시된다면 외국제품의 독점을 타파
하여 더 많은 환자들이 혜택을 받게 된다." 류스까오가 말했다.

류스까오는 이런 노력을 하게 된 원인은 모노클로널 항체 유사형
약품은 원가 우위가 있어 혁신적인 기술을 이용하고 생산원가를 파
악하고 통제한다면, 가성비 높은 제품을 만들 수 있으며 유럽연합 표
준으로 생산하게 된 원인은 본토 시장을 바탕으로 미래에 신흥국가
시장에 진출하기 위함이라고 했다. "'13차 5개년 계획' 기간에 새로운
기술과 원가절감 방법을 찾기 위해 노력했을 뿐만 아니라 계속하여
혁신에 힘써 여러 가지 혁신 모노클로널 항체제품을 개발했다."

헨리우스는 기술차원의 업그레이드를 통해 환자의 가격부담이 적
은 바이오약품을 개발하고 푸싱의약 집단은 '혁신약+의료 서비스+건
강 보험'의 빅 건강발전 형식을 개척하고 있다. 2016년 8월 중국 보험
감독관리위원회의 허가를 받고 설립한 푸싱연합건강보험은 소비자에
게 전체 생명주기 보험 상품을 제공한다. 보험에 가입한 환자가 혁신
바이오 약품 사용 시 경제부담을 줄일 수 있다.

영원히 '의자인심(医者仁心)'으로

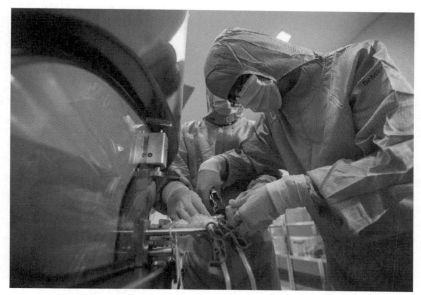

1회용 바이오 반응기를 조작하고 있는 생산 일꾼

성립 8년 동안 헨리우스는 모노클로널 항체약물의 혁신 연구개발에 주력했다. 비록 연구개발에 8억 위안이 넘는 자금을 투자했고 아직도 수입이 없지만, 기업은 예상 자산 200억 위안의 '유니콘' 기업으로 성장했다. 최근 헨리우스는 동료들의 찬사와 정부의 인정을 받고 있다. 이는 헨리우스의 연구개발이 수익단계에 진입하고 있다는 증명이다.

2017년 2월 아시아—태평양 지역 생물기술 탁월상 시상식에서 헨리우스는 '중국 최고 바이오 기술 탁월상'과 '혁신 모노클로널 항체 개발 첨단기술 혁신상'을 받았다. 이 상은 아시아 태평양지역 바이오기술 분야에서 돌출한 능력을 가진 업계 선두기업에 주는 상이다. 헨리우스는 상하이시 관련 부문에서 연합으로 발급한 『고신기술 기업증서(高新技术企业证书)』를 받아 바이오의약 영역에서의 지속적인 혁신연구와 기술성과 전환능력을 인정받았다.

"우리는 응당 약물은 인류를 위해 생산되는 것이지 이윤을 위해 만들어 지는 것이 아님을 명기해야 한다. 우리가 이 신념을 견지한다면 이윤은 따라올 것이다." 류스까오는 여러 차례 George W. Merck의 가치관을 인용했다. 그는 이 가치관은 의약개발 인재의 사명감을 절묘하게 해석했다고 했다. "우리는 적시적이고 효과적인 연구개발 계획 실행과 연구개발 문제해결에 입각하여 인재를 선택하고 등용하고 양성하며 만류한다. 이렇게 해야만 회사는 중요한 연구개발 목표를 완성하고 회사의 연구개발 실력도 부단히 진보시킬 수 있고 업계의 존중을 받을 수 있다. 또한 인재도 자아 가치를 실현할 수 있고 인재와 제품의 지속 가능한 발전 선순환이 이루어진다." 류스까오는 높은 차원의 만족도와 정신면에서의 지속적인 만족이 있어야 능력 있고 이상이 있으며 활력이 넘친 책임감이 있는 의약계 인재를 모을 수 있다고 했다. 그는 공동의 추구가 바로 안정적이고 견고하며 제일 장기적이고 포용력이 강한 기업문화라고 했다.

"미래에 헨리우스의 연구개발 투자는 더욱 늘어 날 것이다." 류스까오는 이렇게 말했다. "우리는 헨리우스가 연구개발에서 생산, 판매의 일체화의 핵심능력 건설을 완성하여 전 방위적인 제약회사로 발돋움하기를 희망한다. 우리는 이미 연구, 개발, 생산의 핵심능력을 키웠다. 미래에 우리의 제품군이 충분하면 판매영역에 진입할 가능성이 있기에 전 방위적인 제약회사가 될 수 있다."

헨리우스 총재 겸 CEO 류스까오

창업자의 말

헨리우스 총재 겸 CEO 류스까오

이윤이 제일 많은 바이오약품의 판매량은 세계적으로 지속적인 성장을 보여주고 있다. 하지만 중국시장은 극히 제한적이다. 그 원인은 두 가지인데 하나는 수입 모노클로널 항체 약품의 가격이 높아 일반 백성들이 부담스러워하고, 다른 하나는 현재 국산 모노클로널 항체약품이 출시되지 않았기에 약품 접근성이 낮기 때문이다. 사실 affordable(감당 가능)과 available(접근 가능)의 문제이다.

그동안 단비를 기다리던 환자들이 높은 가성비의 모노클로널 항체 약품을 사용하여 치료하기를 희망한다. 이는 내가 헨리우스를 설립한 초심이다. 바이오시밀러 연구개발 원가를 줄인다고 해서 약의 품질을 떨어뜨리는 일은 말아야 한다. 약의 품질은 중국약품이 세계로 나아갈 수 있는 힘이다. 약의 품질이 국제표준에 부합되어야만 약품을 국제시장에서 판매할 수 있으며, 더 많은 환자들이 우리의 약품을 사용하여 효과를 볼 수 있다. 중국 백성들의 수요 외에도 경제실력이 더욱 약한 신흥시장의 백성들도 우리의 약품을 사용할 수 있다. 국내의 품질의 높여야만 국제시장을 겨냥할 수 있으며, 우리의 사업도 더욱 의미가 있다.

이노벤트 바이오(Innovent Biologic, 信达生物) : 이상이 있는 기업이 되자.

경제일보·중국경제망

기자/서훼이민(佘惠敏)

[기업 개요]

이노벤트 바이오(信达生物—Innovent Biologic) 유한회사는 국가 '천인계획(千人计划)' 특별 초청 전문가인 위더차오(俞德超) 박사가 2011년에 쑤쩌우 공업단지에서 창건한 회사로 암 등 중대 질병 치료제 개발·생산·판매회사이다. 현재 중국 바이오제약 영역에서 제일 영향력이 있는 '유니콘'기업의 하나이다.

이노벤트 바이오는 시종 국제 최고 표준으로 혁신을 추진했다. 현재 이노벤트 바이오는 '1%의 국가 천인계획 전문가'와 '10%의 귀국 전문가'로 구성된 중국 최고 바이오약물 혁신 팀으로 미국 피델리티, 싱가포르 테마섹 홀딩스 등 세계의 우수한 투자자본으로부터 5.8억 달러의 투자를 받았고, 국가식품약품감독관리국, 미국식품약품관리국(FDA)과 유럽연맹약품관리국(EMA)의 약품생산품질관리규범(GMP)에 따른 첨단 바이오약품 산업화 생산기지를 가지고 있으며, 17개 모노클로널 항체 신약 품종으로 구성된 제품의 체인을 형성했다. 그중 2개 품종은 국가 '중대 신약 혁신 제조' 특허를 받았고, PD-1 면역 항암제 신틸리맙(Sintilimab) 주사액은 출시 허가를 신청했으며, 우선 심사자격을 가졌다. 이노벤트 바이오와 미국 릴리는 15억 달러의 '중국 바이오 제약 국제합작 첫 오더'를 체결하여 중국 바이오제약 기업 발전의 새로운 형식을 개척했다.

이상이 있는 위더차오는 이상이 있는 회사 이노벤트 바이오를 설립했다.

"백성들이 부담할 수 있는 효과가 좋은 바이오 혁신 약품을 만들자!" 이는 그의 이상이다.

그러나 간단한 듯 한 이 이상은 실질적으로 실현이 어렵다. 10억 달러와 10년, 이는 업계에서 공인하는 바이오 혁신 약품 개발부터 출시까지 필요한 투자액과 주기이다. 높은 원가와 기나긴 주기 때문에 처음 제약회사를 꾸리면 보통 어려움이 많은 업종보다는 투자가 적고 수익이 빠른 제약방식을 선택하게 된다.

하지만 2011년 8월에 설립된 이노벤트 바이오제약(苏州) 유한회사는 결연히 바이오 혁신 약품 연구개발과 생산을 선택했다. 짧은 7년 동안 빠른 발전을 가져온 이노벤트는 그들의 이상과 점점 가까워지고 있다.

- 17개 신약품종 산업사슬을 형성했으며, 그 중 2개 품종은 국가 '중대 신약 혁신 제조' 전문 항목으로 선정되었고, 9개 품종은 임상연구에 진입했으며, 4개 품종은 III기 임상실험을 시작했다.
- CFDA, 미국 FDA, 유럽 EMA의 GMP 표준으로 첨단 바이오 산업화 기지를 건설했다.
- 성공적으로 시리즈 E 단계 투자를 받아 융자규모는 국내 바이오 의약계의 선두를 차지했다.
- 5가지 혁신제품의 해외시장을 미국 릴리제약에 양도한다는 계약을 미국 릴리제약회사와 체결하고 15억 달러가 넘는 투자를 받

았다. 이는 중국 바이오 의약 영역에서 자금 투자가 제일 큰 국제합작으로 처음으로 중국이 발명한 약품을 국제가격에 판매한 사례이다.

이상, 세계 수준의 혁신을 불러일으키다.

만약 화학약품 개발을 자전거 생산으로 비유한다면 바이오약품 개발은 비행기 생산과 같다. 바이오약품에서도 모노클로널 항체류 약품 개발은 전투기 개발이다. 이상을 원동력으로 이노벤트 바이오는 국제수준의 바이오 약품 '전투기'를 만들어 냈다.

2012년 5월 이노벤트 바이오 제1차 전략회의가 쑤쩌우 핑장(平江)로 찻집에서 열렸다. 그 시기 이노벤트는 등록 9개월 차의 20여 명 직원의 작은 회사였다. 이노벤트는 쑤쩌우 생물 나노단지의 한 구석에 위치한 전화소리가 전 사무실에 다 들리는 공간을 빌려 공동 사무실로 사용했다.

비록 작은 벤처기업이지만 큰 미래를 그리고 있었다. 제1차 전략회의에서 이노벤트 바이오는 국제표준의 바이오 혁신약품 제품사슬 개발과 국제표준의 바이오 혁신약품 생산기지를 건설이라는 업계에서 '미친 짓'이라 불리는 두 가지 결의를 확정지었다.

그 시기 이와 같은 모험적 결의를 내리는 국내 스타트업은 없었다. 국내시장의 대부분 약품은 진입장벽이 낮은 방제약품이 대부분이었다. 투자자들은 회사설립 초기의 이노벤트 바이오의 실력을 의심했다. "지금의 중국이 어찌 국제수준의 혁신약품을 생산할 수 있단 말인가?" 투자자들은 이노벤트 바이오의 목표가 비현실적이라고 여겨 투자를 회수하지 못할 가능성이 크다고 여겼다.

하지만 위더차오는 약품 연구개발부터 생산까지 국제적인 표준에 따라 진행하는 것만이 그의 이상을 실현하는 길이라 여겼다.

1964년 저장 타이저우 톈타이산(浙江台州天台山)의 작은 농촌마을에 서 태어난 위더차오는 중국 '천인기획(千人计划)'에 따라 초빙한 인재이 다. 1993년에 중국과학원에서 분자 유전학 박사학위를 따고 미국으로 건너간 그는 캘리포니아대학 박사후 과정에서 약물화학을 연구했으 며, 미국 여러 바이오제약 회사에서 신약개발에 종사했다. 미국에 있 는 10여 년 간 위더차오는 여러 가지 특허를 취득했다.

이노벤트 바이오 실험실

그는 미국 실리콘밸리에서 생활했다. 미국에 있는 동안 고향에 있는 친인척들의 암과 같은 중대 병에 걸렸다는 소식을 종종 듣게 되었다. 일부 질병은 미국 바이오 약품으로 치료하고 완치할 수 있었지만, 너무 높은 가격 때문에 중국환자들이 포기할 수밖에 없었다. 위더차오는 이런 상황이 안타깝기만 했다. 2006년 그는 귀국을 결심했다. 그는 중국에 돌아가 중국 백성들이 부담할 수 있는 중국이 자주적 지적 재산권을 가진 혁신약품을 개발하려고 마음먹었다.

"중국은 응당 높은 품질의 바이오약품을 개발하여 중국 백성들이 세계 과학기술 진보의 성과를 누릴 수 있도록 해야 한다. 이는 거대한 상업 기회일 뿐만 아니라 나의 인생이 더욱 의미 있을 기회이기도 하다." 위더차오는 이렇게 말했다.

2012년에는 시대를 초월했던 회사전략은 지금 국가의 수요에 부합되었기에 선발 우세가 되었다. 위더차오는 힘을 얻었다. "지금 국가약품감독국에서 대대적인 개혁을 진행하고 있다. 이노벤트가 처음에 제정한 발전목표와 지금의 국가개혁 목표가 같아 큰 시너지효과가 있게될 것이다.'

이상은 위더차오와 그의 이노벤트가 앞으로 나아갈 수 있는 원동력이다. 모노클로널 항체약품은 목표성이 강하고 독성이 적으며 효과가 좋아 암, 자체면역질병, 바이러스 감염, 골다공증, 심뇌혈관 질병 등 치료에 광범위 하게 사용된다. 하지만 개발원가가 높고 난이도가 높으며 생산능력이 제한적이기에 연구개발 회사의 기술, 자금에 대한 요구가 높다. 이상은 이노벤트가 국제수준의 바이오 약품 '전투기'를 개발해 낼 수 있는 원동력이다.

성립 7년 만에 이노벤트는 17개 모노클로널 항체 신약품종으로 구성된 제품사슬을 형성했다. 그중 4개 품종은 이미 임상 III기 연구를 시작했다. 이런 약품은 모두 세계적인 기술혁신이다.

IBI302는 당뇨병 망막 병변치료, 연령 관련 황반병변 치료에 사용되는 모노클로널 항체 주사액으로 업계에서 '제일 완벽한 설계'로 불리며 현재 같은 종류 약물치료가 표면적인 증상만 해결하고 근본적인 문제를 해결하지 못하는 치명적인 결함을 타파했다.

IBI306는 혈지 개선에 사용되는 모노클로널 항체로 혈지 개선이 이상적이지 않은 완고한 환자치료에서 좋은 효과를 가져왔다. 이는 같은 종류 약물의 투약 주기를 크게 연장하여 환자의 치료비용을 대폭 줄였다.

IBI308는 PD-1 항암약물이다. IBI308의 약효는 시장에서 판매되고 있는 기존 PD-1 약물의 100분의 1도 안 되는 양으로도 기존 약품보다 더 좋은 효과를 가지고 있다는 것을 검측한 국제 바이오 약품 기업인 릴리회사는 관련 약품의 자체 개발을 중단하고 이노벤트의 제품을 구매했다. PD-1 모노클로널 항체 Sintilimab 주사액은 출시 허가신청을 했으며 우선 심사 평가하는 자격을 획득했다.

2019년 2월 이노벤트 바이오의 항암 신약인 '다보수(达伯舒, Sintilimab Injection-신틸리맵 주사액)이 국내에 출시되었다.

같은 이상을 가진 팀에게 의기투합케 한다.

"'백성들이 부담할 수 있는 효과가 좋은 바이오 혁신 약품을 만들자!' 이노벤트 바이오 설립시기에 확립한 이 말은 우리의 사명이다. 이런 사명은 같은 뜻을 가진 파트너를 찾을 수 있게 했으며, 이 사명은 개인의 일이 아닌 모두가 함께 실현하는 위대한 사업이 되었다."

보유하고 있는 60여 가지 발명 특허 중 38가지가 미국 특허인 위더차오는 전형적인 신약을 개발하는 과학가이다. 2011년 쑤쩌우에서 이노벤트 바이오를 설립하던 초기에 위더차오는 이미 국가 1류 신약 두 가지를 발명했다. 안커루이(安柯瑞)는 세계 최초 바이러스로 암을 치료하는 바이오 혁신약품이다. 안과 바이오 약품인 Conbercept(康柏西普)는 중국의 첫 세계 지적재산권을 가진 모노클로널 항체신약이다.

이노벤트 바이오 항체 산업화 기지의 항체 약물 생산라인

하지만 과학자라는 신분만으로 그의 이상을 실현할 수 없었다. 이역시 그가 이노벤트 바이오를 설립한 원인이다. "이노벤트의 뜻은 '믿음에서 시작하여 행동으로 이어진다'는 의미이다." 위더차오는 우수한 기업은 언제나 '사명'과 함께 한다고 했다.

"믿음에서 시작하여 행동으로 이어진다"는 신념으로 이노벤트인은 착실하게 맡은 역할을 했다. 위더차오는 이노벤트가 첫 번째 바이오 약품인 IBI301 개발 시의 어려움을 잊지 못했다. "이 약물은 림프종 치료에 사용된다. 처음 계획을 정하고 임상실험을 신청하기까지 보통 2년이 걸리는데 우리는 12개월 만에 완성했다."

이노벤트 연구개발 팀의 피나는 노력이 있었기에 가능했다.

당시 회사는 빌려 온 사무실에서 연구를 했다. 지으려는 실험실은 여전히 설계도에 있고 필요한 설비는 외국 설계사의 컴퓨터에 있었다.······모두 연구를 하려 했지만 아무런 조건도 없었다.

이노벤트는 '빌리는 것'을 최대로 활용했다. 실험실이 없으니 쑤저우 나노 마이오 단지의 공공 실험실에서 실험했다. 주문한 설비가 도착하지 못해 공급 측에서 기존의 샘플 기계를 빌렸다. 빌린 사무실은 어찌나 작은지 시제를 보관할 냉장고를 겨우 놓을 정도였다. 그들은 제일 가까운 거리에 위치한 다른 회사 냉장고의 작은 공간을 빌려 사용했다.······IBI301이라는 황금알의 부화는 다른 닭의 공로가 3분의 1이라 할 수 있다!

"당시 황샤오러(黃小乐)는 늘 자전거로 설비를 운반하고 빌려오곤 했다. 단차오롱(旦巧荣)은 태어 난지 몇 달 되지 않은 아이가 있지만 거의 매일 연장근무를 했다.……" 위더차오는 그와 함께 힘겹게 창업했던 동료들에게 고마움이 가득했다. "그들은 나와 같은 이념을 가지고 있었다. 혁신약품 개발에 대한 믿음이 있었기에 아무것도 없던 창업초기에 고향을 떠나 가족을 거느리고 쑤쩌우에 올 수 있었다. 비록 초기에 처음으로 500만 달러의 투자를 얻었지만 설비 값도 되지 않았다. 회사가 발전하지 못해 이렇게 좋은 동료들의 기대를 저버릴까 그 시절은 살얼음 같은 나날이었다. 몇 달 뒤에 두 번째 투자를 받아서야 한숨 돌릴 수 있었다. 다행히 그 친구들 모두 좋은 발전을 가져왔고 회사의 주식도 가지고 있어 기쁘고 안심된다."

위더차오는 줄곧 국제표준으로 새로운 약품을 개발하고 생산라인을 건설했다. 뿐만 아니라 그의 연구개발 팀도 국제적인 팀이다.

보커루이(薄科瑞), 천차오화(陈朝华), 류민(刘敏), 시하오(奚浩), 저우친웨이(周勤伟), 췌훙(阙红), 쉬웨이(徐炜)……등 주요 팀원들 모두 다년간의 해외 유명 제약기업에서 일한 경험이 있다. 짧은 7년 동안 이노벤트는 초기의 작은 사무실에서 9만여 평방미터의 연구실, 사무 공간, 생산공장과 판매를 망라한 바오이 혁신약품 기지로 성장했다. 직원 몇 명이던 이노벤트는 600여 명의 직원을 가진 기업이 되었다. 그중 10%는 귀국한 인재들이며, '천인계획' 국가 특별 요청 전문가도 4명이 있다.

이상, 국제적 안목을 가진 투자자를 사로잡았다.

이노벤트 바이오의 성공은 자주적 지적재산권을 가진 높은 품질의 혁신약품은 출시 전의 연구개발 단계에 해외 권한 위탁을 통해 기업 발전에 필요한 자금을 얻을 수 있음을 알려 준다.

PD-1 항체 산업화 생산기술을 개발하고 있는 이노벤트 바이오 기술 개발부의 직원.

바이오 혁신약품을 만들려면 인재가 필요하고 자금도 필요하다. 위험이 크고 투자가 많고 주기가 길기에 중국 혁신약품 개발은 '자본요소'의 제한을 받았다. 이는 제약기업의 생존과 발전과 관련될 뿐만 아니라 우리나라 의약산업의 혁신수준에도 큰 영향을 미친다.

　국제수준의 연구개발 팀은 국제표준의 혁신을 실현할 수 있었기에 이노벤트 바이오와 같은 벤처기업이 국제 동업계의 존중을 받고 국제자본의 주목을 받을 수 있다.

위더차오는 이노벤트 바이오 대표로 댜오위타이(釣魚台)에서 미국 릴리제약과 국제합작 '첫 오더'에 서명했다.

지금까지 이노벤트 바이오는 시리즈 E 융자를 진행했다. "우리의 융자는 순조로운 편이었다. 처음에는 우리가 찾으러 나섰지만 그 뒤로는 돈이 우리를 찾아 왔다. 기업이 얼마나 잘해내느냐는 투자자가 매우 중요하다. 자신의 발전이념과 가치관을 지지하는 투자자를 찾아야 한다." 위더차오는 기업의 사명을 인정하는 투자자를 찾아야만 기업이 장기적이고 안정적인 발전을 실현할 수 있다고 했다. "국제 인정을 받는 혁신성과를 통해 지난날 혁신의 '걸림돌'이던 자본요소를 혁신을 보장하는 '갑옷'으로 만들어야 한다."

이노벤트 바이오의 발전역사에서 미국의 릴리제약과의 합작은 이정표가 되는 사건이다.

140년의 역사를 지닌 세계 선두의 제약회사인 미국 릴리제약은 이노벤트 바이오의 연구개발 능력과 산업화 기지 생산라인 현장 감사를 진행했다. 당시 미국 릴리는 157명의 검사팀을 파견하여 연구개발 독창성과 규칙 부합여부를 확인하기 위해 3번 이노벤트 바이오의 구석구석을 검사했다. 당시 미국 릴리제약은 이노벤트 바이오의 신약을 미국에서 제일 좋은 약품과 비교했다. 이노벤트 바이오의 신약이 미국고와 같은 종류의 약품보다 100배 이상의 효과가 있다는 것을 확인하고서야 이노벤트와의 합작을 결정했다.

2015년 미국 릴리 제약과 이노벤트 바이오는 두 차례 합의서에 서명했으며, 총 15억 달러가 넘는 전략 합작을 달성했다. 이는 국제 의약계 거두가 처음으로 원가를 고려하지 않고 중국이 자주적으로 제작한 혁신 바이오 약품을 구매한 사례이다.

이노벤트바이오제약(쑤쩌우)유한회사 회장, 총재 위더차오

위더차오는 이번 합작이 중국 바이오 제약의 혁신 생태와 상업양
식을 변화했다는 것에 큰 자부심을 가지고 있었다. 예전 중국 제약회
사는 10여 년 동안 거액을 투자해서야 새로운 제품을 출시할 수 있었
다. 하지만 이노벤트 바이오는 자주적인 지적재산권을 가진 좋은 품
질의 새로운 약이 있다면, 출시 전의 개발 단계에 해외 권한 위탁을
통해 지속적으로 기업의 발전을 위해 자금을 마련할 수 있다는 것을
증명했다.

위더차오는 미래의 발전에 대해 이렇게 말했다. "'백성들이 부담할
수 있는 효과가 좋은 바이오 혁신약품을 만들자!'는 사명은 무겁고

도 기나긴 여정이다. 지금 우리는 세 가지를 잘 해내려고 노력한다. 첫째, 약품의 품질을 틀어쥐어 국제수준의 품질 좋은 혁신약품을 만들고, 둘째, 국제표준의 생산기지를 건설하여 일정 생산규모를 형성함으로써 약품가격을 낮추며, 셋째, 환자들이 더 많은 혜택을 얻도록 더 많은 품종의 혁신약품을 개발 하는 것이다."

창업자의 말

이노벤트바이오제약(쑤쩌우)유한회사 회장, 총재 위더차오

회사를 창립한다는 것은 아이를 키우는 것과 같아 생각지도 못한 일이 발생한다. 창업자 특히 처음으로 창업을 하는 창업자는 마음의 준비를 해야 한다. 지구력과 어려움과 위험 예측은 창업과정에서 여유롭고 침착한 마음을 유지하도록 하고 어려움에 봉착했을 때에 쉽게 낙담하거나 실망하지 않도록 한다. 견지하려는 지구력은 무한한 에너지를 가져다준다. 비록 앞길에 가시덩굴이 가득하고 쌓아온 탑이 무너져 막다른 골목에 몰리더라도 '유암화명(柳暗花明)'을 맞이하여 큰 성과를 거둘 시기가 올 것이다.

기업은 처세와 같다. "믿음이 없으면 무엇이 가능할지 알 수 없다.(人而无信,不知其可也)"는 말이 있듯이 사람이 이 세상에 태어났으면 자기의 사명이 있기 마련이다. 이 또한 생명의 의미이다. 기업의 창업도 자기의 사명이 있어야 한다.

창업자는 창업초기에 응당 기업의 사명을 생각해야 한다. 사명은 자신이 하려는 사업의 사회적 가치를 정확하게 인지하도록 해야 할 뿐만 아니라 이용할 수 있는 전반적인 사회의 역량을 단결시키고 응집시켜 회사의 사명을 진심으로 인정하는 팀원을 찾을 수 있게 해야 한다. 한 사람의 사명이 팀의 사명이 되면 이는 개인의 전투가 아니다. 모든 사람이 한 방향으로 노력하는 기업이라면 큰 힘을 가진 기업으로 성장한다.

"백성들이 부담할 수 있는 효과가 좋은 바이오 혁신 약품을 만들자!" 이는 이노벤트 바이오의 사명이며, 나의 창업 초심이고, 내가 노력하려는 사업이기도 하다. 이노벤트 바이오의 동료들은 착실하게 바이오 혁신약품 개발에 심혈을 기울이고 있다. 우리 동포들이 필요한 순간에 아픔과 고난을 두려워하지 않고, 일반 백성들이 과학기술의 진보가 가져다주는 건강성과를 공유하는 날이 오기를 바란다.

LANDSPACE : 성실하게 우주를 바라보다.

경제일보·중국경제망

기자/뉴진(牛瑾)

[기업 개요]

베이징란젠콩젠과학기술유한회사(北京蓝箭空间科技有限公司科技有限公司—이하 'LANDSPACE[蓝箭航天]로 칭함')는 2015년에 설립된 로켓연구 제작과 운영을 하는 중국 민영기업이다. 회사는 중소형 상용 항공 응용 시장을 겨냥하여 자주적 지적재산권을 가진 액체연료 로켓엔진 및 상업 운반로켓 연구개발을 하는 회사로 일류의 기술연구개발 팀의 설계능력 집성과 기계혁신 능력을 가지고 있기 때문에 제품의 설계·제조·시험 및 사용 등 전반적인 임무를 완성하여 세계시장에 표준화를 제시하는 서비스를 해결할 수 있는 솔루션을 제공하고 있다. 시종 기술혁신과 시장 구동을 발전의 핵심으로 하는 LANDSPACE는 중국 우주항공에 유익함을 보충하는 회사가 되어 미래에도 중국의 우주항공 사업에 이바지 할 것이다.

2018년은 베이징 LANDSPACE가 성립된 지 네 번째가 되는 해이다. 이해 8월 2일 "소리 없이 큰일을 하던 LANDSPACE"는 상업위성 '웨이라이호(未来号)'를 발사할 수 있는 자체적으로 연구제작한 중국 민영 탑재로켓 'ZQ-1(주췌1호—朱雀一号)'의 전체 설계도를 발표했다. 2018년 제4분기에 위성을 발사하여 궤도에 진입할 것이라고 했다. LANDSPACE가 연구제작한 첫 번째 민영 액화산소 메탄 엔진의 축소 모델은 연소실 시험에서 좋은 성적을 보여주었다.

베이징 이좡(亦庄)에 있는 LANDSPACE 본사에서 회사의 설립자 장창우(張昌武)와 그의 팀원들이 민영 로켓의 자체 연구개발에 박차를 가하고 있다. 그들은 우리나라 상업 우주항공영역의 혁신과 탐색에 이바지하고 있다.

-161℃ 얼음과 3200℃ 불

'ZQ-1(朱雀一号)' 탑재 로켓

탑재로켓은 상용 우주항공의 기초이다. 액체엔진은 액체 탑재로켓의 동력부분으로 액체 로켓엔진의 핵심부품이다. 서로 긴밀히 연계되어 있기에 액화 산소메탄엔진의 축소모델의 연소실 실험성공이 LANDSPACE와 중국 상용 우주항공의 의미를 알 수 있다. 시간과 경주를 하던 나날 모두가 기념할 가치가 있는 것이다.

LANDSPACE 엔진의 연소실 테스트를 책임진 탕무싱(唐牧星)은 사무실을 나서기 바쁘게 전기 드라이어를 찾았다. 로켓 점화 테스트에 성공한 후, 연구 팀은 로켓 연소실 내부 원자재 선택에 관한 회의를 열었다. 성질이 급한 그는 부품의 자연 건조를 기다릴 시간이 없었던 것이다. 그는 드라이어로 건조시간을 앞당기는 방법까지 연구했다.

물론 이는 LANDSPACE의 수많은 기술혁신 과정의 하나일 뿐이다. 2018년 설 전야, 액화 산소메탄엔진의 축소모델은 연소실에서 두 차례의 점화 테스트를 완성했다. 3월 21일 연구 팀은 치밀한 준비를 거쳐 세 번째 점화 테스트를 결정했다. 기술규정에 따라 기체·액체의 흐름 테스트, 액체 압력 강도 및 밀폐 검사를 마친 후, 연소실은 테스트가 시작되었다. "점화!" 테스트 명령이 떨어지자 파란 불길이 일어났고 쿵쾅 소리와 함께 메탄 연소 시에 나타나는 특유의 광환이 나타났다. 테스트를 마치는 명령과 함께 모니터에서 현란하게 움직이던 곡선이 안정을 찾았다. 각항 테스트 수치가 예상과 부합되며 테스트가 성공했다고 선포하자 숨쉬기도 조심스럽던 LANDSPACE 연구 팀은 그제야 격렬한 환호와 기쁨의 박수를 쳤다.

연구 팀의 소개에 따르면 테스트과정에서 제일 관건적인 시각은 연소 시작 2~3분사이라고 했다. 연소실 내부 온도는 순식간에 3,200℃로 상승하지만 벽 외부의 메탄은 −161℃이다. 높은 열량으로 가운데 있는 메탄이 기화될 수 있다. 이때 메탄의 상태는 기체와 액체의 혼합 상태여서 매우 복잡한 상태이다. 만약 기체와 액체 상태의 메탄이 잘 섞이지 않으면 한 부분이 먼저 타버려 로켓발사는 실패하는 것이다.

LANDSPACE는 80톤 액체 산소 메탄 엔진의 단노즐 연소실 열 테스트

"-161℃의 얼음과 3200℃의 불길 사이에서 메탄은 충분히 연소해야 한다. 이는 우리가 설계과정에서 돌파해야만 하는 관건적인 기술이다."라고 장창우(張昌武)는 말했다. 이를 위해 LANDSPACE는 시험을 수없이 반복했으며, 수없이 수치를 조절해야 했다. 3개월 사이에 방안이 결정되었다. 또 3개월의 시간을 거쳐 샘플이 제작되었다. "이 과정이 제일 중요한데 다행히 우리는 성공했다."

사실 로켓엔진의 '고체·액체' 분쟁은 액체 연료로 어느 정도 통일되었다. 하지만 고체 탑재 로켓은 반응속도가 빠르고 움직임이 민첩하며 규정을 정하기 쉽다는 특점이 있기에 여전히 미래 발사 로켓시장에서 중요한 역할을 할 것이다. "때문에 우리는 고체 엔진과 액체엔진 모두 연구했기에 오늘의 성과가 있을 수 있었다."고 장창우는 기자에게 말했다. "또한 고체 엔진에 비해 액체 엔진의 연구개발 주기가 길고 난도가 높아 민영 우주항공 기업의 기술능력과 회사에게는 도전이 아닐 수 없다. 하지만 LANDSPACE는 이 분야에서 이름을 날리고자 한다."

액체 로켓엔진이라고 결정한 다음에는 제일 적합한 추진제를 확정해야 한다. LANDSPACE는 '성능 향상, 원가 절감'의 원칙에 따라 수많은 추진제 가운데서 종합실력이 제일 우수한 메탄을 우주항공 최적의 연료로 선택했다.

제작방향과 추진제를 결정하고 액체 산소메탄의 연소실 테스트에서 성공한 LANDSPACE는 이미 중국 상용 우주항공의 새로운 시대를 열었다.

핵심적인 사람들과 굉장한 일을 완성하다.

창업 시작부터 지금까지 LANDSPACE의 제일 중요한 결정을 꼽으라면 2015년 혹은 더 이전의 2014년의 하반기로 거슬러 올라간다.

당시 장창우은 금융계의 전문 인재로 항공계와는 거리가 멀었다. 그는 항공에 대한 지극한 열정, 자본에 대한 민감한 후각으로 2014년 하반기부터 친구와 함께 조사를 진행했다. 조사 내용은 국내 항공 기술 인재 비축상황, 공급사슬 체계의 개방정도 및 중국의 탑재 로켓기업에 대한 국제시장의 견해 등이었다. 조사 결과 국내 탑재 로켓 인재와 관련 핵심시설은 항공계통의 국가기업이 장악하고 있어 민영기업에 개방할 것인지의 여부 문제였다.

다행히 일련의 관련 정책과 조치가 공포되어 장창우는 창업내용을 크게 고려하지는 않았다.

2014년 국무원에서는 각종 사회자본의 중국 위성의 상용발사와 위성응용 등 관련 분야에 대한 투자를 환영한다는 의견을 발표했다. 2015년 7월 재정부는 경내 항공 운수서비스업계의 증가세 영세율을 적용하고 세금면제와 환금방법을 실행하기로 했다. 『2016 중국의 항천(2016 中国的航天)』 백서에는 민간자본과 사회역량이 질서 있게 우주항공 과학연구, 우주 기초시설의 건설, 우주 공간 정보에 대한 제품 서비스, 위성운영 등 우주항공 활동에 참여하도록 인도하여 대대적으로 상용 우주항공 발전을 추진할 것이라고 지적했다. 이는 중국의 민영 우주항공이 '비행'조건을 구비했음을 의미한다.

더욱 혁신적인 활력을 가진 국제 상용 우주항공 회사의 신속한 성장은 장창우의 신경을 자극했다. '로켓기술은 원래 군사와 민간이 사용하는 기술이다. 국외시장에는 민용 상업화 탑재 로켓회사가 나났으니 중국시장에서도 가능하다.'

장창우는 결심을 내리자 모든 것이 순조로웠다고 했다. 금융 출신인 그는 몇몇 핵심 인물을 찾았다. 유럽의 위성과 발사시장에서 10여년의 경력을 가진 연합 설립자들이 그들이었다. 그 중 유럽우주기구에서 일한 경력이 있는 우수판(吳樹范) 교수, LANDSPACE에 엔젤 융자를 찾아온 촹샹텐스(創想天使) 투자자 뉴민(牛旼) 등이었다. 이들 핵심적인 인물들이 함께 모여 하늘에 오르는 일을 도모했다. 2015년 상반기에 LANDSPACE는 사업자허가를 받았고 장창우가 CEO를 맡았다.

국내나 국외의 로켓업은 판매자 시장이다. 상업형식이 상대적으로 간단하기에 로켓제조와 발사는 위성발사의 요구를 만족시키지 못하고 있었다. 로켓연구 제조와 발사장소, 관측 제어 등 파트너는 고객에게 로켓발사 서비스를 제공했다. "우리는 로켓엔진을 구매해서 혁신을 통해 연구개발 주기를 단축시키려 했다." 하지만 엔진을 구매할 수가 없어 직접 만들기로 했다고 장창우는 말했다.

빠른 시일에 엔진을 만들어야 한다는 결심과 함께 난제도 나타났다. LANDSPACE의 첫 번째 난제는 인재의 영입이었다. "우주항공 분야는 인재를 스카우트한다기보다는 인재를 유치해야 한다. 유명한 '기술 브레인'이 가입하면 마음 맞는 인재들을 더 많이 유입할 수가 있다." 장창우은 당시 액체 엔진 팀에는 겨우 2~3명의 연구 인원이 사전 기술 준비를 완성했다고 말했다. 2016년 하반기에 회사는 액체 엔진 연구개발팀을 만들기 시작했다. 같은 꿈을 찾아 개발팀을 찾아 온 이들은 옛 친구들을 다시 만나는 기회가 되었다. 반년 후 LANDSPACE는 장창우가 인정하는 '제일 소중한 자산'인 완전한 액체 엔진팀을 갖게 되었다.

기업 차원의 '파트너'를 찾는 문제만 남았다. 로켓생산 사슬은 수백 개의 기업과 관련된 기나긴 사슬이다. 이 사슬을 완성하기 위해 장창우은 큰 심혈을 기울였다. "우리의 진심을 전달하고 그들이 우리가 완성품을 만들 수 있는 능력을 확신하여 그들에게도 수익이 돌아갈 수 있다는 것을 알게 해야 한다." "많은 사람들은 '우주 항공 품질' 때문에 우리와 손을 잡았다. 합작과정에서 날로 많은 사람들이 우리의 실력과 형식을 인정했다. 이는 우주항공 분야에는 확실한 제품이 있어야 한다는 것을 설명해준다." 이말들은 장창우의 말이다.

우주에 우리의 꿈을 안착하자.

LANDSPACE가 직면한 곤란은 이 뿐만이 아니었다. 사람들은 우주 항공은 첨단기술을 대표하는 분야이기에 이 분야의 창업자에는 항상 의심과 경시가 동반되었다.

장창우도 비슷한 말을 들었다. 장창우은 사람의 눈에 띠지 않고 조용히 연구를 하는 성격이다. "로켓을 만드는 일은 기나긴 과정이기에 급하지 말아야 한다. 절대적인 확신이 없으면 우리는 아무런 정보도 오픈할 수 없다."

2017년 1월에 덴마크 GomSpace 회사와 로켓발사 서비스 계약 체결 소식을 전하기까지 LANDSPACE는 조용한 회사였다. 덴마크와 중국 민영기업의 첫 번째 로켓발사 서비스 계약을 체결하게 되어서야 LANDSPACE는 이름을 알리게 되었다.

GomSpace는 강대한 시장 네트워크를 가지고 있는 우주항공회사로 유럽 심지어 세계적인 파트너십을 형성하고 있었다. 그들은 여러 차례 미국 NASA와 미소 위성시스템 공급과 관련한 서비스 제공계약을 체결하고 있었다. "국내 민영 상업 우주항공 기업이 상업적인 로켓발사 사례가 없었기에 그들은 LANDSPACE의 기술과 제품에 특별한 관심을 보였다. 특히 궤도의 경사각·안정성 등 일련의 핵심문제에 대해 중시했다." 장창우는 LANDSPACE가 중국 민영 우주항공의 신뢰를 증명할 것이라고 자신 있게 말했다.

LANDSPACE와 덴마크 Gomspace회사의 로켓 발서 서비스 계약 체결 현장. 이는 국내 민영 우주항공 기업의 첫 번째 국제 시장 상용 로켓 발사 서비스 계약이다.

물론 LANDSPACE와 GomSpace가 손을 잡을 수 있었던 중요한 원인은 LANDSPACE이 제공하는 저궤도 위성의 네트워크 건설과 보완에 더 확실하고 더욱 경제적인 탑재 로켓이 그들의 제품 판매에 적합했기 때문이었다. 장창우는 이 분야에서는 시장이 로켓의 유형과 규모, 그리고 로켓의 동력시스템을 결정한다고 했다. "현재 400㎞부터 1,000㎞의 궤도 반경은 공백이다. 우리는 이 공백을 공략하고자 한다. 사전 계약은 해외에 있지만 우리와 협상하고 있는 국내 일부 과학기술연구소도 있다."

비록 순조롭게 국제 상업 우주항공 경쟁의 첫 걸음을 내디뎠지만 중국민영우주항공회사인 LANDSPACE가 급히 해결해야 할 문제가 있었으니, 바로 언론 노출이었다. "우리는 세계에 우리 기술의 완정성과 신뢰성을 보여주어야 하며, 확실하게 비행할 수 있는 제품을 보여주어야 한다." 민용 상업 우주항공의 핵심적인 우위는 빠른 기술 교체에 있으므로 미국 Space X와 같은 선두주자들을 학습하면서 국제적으로 시야를 넓혀야 한다고 장창우는 말했다.

장창우는 Space X가 유혹으로 가득 찬 우주시장을 열었다고 했다. 때문에 많은 관찰원들은 Space X의 발전을 통해 로켓회사의 위험을 종합했다. 그중 한 가지가 바로 로켓회사가 발사를 성공할 때까지 지원할 수 있는 자금 출처였다. 로켓 하나를 발사하려면 수천만 위안 혹은 1억 위안의 자금이 필요하다. Space X도 창업 6년 만에 3번의 발사 실패를 겪고서야 처음으로 탑재 로켓을 성공적으로 발사했다.

후쩌우 스마트 제조기지 항공사진

　액체 산소 메탄 엔진의 축소 모델이 연소실 테스트를 성공하면서 LANDSPACE는 시리즈 B 융자에서 2억 위안을 받았다. 이번 시리즈 융자에는 Goldwind(金风科技)를 선두로 스지톈화(世纪天华), 궈카이롱화(国开熔华)가 참여했으며, 촹샹톈스(创想天使), 용바이자본(永柏资本) 등 기구도 계속 투자했다. 이전에도 LANDSPACE는 여러 차례 융자를 받았었다. 2015년에는 촹샹톈스로부터 천만 위안의 융자를 받았고, 2016년에는 1억 위안이 넘는 시리즈 A 융자를 받았으며 2017년에는 수천만 위안의 시리즈 A+ 융자를 받았다. 여기에 저장성 후쩌우시(浙江省湖州市)에서 제공한 2억 위안이 넘는 군민융합 전문종합 투자를 더하면 LANDSPACE는 모두 5억 위안이 넘는 투자를 받은 셈이다.

자금이 보장되었으니 LANDSPACE는 결정한 방향으로 착실히 나아가면 되었다. 현재 후쩌우(湖州) 로켓, 엔진의 조립, 시험공장을 확장하고 있고, 2018년 제3분기에는 사용할 수 있으며, 2019년 상반기에 액체 산소 메탈 엔진의 소량생산이 가능하고, 2020년에는 액체 로켓 완제품이 출하한다.

누군가는 Space X의 설립자 일론 머스크는 아이언맨 슈트가 없을 뿐이라고 한다. 머스크가 아이언맨과 얼마나 거리가 먼지는 알 수 없지만 "우주 안착은 우리의 꿈"이라는 신념을 가진 LANDSPACE의 발전은 우리나라 민영기업이 우주에 오르는 능력을 대폭 강화시켜 줄 것이라 굳게 믿는다.

창업자의 말

정확한 길에서 뜻을 견지하면서 기다림을 배워야 한다.
LANDSPACE 설립자, CEO 장창우

우주항공 사업을 선택한 사람들은 이상주의 경향을 가졌다고 한다. 우주항공은 이익을 추구하고 거대한 재부의 축적을 실현하는 사업은 아니지만, 중력을 거스르고 하늘을 날아오르려는 인류의 꿈을 실현하려는 것이다. 우주항공 분야의 창업은 다른 분야와 달리 낭만과 현실이 충돌하고 현재와 미래가 공존하는 분야이기에 자원능력과 시야가 필요할 뿐만 아니라 장인정신과 참고 견뎌야 하는 성품이 필요하다.

2015년에 세 명의 연합 설립자가 가방을 들고 담판을 하던 회사는 두 개의 연구개발 중심, 스마트 제조기지를 가진 3개 지역의 배치를 완성하고, 1백 톤 급 액체 산소 메탄 엔진과 중형 액체 로켓 생산 제조라인을 갖춘 회사로 성장했다. 지금 LANDSPACE는 여전히 노력하는 회사로 '성공'을 쉽게 말하지는 않는다. 지난 1,200여 일의 창업 여정에서 느끼는 바를 여러분들과 공유하려 한다.

첫째, 업계의 수요를 파악해야 한다. 우리는 지금은 국내 상용 우주항공 기업발전의 좋은 시대라고 한다. 세계적인 시장발전 상황을 보면 상업 로켓은 다원화적인 발전추세를 보여주며 상용 위성기업도 수십 배 발전했다. 미국을 포함한 각 우주항공 주류 대국도 우주항공 전략을 강화하고 있다. 우리 국내에도 군민융합, 우주항공강국 건설 전략이 있다. 시대는 우리에게 국내 우주항공 사업의 발전을 추진할 수 있는 계기를 부여했다. 이 계기는 반드시 대량의 시장수요를 발굴할 것이며, 세분화된 시장도 부단히 나타날 것이다. 민영 혁신기업은 이와 적절한 자신의 자원과 능력을 마련하여 자신에게 적합한 돌파구를 찾아야 한다.

둘째, 기다림을 배워야 한다. 로켓 제조는 '느리고도 빠른' 작업이다. 우주항공은 기나긴 준비가 필요하다. 우주항공 문화는 진리를 추구하고, 실효를 강조하는 문화이며, 우주항공 산업의 규칙은 제품이 우선이기에 제품이 우주로 날아가고 위성을 지정 궤도에 보내야만 연구에서 발사 서비스까지 성공했다고 할 수 있다. 이 과정에서 수많은 의심과 유혹이 동반하게 되기에 이를 이겨내고 자신이 계획한 방향에 따라 발전해야 한다.

셋째, 정확한 길에서 견지해야 한다. 창업의 의미는 창조한 제품이 시장의 수요를 만족시키는 데에 있다. 우리는 시장의 수요를 만족시키는 과정을 '정확한 노선'이라고 한다. 예를 들면 우리는 사전에 충분한 조사연구와 논증을 거쳐 우리는 자주적으로 로켓의 액체 산소 메탄 엔진과 액체 탑재 로켓 연구개발을 LANDSPACE의 기술노선으로 결정했다. 오늘도 우리의 엔진과 로켓은 돌파적인 진척을 가져오고 있다. 날로 많은 업계 인사들이 우리의 기술노선을 인정하고 있다. 일부 제품은 이미 상업화를 실현했으며 수익능력을 가지고 있다. LANDSPACE가 '견지'를 통해 중국의 상업 탑재 로켓의 기술노선을 정의했으며, 동종 업계를 위해 독립자주의 발전노선을 모색했다고 할 수 있다. 누더기를 입고 초라한 수레를 끌며 산림을 개척한다. 창업자들의 노력으로 미래에는 LANDSPACE를 대표로 하는 민영 우주항공 기업이 중국 우주항공의 유익한 보충이 되어 미래에 국가가 우주에 진입하는 능력이 강화되기를 희망한다. 이를 위해 창업자들은 함께 노력하자.

LANDSPACE 설립자&CEO 장창우

Linkspace : 공간을 이어주는
꿈을 좇는 사람(追梦人)

경제일보·중국경제망

기자/양쉐충(杨学聪)

[기업 개요]

2014년 1월에 설립된 Linkspace(翎客航天)는 국내 첫 탑재로켓 연구와 개발 및 제조를 위주로 하는 상업 우주항공 창업회사이다. 날로 늘어나는 미소(微小)형 위성발사 수요에 민첩하고 믿음성이 있으며 저렴한 발사서비스를 제공하고 있다. 본사는 베이징 경제기술 개발구에 위치해 있으며, 베이징, 옌타이(烟台), 시안(西安) 등 여러 지역에 연구개발센터 및 로켓 시험기지가 있다.

Linkspace의 주요 업무는 탑재 로켓 및 중요한 서브시스템 개발, 제조 및 발사 운영 등이다. 지금 액체 로켓 엔진, 회수 가능한 로켓 시제품, 탑재 비행 제어시스템, 엔진 시험대, 고체 엔진, 우수 탐사 로켓 등 여러 가지 제품이 있다. 기술 축적과 팀 성장을 거쳐 Linkspace의 첫 재활용이 가능한 소형 탑재 로켓인 NewLine-1(新航线一号)가 2020년경에 첫 비행을 할 계획이다.

우주항공 산업은 우리나라의 전략적인 신흥 산업이다. 최근 군민 융합이 깊이 있게 진행됨에 따라 민영자본이 상업 우주항공 산업에 참여하는 붐이 일고 있다. 수많은 민영 우주항공 기업 중에서 베이징 링커우주항공과학기술유한회사(翎客航天科技有限公司—Linkspace)는 특별한 기업 중의 하나이다. "우리가 동업자들보다 많은 것은 아마 '곤란(困難)' 그 자체일 것이다." 호탕한 웃음소리의 주인은 바로 설립자 후전위(胡振宇)이다.

1993년에 출생한 후전위는 여전히 앳된 모습이었다. 하지만 4년간의 창업을 위한 연마를 거쳐 그의 말투와 행동은 세련되어 있었다. 국내 민영 우주항공 영역에서 자신은 '땜빵 전문'이라고 소개한 첫 개척자 후전위는 자신보다 연배가 한창 위인 기술전문가들을 거느리고 곤란을 이겨내면서 망망한 우주에 아름다운 창업의 여정을 기록하고 있다. 자체적으로 액체 로켓 엔진제품을 개발한 회사로 중국내에서 유일하게 로켓의 연착륙 회수기술을 확보한 기술팀을 갖게 되었으며, 더 큰 규모의 준 궤도 재 발사도 가능한 발사 로켓을 설계하는 등 Linkspace는 기술발전을 쌓아가면서 공간을 이어주는 꿈에 다가가고 있다.

'마니아'팀의 창업

2014년 1월 2일은 특별한 의미가 있는 날이다. 이날 대학교 4학년 과정의 남학생 후전위는 전 재산인 1,000위안을 들고 홀로 공공버스를 타고 선쩐공상국(深圳工商局)에 가서 Linkspace(翎客航天)라는 민영

기업을 등록했다.

"로켓은 공간을 이어주는 사자이기에 우선 Linkspace라는 영문 회사명을 확정지었다." 좋은 회사명을 찾기 위해 후전위는 사전을 적지 않게 훑어보았다. "'객(客)'은 한 부류의 사람을 의미하고 '영(翎)'은 깃털을 의미한다. 우리는 비행을 위한 일을 하고 있다." 수많은 생각을 거쳐 탄생한 이름에는 우주를 향한 그의 꿈이 담겨져 있다.

공상관리를 전공한 젊은이가 첨단기술인 우주항공 기업을 창설하고 엔진과 로켓을 생산한다니 기상천외한 일이 아닐 수 없다. 하지만 후전위는 "절대 충동적으로 결정한 일이 아니다"라고 말했다.

Linkspace는 세계에서 수직 발착기술을 보유하고 있는 6개의 민영회사 중 하나이다

대학시절에 후전위는 철두철미한 로켓 '마니아'였다. 4명의 로켓 애호가들로 꾸려진 팀에서 그는 팀장을 맡았다. 2013년 여름 그와 몇몇 친구들이 만들어낸 로켓은 내몽골(内蒙古)에서 하늘로 날아올랐다. 이를 계기로 그는 꿈에 그리던 중국과학원 국가 공간과학센터에서 실습할 기회를 얻었다.

로켓을 만드는 것이 놀이였다면, 이번 실습기회는 그에게 사업으로 발전할 수 있는 가능성을 제시했다. "나는 무언가를 배우면 그것을 응용하고 검증하려 한다. 만약 조건이 부족하면 조건을 마련해서라도 응용하려 한다." 창업 초기에 후전위는 기상탐측, 극미 중력 실험 등 영역인 준 궤도 우주탐사로켓을 만드는 것을 그 돌파구로 정했다.

성공을 하려면 우선 믿음직한 팀원이 있어야 한다. 당시 국내 아마추어 로켓 마니아는 백여 명 정도였다. 그중 기술이 강한 우샤오페이(吴晓飞)는 '신선'급이었다. 그는 5년 동안 자습을 통해 액체 로켓엔진을 공략했다. 로켓 마니아들의 성지인 BBS에서 지켜보던 후전위는 끝내 그를 찾아냈고 그에게 같이 일할 것을 요청했다. "우리 함께 해봅시다!"

얼마 후 인터넷에서 그들의 소식을 들은 베이징항공항천대학 비행기 설계학과를 졸업한 추롱페이(楚龙飞) 박사도 결연히 Linkspace에 동참할 것을 밝히며 연합 설립자가 되었다. 그해 후전위는 20세, 우샤오페이는 24세, 추롱페이는 29세였다.

Linkspace의 첫 번째 주문서는 상하이의 한 우주항공 연구소에서 날아왔다. 비록 높은 가격은 아니지만 그들의 실력을 증명할 수 있는 기회였다. 2014년 말 첫 번째 주문을 완성한 Linkspace는 시리즈 A 융자를 얻을 수 있었다. 2015년 봄 Linkspace가 제작한 두 개의 링통(翎空)계열 우주탐색로켓이 내몽골 서부에서 하늘로 솟아 올라갔다. 우주탐색로켓 다음으로는 무엇을 할 것인가? 회사의 미래에 고민이던 후전위는 바다 건너편의 민영 우주항공 선구자들의 기술혁신을 보았다.

미국 민영 우주항공기업인 BlueOrigin는 세계 최초로 우주 진입 수직 발착 비행기를 완성했다. 다음해에 같은 로켓을 이용하여 다섯 차례 100㎞급 준 궤도 비행시험을 완성했다. 미국의 SpaceX도 성공적으로 중복 사용이 가능한 탑재로켓의 연착륙에 성공했으며, 위성 발사 임무를 완성했다는 전제하에 운반로켓의 1급 분리 회수를 실현했다. 이는 인류가 적은 비용으로 우주에 진입할 수 있음을 의미하는 일이었다.

"팀원이 20명뿐인 팀이 이를 완성했다는 것은 멋진 일이다. 우리도 도전해보자." 이렇게 Linkspace는 수직 발착 재사용이 가능한 로켓 개발을 선택했다. 2015년 하반기에 수직 발착 로켓 방안 설계를 시작한 Linkspace는 지금도 부단히 노력하고 있다.

지금의 Linkspace는 처음 3~5명이 시작한 회사가 아니다. 2017년 초 후전위는 본사를 베이징으로 옮겼다. 베이징경제개발구 이창(亦创) 로봇산업단지에 자리 잡기 전 그들은 산둥 옌타이(山東烟台)에 5,000여㎡(엔진 종합 시험장과 조립공장을 가지고 있었다.)의 회사와 엔진 핵심 기술팀 30명의 팀원 있었다. 그들은 70% 이상이 우주항공 관련 연구 기관, 로켓부대, 중국과학원 우주항공 연구 관련 기관의 출신들이다.

　기술 축적과 팀의 성장과 더불어 Linkspace는 중국에서 회수 가능한 로켓제조 기술의 선구자가 되어 인류를 위해 규모 있고 보편적으로 사용할 수 있는 우주 왕복 기초시설과 서비스를 제공하려고 한다. 그들의 첫 재사용 가능한 소형 탑재 로켓 NewLine-1은 2020년 전후에 첫 비행을 계획하였다.

포브즈 아시아 포럼에서 영어로 연설하고 있는 후전위

좌절 속에서 용감해진 '땜빵 전문'의 젊은이

창업은 어렵다. 더욱 우주항공이라는 첨단산업의 창업은 더욱 어렵다. 꿈과 현실 사이에서 Linkspace는 적지 않은 난관에 봉착했다. "나아가는 과정에 산에 부딪치면 길을 만들고 강을 만나면 다리를 만들자."는 정신으로 그들은 엔지니어 특유의 방식을 통해 난관들을 이겨냈다.

창업 초기의 어려움을 이야기 하면서 후전위는 휴대폰에 저장된 사진 한 장을 기자에게 보여주었다. "이분은 박사이고, 이분은 석사이다." 사진 속의 젊은이들은 땀을 흘리며 진흙탕에 빠진 엔진부품을 싫은 화물차를 밀고 있었다.

창업 초기에는 사무실도 없었다. 그들은 10㎡도 되지 않는 우샤오페이의 차고에서 설계를 하고 설비를 조정했다. 후에 그들은 고속도로 옆의 폐허를 로켓시험장으로 만들고 시험 공간을 만들었다. 여름에는 홍수가 나서 시험장이 물에 잠기면 그들은 물에 발을 담근 채로 연구를 했다.

Linkspace가 야외에서 연구를 하던 시기에 국내 민영 우주항공 기업의 숫자도 점차 늘어났다. 그러자 전문지식이 있는 엔지니어들이 가입해 들어왔으며, 연관 기술을 배운 박사, 석사, 엔지니어, 연구원들이 기업의 핵심기술 역량이 되었다.

2016년 Linkspace는 첫 이주를 했다. 창업자들은 12m의 대형 화물차에 로켓 엔진, 탱크, 시험대, 선반 등 모든 회사 기물들을 싣고 700여㎞ 떨어진 북방 연해의 작은 도시 산둥 롱커우(龙口)로 이사했다. 그해 6월 새로 만든 시험장에서 제1대 수직 발착 로켓 시제품이 첫 비행을 완수했다.

그들이 연구개발에 몰두 하고 있던 시기에 Linkspace는 창업 이후 최대위기인 자금 단절 상황에 직면하게 되었다. "2016년 말 연구개발 팀이 산동에서 분투하던 시기 협력 파트너는 '더 이상 자금을 지원할 수 없으니 다른 사람을 찾아볼 것'이라는 최후통첩을 보내왔다." 베이징에 있던 날들은 매일 투자자를 만나고 기다리고를 반복하던 날들이었다고 후전위는 말했다. "미칠 지경이었다." 그러나 진심은 통한다고 한 투자자가 구원의 손길을 내밀자, 두 번째, 세 번째 투자자도 나타났다.

산동 롱커우에 있는 Linkspace 로켓시험장

마침내 그들은 2016년의 추운 겨울을 이겨내고 내놓을 만한 기술 성과를 가져왔다. 당시 10명도 되지 않은 연구 팀이지만 괜찮은 엔진으로 수백 번의 시험을 했고, 만 번도 넘는 시뮬레이션을 진행하여 200여 차례 성공적인 비행을 성공했다. 또한 시험장, 시험대를 가지고 있으면서 기술적 요구도 완성했다.

그러나 아무리 좋은 기술이라도 알려지지 않으면 쓸모가 없는 것처럼 더욱 많은 자원을 편리하게 얻기 위해 그들은 베이징처럼 인재와 자원이 집결된 곳에 둥지를 틀기로 했다. 2017년 Linkspace는 베이징 경제기술 개발구에서 민영 우주항공 산업의 기업을 중점적으로 지원한다는 정책을 듣고 본사를 베이징으로 옮겼다. Linkspace의 탑재 로켓팀이 성립되었다. 소형 상업 탑재 로켓 NewLine-1 제작에 전력을 다하고 있던 Linkspace는 정식으로 위성발사 시장에 뛰어들었다.

"우주항공은 인재 발전에 특히 의존하는 업종이었기에 기술과 자금은 사람을 따라 다녔다. 이쫭(亦庄)에 많은 엔지니어들이 모여 있었기에 자연스럽게 민영 우주항공 기업도 여기에 모이게 되었다." 후전위는 유감스러웠다는 말투로 말을 이었다. "우리는 늦었다. 베이징에서의 창업은 투자비용이 많이 든다고 여겨 머뭇거리는 동안 수많은 우수한 엔지니어들이 다른 회사를 선택했다.'

4년간의 풍상고초를 겪은 후전위는 모든 업종은 수요와 주안점이 다르다고 했다. 민영 우주항공 기업이 살아남으려면 실력이 막강한 창신팀이 있거나 기술성과를 내어 부단히 자신의 가치를 증명할 수 있는 능력이 있어야 했다. 그러나 "우리는 후자였다." 그들은 제한적인 자금을 아껴가면서 기술팀에 더 많은 자금을 투자했다. 지금 "전문 지식이 없는" 후전위는 기업 운영에 중점을 두고 있었다. 꾸준히 하다보면 성공할 것이라고 믿기에 후전위는 제일 어려운 시기에도 포기를 생각하지 않았다. "우리는 '땜빵 전문'이다. 차고에서 시작한 우리는 산동에 시험장이 있고, 베이징에 사무실이 있는 회사로 성장했다. 구멍이 점점 메꿔지고 있다."며 자신을 위로했다.

조금씩 파헤치다.

실력이 단단한 자들이 '요란하게' 기술을 떠벌리는 경로와는 달리 Linkspace는 세심하게 큰 목표를 여러 작은 목표로 분할하여 조금씩 나아가면서 기술을 업그레이드하는 길을 선택했다. 이렇게 조금씩 파헤쳐 나아가다 보면 여러 가지 좋은 점이 있다. 대량 시험을 통해 다른 가능성을 시도할 수 있으며, 효과적으로 제작비용과 위험을 통제할 수 있으며, 검증 받을 빈도와 기회를 높일 수 있다고 믿었던 것이다.

Linkspace의 역사는 하나하나의 명확한 기술 목록이다.

2014년 8월에 3kN 출력 엔진의 완성품 시험을 실현했으며 그해 말에는 10여 차례 다른 상태에서의 점화 시험을 완성했다.

다음은 수직 발착이었다. 2015년 하반기에 수직 발착 시제품 로켓 연구 제작을 시작했고, 2016년 7월 13일에 70여 차례나 다른 상태에서의 점화 시험을 거쳐 첫 공중 정지 비행을 실현했다. 이는 로켓을 회수하여 재사용하는 것과 미래의 행성 표면 착륙을 가늠하는 중요한 기술이었다. Linkspace는 이 기술을 보유한 유일한 국내 기술팀이 되었다.

그 후에도 Linkspace는 미래의 탑재 로켓 회수라는 '최종 목표'를 향해 분투했다. 그들은 더 길고 더 높은 탄도 비행의 수요를 만족시키거나 빈번한 발착 비행을 시험할 수 있는 세 가지 다른 버전의 중복 시험이 가능한 시험 플랫폼을 설계했다. 300번, 수십 가지 상태 수치 및 제어 모델에서의 공중 정지 비행시험을 거쳐 2018년 1월 4일에 Linkspace RLV-T3 수직 발착 로켓 시제품이 지정 지점 공중 정지, 평행 비행 등 일련의 작동괴정을 거쳐 A지점에서 B지점으로의 이동시험 목표를 완성했다. 그 뒤로 며칠 진행된 유사 탄도 비행 실험을 통해 로켓 전반 시스템의 안전성과 회수 제어기술이 성숙되었음을 검증했다.

대다수 우주항공 기업은 짧은 시간에 이처럼 빈도 높은 시험을 진행하기는 어려웠다. "로켓은 여간 복잡한 시스템이 아니다. 제어 각도에서 보면 불안정한 시스템이라고 할 수 있다. 움직이는 액체이기에 기술 발전보가 쉽지 않다." 후전위는 그들의 기술책략은 빠른 기술교체를 통해 각종 가능성을 시도하고, 소형으로부터 시작하여 대형을 완성하는 순차적인 완성이라고 소개했다.

현재 Linkspace가 제일 중시하는 것은 탑재 로켓의 첫 서브 단계인 회수 기술이다. 일회용 로켓은 비용이 높기에 값비싼 물건을 발사하는데 사용하게 된다. 하지만 우주에 있는 우주비행사들은 생활용품과 같이 저렴한 물건도 필요하므로 저렴한 기술수단은 우주항공 기술이 발전해 가는 추세이다. 때문에 로켓 회수 및 중복 사용은 이 업계의 필연적인 추세인 것이다.

2017년 10월 Linkspace의 첫 중복 이용 가능한 탑재 로켓 'NewLine-1'이 정식으로 발표되었다. 약 24m 높이의 '작은 거인'은 양극 액체 탑재 로켓이며, 200㎏ 정도의 작은 위성을 500㎞의 태양과 동일한 궤도로 운반할 수 있다. 이 로켓의 중기 임무는 탑재 로켓의 첫 서브단계 회수를 실현하는 것이었다. 만약 모든 것이 계획대로 되면 NewLine-1는 2020년에 첫 비행을 하게 되었다.

RLV-T3 회수가능 로켓

창업 이래 후전위는 여러 방면에서 이름이 등장하게 되었다. 2014년 후전위는 중국의 포준지『차이푸(財富)』에서 선정한 중국 '40세 이하 40인'에 선정된 제일 젊은 기업인이었다. 그 뒤로 그는『포브스』아시아 '30세 이하 30인'에 선정되었으며, 2018년에는『포브스』아시아 '30세 이하 30인' 포럼에서 연설을 했다. 2018년 6월 후전위는 Linkspace를 대표하여 유엔 우주공간 회의 50주년 기념활동에 참가했다. 2018년 7월에 그는 과학기술혁신 달인으로 선정되었고, 2018 '베이징 청년 본보기 시대 모범'으로 선정되었다.

수많은 스포트라이트를 받은 후전위는 기술의 선두에 서야만 발언권이 있음을 깊이 인식하게 되었다. 25세의 젊은이는 팀을 이끌고 한 걸음씩 앞으로 나아가고 있다. 다년간 축적된 기술을 기초로 2018년에 Linkspace는 수 톤급, 다중 병렬 엔진의 난도가 높고 성능이 더 좋은 회수 가능한 액체 로켓을 연구했다. 8월에 완제품 조립단계에 들어갔으며, 2019년 하반기에는 몇 km 높이로 발사할 수 있는 능력과 회수 시험을 진행할 예정이다.

현 단계에서 후전위의 명확한 목표는 Linkspace를 국내에서 처음으로 탑재 로켓 첫 서브단계 회수를 실현하는 회사로 만드는 것이다. '2019년 우리는 로켓 회수가 가능한 기술을 준 궤도 로켓에 응용하여 준 궤도 우주 탐사 로켓의 발사비용을 대폭 줄임으로써 우주탐사 로켓의 응용시장을 개척하려고 한다.'

적막을 견뎌야만 속도를 높일 수 있다.

Linkspace CEO 후전위

우주에서 거니는 것은 인류의 꿈일 뿐만 아니라 나의 꿈이기도 하다. 중학교 3학년부터 나는 화학의 매력에 빠졌다. 고등학교 3년 동안 나는 대학 석사과정의 화학을 자습했다. 대학과정에서 나는 거의 모든 시간을 취미에 할애했다. 착실한 화학에 대한 기초와 실천능력이 있었기에 고체 로켓엔진 연구제작은 나의 장점이 되었다. 로켓 동아리에 참가하면서 로켓과의 인연이 시작되었다. 대학교 4학년에 나는 선쩐에서 회사를 등록했으며 우주와 연결하려는 꿈을 실현하기로 했다.

4년의 창업과정을 돌이켜보면 창업이 생각보다 어렵다는 것을 깊이 느꼈다. 팀을 만들고 자금을 마련하고, 시험장을 찾아다니는 등 모든 일이 어려웠다. 창업 첫 해에 우리는 우리의 핵심 팀을 구성했다. 얼마 되지 않는 월급이었지만 모두 함께 땅을 뚫고 자라날 꿈이라는 씨앗에 정성을 다 했다. 그 시기에 잠자고 밥을 먹는 것 외의 모든 시간을 시험장에서 엔진 점화시험을 하면서 창업 초기의 어려움과 기쁨을 만끽했다.

Linkspace CEO 후전위

　Linkspace는 좋은 시절에 태어났다. 바로 국내 군민 융합을 추진하는 '좋은 시절'에 로켓과 위성영역은 민영자본의 참여를 허락했다. 우리는 우주항공 산업이 더 많은 관심을 받고 있으며, 수많은 사람들이 참여하고 있고, 각종 자원이 집중되고 있음을 느낄 수 있다. 일부 후발 주자들은 우리가 예전에 겪었던 일들을 하고 있다. 경쟁구도에서 우리는 시간의 우위를 유지하면서 남들보다 더 빨리 움직여야 한다. 나는 경험을 해온 사람으로서 후발 주자들에게 두 가지 건의를 하고 싶다.

　첫째, 상업 우주항공영역의 창업을 하려면 시간적인 준비를 해야 한다. 기타 영역과 비교할 때, 첨단적인 우주항공 산업의 창업 난도는 더욱 높다. 기술 극복으로부터 제품이 시장에서 인정을 받기까지 적어도 3년, 5년 혹은 10년의 시간이 소요된다. 그 과정에서 예측 불가능한 위험이 나타날 수도 있다. 이는 창업자의 마음을 뒤흔든다. 이 시기의 고독을 견뎌내야 한다.

둘째, 창업 팀은 다양한 능력을 요구한다. 여러 가지 자원을 찾아야 하고, 형세를 통찰할 수 있어야 하며, 견해 차이를 줄일 수 있는 능력도 필요하다. 일상 관리에서 창업 팀의 전면적인 지식체계와 넓은 시야가 필요하다. 전문 분야와 시각이 다르므로 각자의 위치에 있는 파트너들의 의견이 엇갈리는 경우가 있다. 이 시기에 창시자는 기업의 미래발전에 더욱 유리한 결단을 내려야 한다.

우주항공은 진정으로 끝없는 영역이다. 우리는 꿈이 있고 100%의 노력을 할 수 있다면 꿈이라는 씨앗이 커다란 나무로 자라는 날이 올 것임을 믿어 의심치 않는다. 동시에 더 많은 사람들이 높은 지향을 품고 착실하게 우주항공 산업에 참여하고 상업 우주항공 창업에 참여하기를 희망한다.

찬투퉁(全圖通) : 머지않아 위성을 응용하는 붐이 일어날 것이다.

『경제일보』"중국경제망"

기자/라이제(来洁)

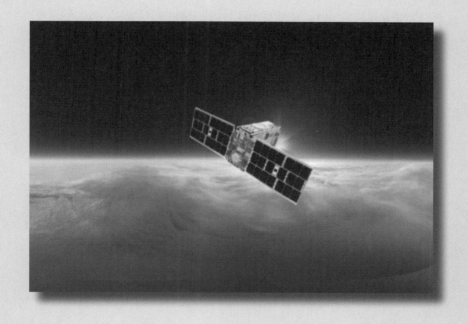

[기업 개요]

찬투통위치네트워크유한회사(全图通位置网络有限公司)는 성립 2년 밖에 되지 않은 신생회사이다. 겨우 20명의 직원뿐인 회사지만 꿈으로 똘똘 뭉친 이들은 세계 최초 공유 위성인 이쫭 찬투통·허롱싱(亦庄全图通·贺龙星)을 성공적으로 발사했다.

장디(张迪), 왕야허(王雅和), 마창떠우(马长斗), 린루쩌우(蔺陆洲)는 의기투합하여 찬투통을 창립했다. 그들은 미래에 기업이 통신, 원격 감지, 위성 항법영역의 선두 기술을 정합(整合)하여 정확도가 높은 시공간 정보를 바탕으로 하는 천지 일체 종합 정보서비스를 제공하고 계산법으로 칩, 모듈, 단말기 시스템을 집합한 산업체인을 구동하려고 한다.

2018년은 상업 우주항공의 '원년'이다. 업계에 무성한 이 소문은 근거 없는 풍문이 아니었다. 최근 2년 동안 우리나라 상업 우주항공은 빠른 발전을 가져왔다. 2017년 우리나라가 발사한 18개 로켓 중 상업 위성은 8개뿐이었다. 하지만 2018년 상반년에만 창정11호(长征11号)는 이미 11개 위성을 발사했다.

4월 26일 '로켓 하나, 위성 5개'. 1월 19일 '로켓 하나, 위성 6개'. 상업용 미소형(微小型) 위성의 고밀도 발사 모드가 조용히 시작되었다.

1월 19일의 '로켓 하나, 위성 6개' 중 한 위성이 바로 촨투통이다. 우주항공 공업의 설립자인 허룽(贺龙) 원수를 기념하기 위해 이 위성을 '이쫭 촨투통·허룽성(亦庄全图通·贺龙星)'으로 명명했다. 이는 촨투통위치네트워크유한회사에서 연구 제작한 통신, 위성 항법, 원격 감지 등 세 가지 기능이 일체화된 기술이 검증된 위성이다. 2016년 4월 촨투통이 성립되어서 첫 위성이 하늘에 오르기까지 겨우 2년의 시간이 걸렸다.

"이는 촨투통 창업의 이정비(里程碑)로 우리가 힘들게 내공을 연마한 성과이다. 우리는 위성이 있기에 더 많은 업종과 합작할 수 있다." 우주항공 사업에 20여 년 종사한 촨투통위치네트워크유한회사 총경리 마창떠우(马长斗)와의 대화에서 우주항공에 대한 그의 열정을 알 수 있다.

작은 성취: 하늘에 날아오른 세계 첫 공유 위성

위성은 우주항공 응용의 주요 매개체이며 상업 우주항공 혁신을 통해 발굴 할 수 있는 중요한 영역이다. 위성의 응용은 상업 우주항공의 출발점이고 입각점이다.

"위성이라면 많은 사람들은 첨단적이고 자신과 거리 먼 물건이라 생각한다. 하지만 사실은 그렇지 않다. '이쫭 찬투통·허룽성'은 공유위성이다. 우리가 설계한 위챗 '공유위성' 미니앱은 플랫폼이다. 위성이 당신의 집 상공을 지나갈 때에 위성은 개성적인 원격 감지 사진을 찍어 전송할 수 있다. 이는 과학적인 환상이 아니다." 최고 운영책임자 린루쩌우(藺陆洲)는 90후이다. 그는 위성에 수많은 새로운 아이디어와 응용방법을 가지고 있다.

위성 지면 측정을 진행하고 있는 연구원들

공유위성을 더욱 잘 사용하기 위해 촨투통은 기타 우주항공 기업과 연합하여 우주항공 자원을 충분히 발굴함으로써 사용자들에게 더욱 빠르고 해상도가 더욱 높은 위성 원격 감지 사진 서비스를 제공할 계획이다.

린루저우는 이렇게 강조했다. "미래에 우리는 사용자들이 더욱 재미있는 방식으로 위성과 소통하도록 더욱 다양한 위성서비스를 출시할 계획이다. 우리는 여러 분들이 생활과 사업과정에 위성의 존재와 가치를 인지하고 위성을 이해하고 위성을 이용하여 위성 응용 붐에 동참하기를 희망한다."

소위 말하는 미소형 위성은 무게가 1,000kg미만의 위성을 말한다. 촨투통 위성은 크기가 작지만 강한 기능을 가지고 있다. 촬영에 사용되는 소구경 항공사진기가 탑재되어 있을 뿐만 아니라 적지 않은 신기한 법보가 있다. 선박 자동식별 시스템은 선박의 위치, 항행속도, 항행 방향 변동률 및 항행 방향 등 동적인 정보를 제공한다. 위성항법과 통신의 일체화 load는 미래에 사용자에게 세계적이고 정확도가 높은 서비스를 제공하게 된다. 촨투통과 협력 파트너는 공유위성 기술시험과 응용서비스를 계획적으로 진행할 것이다.

마창떠우는 첫 위성인 촨투통이 더욱 큰 사명을 지니고 있다고 여긴다. "실용적인 미소형 위성은 반드시 세 가지 변화를 실현해야 한다. 첫째, 위성의 집성도가 향상되어야 한다. 휴대폰이 위성보다 작고도 작지만 집성도는 위성보다 엄청 높다. 때문에 위성의 기능밀도도 반드시 향상되어야 한다. 아니면 원가가 낮아지기 어렵다. 둘째, 미래

위성은 일정한 유연성이 있어야 한다. 사용자의 부동한 요구에 따라 제작하여 공용 기능과 전문 기능을 모두 구비해야 한다. 셋째는 지능화이다. 위성이 하늘에 오른 후 고장이 나면 자아 수정 기능이 있어야 한다. 지금의 위성은 모두 네트워킹 형식이다. 만약 하늘에 오른 위성이 고장이 나면 어떻게 수리할 것인가? 다시 위성을 하늘에 올려 고장을 수정하려면 비용이 너무 많이 든다."고 마창떠우는 강조했다.

작은 목표: 높은 정확도의 무료 위치 서비스 추진

오늘날 위치 서비스는 생활에 융합되고 있다. 자동차 운전 시 위성항법의 길 안내, 자동차 탈 때의 위치 확정, 운동궤적 추적, SNS에 사진 공유……정확한 위치 표시 서비스에 대한 사람들의 요구는 날로 많아지고 있다.

"소식에 따르면 5월 1일 '베이떠우 지도(北斗地图)' APP가 출시되어 ㎝단위까지 정확한 위치 정보를 제공한다." 얼마 전 인터넷에 이런 명청한 뉴스가 실린 적이 있다. 사실 베이떠우 지도 APP와 베이떠우는 아무런 연관이 없다.

하지만 어떻게 베이떠우 위성(北斗卫星)의 위성항법시스템의 기술적 우위를 이용하여 더욱 정확하고 사용이 쉬운 위치 안내서비스를 제공할 것인가는 촨투통의 노력 방향이다.

"위치 제공서비스가 어디까지 정확해야 할까요? m단위 아니면 ㎝단위까지 일까요?" 마창떠우는 기자에게 물었다.

"일반인들은 m단위까지면 적당할 것 같네요. ㎝단위까지는 필요가 없을 듯 한데요." 기자가 대답했다.

"그렇죠! 많은 사람들에게는 m단위까지 정확한 위치 서비스라면 꽤 넓은 시장이다. 예를 들면 움직이는 자동차에서 휴대폰 길안내 앱은 쉽게 오류가 난다. 몇 m단위 범위지만 정확하지는 않죠. 정확도가 높은 위치 제공서비스가 필요하다는 것은 아직 개선해야 할 문제가 많은 것을 알려주는 실례이다." 마창떠우가 말했다. "정확도가 높은 인터넷 위치 제공 서비스는 전문 사용자들 때문에 탄생했다. 과학적인 측량을 위한 기술이다. 설비의 체적이 크고 제작비용이 엄청나기에 대중적이지 않았다."

"사실 우리나라 위치 제공 네트워크 기지국은 적지 않다. 거리 측정, 지진 등 업계와 관련이 있는 부문은 각자의 기지국과 네트워크가 있으며 그 수량도 적지 않다. 부족한 것은 기지국과 네트워크 간의 정합이다. 때문에 기존의 기지국과 네트워크가 충분히 이용되지 않고 있다. 기지국이 있고 네트워크가 있다고 시장을 장악하는 것이 아니다." 지금의 높은 정확도의 인터넷 위치 제공 서비스의 폐단에 대해 마창떠우는 "전문가들은 사용하지 않고, 특정 사용자들이 사용하기에는 오차가 있고, 대중적인 사용자는 없다"고 세 마디로 개괄했다.

촨투퉁은 정확도가 높은 무료 서비스를 제공하는 주동자가 되려는 작은 목표를 정했다. "사람들은 위성 항법 위치 서비스는 무료라는 인상이 있다. 베이떠우의 정확한 위치 서비스도 무료여야 한다. 우리는 산업사슬을 형성하여 부품, 소프트웨어, 운영 AS를 통해 수익을 창출해야 한다. 하지만 산업사슬을 형성하려면 핵심기술과 문제해결 솔루션이 필요하다. 이 두 가지 중 어느 한 가지가 없어도 안 된다." 마창떠우의 말이다.

3월 26일 챤투통과 중국 소프트웨어 평가 센터는 공동으로 "위성항법 고 정확도 소프트웨어와 산법(算法) 연합실험실"을 설립했다. 마창떠우는 이에 큰 의미를 부여했다.

"실험실의 핵심은 산법이다. 소프트웨어 산법으로 시작해서 각 업종의 응용 상황에 입각하는 등의 방법으로 각 업종의 절박한 문제를 해결해야 한다. 비록 모두 위성항법이라고 하지만 구체적인 업종과 상황에서의 차이는 엄청 크다. 때문에 해결방안은 각 업종의 구체적인 상황, 특점과 결합해야 한다. 우리는 각 업종에 특정된 종합 해결방안이 갖추어진 슈퍼와 같은 마켓을 만들어 각 업종에 적합한 종합 해결방안을 제공하려 한다. 특정 업종 APP 개발로부터 대중적인 APP개발로 나아가려 한다."고 마창떠우는 말했다.

챤투통은 산법으로부터 특정 업종에 대한 위치 서비스를 제공하려는 방식은 현재에 초보적인 성과를 가져왔다. 우정(郵政), 석유화학 등 기업과 합작하여 진행한 여러 차례 산법 테스트에서 챤투통은 기업을 위해 여러 가지 특정 해결방안을 제공했다.

작은 이상: 위성이 진정으로 사용되도록

차별화 경쟁은 기업에 쾌속적인 발전을 가져다준다. "우리나라 우주항공 경험은 주로 고궤도(高軌道) 위성기술에 있다. 우리는 저궤도 (底軌道) 위성의 우세를 결집하여 저궤도 미소형 위성이 사용되도록 노력하고 있다."고 마창떠우는 말했다.

비록 네트워킹을 실현해야 저궤도 미소형 위성의 최대 가치를 실현할 수 있지만, 마창떠우는 걸핏하면 수백 개의 위성으로 네트워킹을 하려는 계획을 좋게 보지 않는다. 저궤도 위성은 이후의 발전방향이지만 우리나라 우주항공 발전단계에서는 아직 시간이 필요하다.

위성 항법 고정확도 프로그램과 산법 연합 실험실에서 산법 테스트를 진행하고 있는 연구원.

마창떠우는 이렇게 말했다. "저궤도 위성 네트워킹을 설계하려면 위성이 몇 개 필요할까? 현 단계에서는 20개면 비슷하다고 생각한다. 위성 위치 설계에서 이 정도면 일정한 서비스를 제공할 수 있다. 이는 우리나라 위성발전의 역사와 현실이 결정한 것이다. 위성이 하늘에 오르려면 여러 가지를 고려해야 한다. 위성 생산능력을 고려해야 할 뿐만 아니라 품질도 고려하여 위성의 일치성과 믿음성을 확보해야 한다. 위성을 하늘에 올려 보낸 후에 문제를 찾기보다는 발사하기 전에 품질을 보장해야 한다. 그 외에도 위성 네트워킹은 로켓 발사 자원과 맞물려야 한다. 수백 개의 위성을 발사한다는 것은 듣기에 멋져 보이지만 지금 단계에서는 실현하기는 어렵다. 때문에 저궤도 위성 자리부터 만들어야 한다. 높은 표준에서 시작하느냐 작은 목표부터 이루어야 하느냐는 문제에서 작은 목표를 달성하면서 한 걸음씩 나아가야 한다.'

마창떠우의 냉정함은 우주항공 계통에서 일한 20여 년의 경험에서 비롯되었다. 1999년에 연구생 과정을 마친 그는 베이떠우 계통에서 일했다.

'날로 많은 우리나라 위성이 하늘에 올라가면서 위성 관련 연구개발과 관리 등은 새로운 도전에 직면하여 새로운 비약을 실현해야만 했다. 사실 그동안 베이떠우도 전형을 했다. 하나의 위성에서 여러 위성으로 변화했으며 특정 사용자를 위한 서비스에서 대중들을 위한 서비스로 변화시켰다. 위성 품질 외에 위성 응용도 상업 우주항공의 관건이다. 응용은 우주항공의 출발점이고 결과며 항공기업의 입각점

이다. 우리는 사용자의 수요에 따라 위성을 만들고 사용자 범위도 부단히 확대해야 한다.'

카트만두 지면 기지

챤투통 2년간의 창업여정을 돌아보면 그들의 명확한 풍격을 알 수 있다.

창업 초기에 챤투통은 기지 증강시스템으로부터 시작했다. 카트만두에 네팔의 첫 국가 위성 항법기지 증강망을 건설했다. 지금 이 기지 증강시스템은 비행장 건설, 경찰의 법 집행, 중소학교 교정의 안전을 위해 정확도가 높은 서비스를 제공해주고 있다. 이는 챤투통이 국가 '일대일로(一帶一路)' 제안에 따라 국내와 국제 두 가지 시장을 겨냥하여 적극적으로 사용자들에게 천지일체 종합 정보서비스를 제공한 구체적인 행동이다.

기지 증강시스템 건설의 기초에서 챤투통은 저층 산법과 혁신 응용을 통해 발전하고 있다. 그들의 산법은 국내 산법테스트와 산법 최적화의 공백을 보충하여 업계의 응용 발전을 견인하는 힘이 되었다.

위성항법 혁신 응용 면에서 챤투통은 중국과학원광전연구원(中国科学院光电研究院)과 공동으로 '위성 항법 혁신 응용 연합 실험실'을 성립하여 실내외 일체화의 높은 정확도의 위치 서비스와 위성항법 신호 반사파 등 새로운 응용을 개척하고 있다.

겨우 두 살인 챤투통의 고속발전은 효율이 높은 창업 팀이 있었기에 가능했다. 비록 20여 명이지만 모두 각자의 특장이 있어 우세를 서로 보완한다. "이는 합작 효율이 특히 높은 팀이다. 선진기술을 장악하고, 사회의 자원경영에 능하며, 자본경영에 능숙하며, 국제합작에 일가견이 있는 다른 영역의 전문 인재들이 서로 보완해야만 활력이 넘치는 화학반응을 일으킬 수 있다."고 마창떠우는 말했다.

"중국 상업 우주항공의 시장은 매우 크고 전망도 좋다. 미래에는 매우 우수한 회사가 꼭 나타날 것이다. 하지만 기나긴 발전과정과 관건 부분에서의 돌파가 이루어져야 한다. 환골탈태의 변화가 아직 나타나지 않았다. 이는 우리 모두의 공동 노력과 추진이 필요하다." 마창떠우는 미래에 믿음이 가득하지만 냉정하기도 했다.

창업자의 말

촨투통위치네트워크유한회사 총경리 마창떠우

나는 우주항공 노병사라 할 수 있다. 27살에 연구생 졸업 후 베이떠우 계통에 종사하면서 위성을 접하게 되었다. 베이떠우의 부단한 발전과 함께 나는 20년을 우주항공 계통에서 일했다.

위성이라는 업종은 비교적 봉폐적인 산업으로 진입하기 위한 장벽도 높다. 베이떠우의 고객이 시창위성발사중심(西昌卫星发射中心) 있었기에 매일 우주항공계 원로 선배님들과 함께 일하면서 위성을 접하게 되었다. 좋은 기회는 흔하지 않다. 그런 행운이 나에게까지 차례가 왔다. 이 경력은 나의 거대한 인생의 재부가 되었다.

20년 동안 나는 시종 위성에 깊은 정을 가지고 있다. 후에 우주항공계통에서 나온 나는 창업을 선택하게 되었다. 창업은 체제내의 연구개발과 다르다. 위성에 대한 마음을 시장과 실제 응용과를 결합시켜야 의미가 있다. 결국 위성의 응용은 상업 우주항공의 출발점이고 결과이다.

팀을 만드는 것이 창업의 관건적인 일환이다. 촨투통회사의 몇몇 설립자들은 팀을 만들 때부터 전문가가 전문분야를 책임지도록 하여 각자의 우위와 특점을 충분히 발휘하도록 함으로써 장점을 발양하고 폐단을 피할 수 있도록 최대화시켰다. 이는 창업 2년 만에 회사가 빠른 성장을 가져올 수 있었던 주요 원인이다.

예를 들면 우주항공 계통 출신인 나는 과학연구소를 잘 이해하고 있기에 기술에 중점을 두고, 장띠(张迪) 회장은 사회 경험이 풍부하기에 경영에 치중했고, 왕야허(王雅和) 부회장은 은행업에 종사한 경력이 있기에 자본 운영에 집중했다. 린루저우(蔺陆洲) 박사는 장기간 우주항공의 국제화 사업에 종사했다. 우주항공은 국제적인 업종이기에 그의 국제적인 시야가 특히 중요했다.

여러 영역의 전문가들과 다른 시야를 가진 팀원들이 있었기에 회사 업무방향 확정에서 다른 사유는 중합적(聚合的)인 화학 반응으로 나타난다!

촨투통위치네트워크유한회사 총경리 마창떠우.

베이자(倍佳) 테크 : '윤활유' 제조 강국

『경제일보』 "중국경제망"

기자/황신(黃鑫)

[기업 개요]

허난베이자윤활유과학기술주식유한회사(河南倍佳润滑科技股份有限公司)는 윤활유 연구개발, 생산, 서비스, 인재양성과 제품판매 일체화의 중국 특수 윤활유 생산기업으로 국가급 첨단기술 군수산업이다. 그들은 중국 특수 윤활유 제품의 공백을 메우려 노력하고 있다. 이 회사의 연구개발센터는 두 차례 국가 횃불계획(火炬计划)프로젝트에 참여했으며, 국가 급 국제 과학기술 합작 특별프로젝트에 참여했다. 이미 허난성고효율윤활유공정기술연구센터(河南省高效润滑油工程技术研究中心), 허난성특수윤활유국제연합실험실(河南省特种润滑油国际联合实验室), 허난성기술전이시범기구(河南省技术转移示范机构)로 선정되었다. 회사가 보유한 특허 보호기술은 12가지이며, 등록 발표된 특수 윤활유 제품 표준은 12가지이다.

베이자 식품급 윤활유지(润滑油脂)는 국내와 국제 두 가지 인증을 통과한 제품으로 2017년에 성공적으로 시장에 선보였다. 이 제품은 중국 식품기업이 원가절감과 설비의 안전 가동을 보장했으며, 식품안전 확보에 효과적이기에 정부·기업과 사용자들의 호평을 받았다.

허난 뤄허(河南漯河)는 중국의 '식품 명성(食品名城)'이다. 뤄허에 위치한 코카콜라 중국 최대 생산기지에서 미국 본사의 핵심 제조기술에 따라 만든 코카콜라가 전국으로 운송되고 있다.

여기는 중국 첨단 윤활유 인솔기업인 베이자 테크가 있는 곳이기도 하다. 베이자 테크의 창설자이며 회장인 후지건(胡纪根)은 이렇게 소개했다. "이곳에서 연구한 우리의 핵심 기술로 전 세계 각 지역에 있는 공장에서 생산되는 윤활유는 병에 담겨져 제품으로 탄생한다. 수많은 외국기업이 우리와 협의를 하고 있다. 그들이 외국에서 공장을 건설하고 우리가 기술을 제공하게 된다."

이 그림은 점차 현실이 되고 있다. 베이자와 마찬가지로 뤄허에 본사가 있는 쌍훼이(双汇)그룹의 전국 23개 지부 공장 모두가 베이자 식품급 윤활유 제품을 사용하고 있다. 2018년 3월 베이자 제품은 처음으로 국경을 벗어나 미얀마시장으로 진출했다. 베이자의 자회사인 미국 CPU윤활유과학기술회사를 통해 그들의 제품은 전 세계에서 판매될 것이다.

세계 윤활유 업계의 '황관'을 차지하다.

"혁신은 발전을 추진하는 제1 원동력이다. 우리는 연구개발에 전체 투자의 30% 이상을 투자하고 있다." 후지건이 소개했다.

허난베이자윤활유과학기술주식회사는 하늘 높이 솟은 현대화 빌딩이 없고, 로봇이 생산하는 정갈한 생산 라인도 없다. 이는 12년간 묵묵히 연구개발에 전념한 기업이다. 바람에 실려 온 공장의 케이크

향기에 윤활유기업이 아니라 식품생산 공장이 아닌가 하는 생각이 들 정도였다. 베이자 테크의 전람실에 걸려 있는 묵직한 증서들은 10여 년간 노력의 성과를 증명해주고 있으며, 언젠가는 하늘로 높이 올라갈 수 있음을 보여준다.

베이자 테크는 미국 NSF International 식품급 윤활유(지) H1과 ISO21469 인증을 받은 유일한 아시아기업이며, 미국 마찰학자와 윤활유 엔지니어 협회회원으로 된 첫 번째 중국의 민영기업이며, 중국에서 처음으로 윤활유 제품 등록표준을 제정하고 발표한 민영기업으로 국가급 첨단기술 기업이다.

베이자 테크의 식품급 윤활유 생산라인

베이자 테크의 윤활유는 도대체 얼마나 유명한가? 베이자 테크 실험실에는 윤활유의 마모 성능을 측정하는 외국산 팀켄 테스트기기가 있다. 후지건은 이 시험기로 현장에서 테스트를 진행했다.

처음은 윤활유가 없는 상황에서 기계를 돌리자 베어링은 마찰로 큰 소리를 내며 돌아갔다. 기계 달린 지렛대에 0.5kg의 추 3개를 달자 베어링은 마찰을 이겨내지 못하고 멈추었고 강철구는 마모되어 움푹 파였다.

두 번째 테스트에서 외국의 유명 브랜드의 고급 윤활유를 베어링에 바르자 마찰음은 줄어들었고 0.5kg의 추 5개를 달고서야 베어링이 멈추었다. 스틸 볼(steel ball)의 마모도 줄어들었다.

세 번째로 베이자의 신형 엔진오일을 베어링에 바르자 소리는 더욱 줄어들었으며 0.5kg의 추를 13개를 추가한 후에야 작동을 멈추었고, 스틸 볼에는 옅은 마찰 흔적만이 남아 있었다.

직관적이고 이해하기 쉬운 시험에 사람들은 놀라움을 금치 못했다. "우리의 윤활유는 베어링이 보통 윤활유보다 3배 정도의 힘을 견딜 수 있게 하고, 마찰력을 80%정도 감소해줄 뿐만 아니라 흡착력이 강해 베어링에 묻은 기름을 제거하려면 금속표면을 사포질해야 가능하다." 후지근의 말에서 그의 뱃심을 엿볼 수가 있었다.

베이자 윤활유의 병에는 'CPU'라는 글이 적혀 있다. 이는 컴퓨터의 중앙처리기가 아니다. 그런데 왜 'CPU'를 베이자 제품의 브랜드명으로 정했는가? 이에 후지건은 CPU는 컴퓨터의 속도를 결정하는 컴퓨터의 핵심이고, 베이자 테크가 이루고자 하는 것은 기계운행의 고효율을 실현하는 것이기에 '윤활유의 핵심'이라는 의미로 결정한 것이라고 했다. 중국은 제조 대국에서 제조 강국으로 발전하고 있다. 품질이 좋고 절약형이며, 기능이 많고 수명이 긴 윤활유는 제조 강국 건설에 없어서는 안될 핵심 원동력이다.

베이자 테크가 출시한 6대 특수 윤활유(지) 시리즈 제품의 모든 모델의 윤활유는 다른 환경의 특정한 문제를 해결해준다. '만능 기름'이 되려고 하는 시장의 윤활유 보호제품과는 달리 베이자 테크는 북미국가의 우수한 연구개발 성과를 학습한 기초위에서 내연기관, 베어링, 유압장치, 증기터빈 등 다른 부품에 적합한 다른 제품을 설계했다.

통계에 따르면 베이자 테크가 이미 공략한 세계적인 윤활기술 난제 16가지 항목 중 3가지 항목은 세계 선진수준이고, 6가지 항목은 국내 선진수준이며, 5가지는 업계의 공백을 메꾸었다. 신청한 특허 보호항목 13가지 중 발명특허는 6가지이며, 실용 신형과 외관 설계는 5가지이다. 베이자 테크가 연구개발한 제품은 미국 윤활유 검측 중심의 평가를 통과했으며, 제품의 각항 지표는 세계적인 수준으로 미국의 동 종류 제품보다 선진적인 제품이 되어 특수 윤활유 영역에서 이미 세계의 선진수준에 이르렀다.

실패를 거듭하면서 창업목표를 확정하다.

1961년생인 후지건은 젊은이들보다 더욱 건장해보였다. 그는 곧은 허리를 펴면서 말했다. "그 때 나는 매일 마모 시험기를 들고 시장의 문을 두드렸다. 34kg이나 되는 기계다보니 다른 사람의 도움으로 겨우 등에 올릴 수 있었다. 그렇기 때문에 웬만해서는 짊어진 기계를 쉽게 내려놓을 수가 없었다."

후지건은 창업의 실패를 경험했다. 1992년 개혁개방의 물결이 전국을 휩쓸 때 후지건은 대외무역국의 안정적인 직장에서 나와 식품공장을 운영했고, 후에는 석유기업으로 방향을 바꾸었다. 그 과정에서 그는 그의 인생에서 제일 처음 200만 위안을 마련했다. 당시 국유기업이 체제를 바꾸던 시기라 타지의 한 석유화공기업은 경영이 어려워 체제를 바꾸게 되었다. 후지건은 아름다운 미래를 그리며 이 기업을 인수하게 되었다. 하지만 이 기업은 외부에 채무가 있었을 뿐만 아니라 퇴직자와 이름을 걸어 놓은 직원이 200여 명이나 있었다. 회사를 인수하기 바쁘게 매일 돈을 달라고 하는 사람들, 사단을 일으키는 사람들이 끊이질 않았다. 2년도 안 되는 사이에 200여 만 위안을 밀어 넣었고 적지 않은 빚도 지게 되었다.

친구가 창업의 실패로 의욕을 잃은 후지건을 캐나다로 초청했다. 캐나다에 있던 보름도 안 되는 시간에 그의 마음은 개운해졌다. 후지건은 이렇게 해석했다. "실패가 두려운 것이 아니라 실패의 원인을 모르는 것이 더 무서운 일이다. 캐나다에 도착한 후에 나의 시야는 트였다. 국제적인 시야로 중국을 보게 되니 나의 실패가 규칙에 어긋난 일이 아님을 알게 되었다. 내가 한 일은 누구나 다 할 수 있는 일이기에 기술은 아니었다. 어차피 실패가 정해져 있는 것이라면 일찍 실패하는 것이 늦게 실패하는 것보다는 낫다는 생가이 들었다."

2000년 3월 처음 창업에 실패한 후지건은 캐나다의 '에너지 도시'인 캘거리 거리에서 달리고 있는 각양각색의 자동차를 보았다. 그 광경에 놀란 것도 잠시, 그는 인구 대국인 중국도 경제의 발전과 더불어 자동차 사용량도 제일 큰 국가가 될 것이라는 생각이 들었고, 고급 윤활유도 중국에서는 큰 시장이 될 것이라는 생각이 들었다.

"당시 중국에는 합성유가 없었다. 국내에서 생산되는 윤활유는 거의 모두 중저급 제품이었으며, 미국의 mobil은 이미 중국시장에 들어와 있었다. 사실 지금까지도 중국 윤활유 시장의 80%를 차지하는 중저급 윤활유는 겨우 20%의 이윤을 얻고 있지만, 중국 윤활유 시장의 20%를 차지하는 고급 윤활유는 80%의 이익을 얻고 있었다. 그때부터 나는 중국의 고급 윤활유 선봉이 되려고 결심했다."고 후지건은 말했다.

생각하면 행동해야 한다. 후지근은 중국이 고급 윤활유를 만들어 내지 못한 원인을 분석했다. 첫 번째 원인은 원자재이고, 두 번째 원인은 기술이며, 세 번째 원인은 인재였다. 후지건은 캐나다에 남아서 석유 정밀화학 공업을 배우기로 결심했다. 그는 우선 캘거리대학에서 공부할 수 있는 기회를 얻을 수 있었고, 당시 세계 1류 윤활유 전문가인 뤄제(罗杰)를 스승으로 모시게 되었다. 그는 1년의 시간에 3년의 과정을 완성했으며 벨 실험실에서 학습했다.

2002년 믿음을 되찾은 그는 큰 포부를 안고 중국에 돌아와 열심히 해보고자 했다. "당시는 고급 윤활유를 연구개발 할 조건이 마련되지 않았다. 우선 국내에 관련 설비가 없었고, 수입을 하려해도 가격이 만만치 않았다. 둘째, 당시 나는 자금이 없었다."고 후지건은 솔직하게 말했다.

후지건은 국외의 고급 윤활유를 대리 판매하는 일부터 시작했다. 그는 가게 3개를 빌려 무역을 했다. 그는 매일 34kg의 기계를 메고 전국 각지로 다니며 제품의 판로를 찾았다. "당시는 정말 힘들었다." 후지건은 그 당시를 이렇게 회상했다. 기계가 너무 무겁다는 이유로 기차에 앉으면 벌금을 내야할 경우가 허다했다. 그때는 기차역 검표가 오래 걸려서 기계를 멘 허리가 너무 아파 눈물이 날 지경이었고, 교통비를 줄이려고 섣달 그믐날 밤에 차를 타기도 했다. 겨우 돈을 빌려 제품을 주문했는데 통관할 돈이 부족한 경우도 있어 물건을 텐진(天津)항에 두고 돈이 있으면 조금씩 가져온 적도 있었다.

외국의 고급윤활유를 7년간 판매하면서 후지근은 이후의 고급윤활유 개발에 필요한 자금을 마련할 수 있었고 경험도 쌓았다. 제품판매를 통해 그는 고급윤활유는 고급 설비에 사용된다는 것을 알았고, 제품의 판로를 개척하면서 그는 중국 윤활유 업계의 상황을 알게 되었고, 폐단을 발견했으며 목표를 정하게 되었다.

이렇게 후지건은 조금씩 시장을 개척했고 자금을 모았다. 후지건은 2003년의 상황을 이렇게 말했다. "당시 나는 조건이 구비되었다는 생각이 들어 부지를 사고 공장을 건설하기 시작했다. 다른 사람은 먼저 공장을 짓고 담을 쌓는데 우리는 먼저 담을 쌓았다. 공장까지 건설할 돈이 없었기에 돈을 벌어 가면서 공장을 건설해야 했다.'

중국의 기름으로 강국 건설을 윤활시키자.

베이자 테크가 있는 산업단지에는 쌍훼이(双汇), 인거(银鸽), 중량(中糧), 코카콜라, Cargill, 왕왕(旺旺), 캉스푸(康师傅) 등 대형 식품기업도 있었다. 그러나 베이자 테크는 이들과 달랐다. 2017년 8월 17일 베이자 테크는 중국 국내의 첫 식품급 윤활유(지) 자동 생산라인을 건설했다고 선포했다. 또한 그들이 생산한 5가지 윤활유 제품은 미국 NSF의 H1와 ISO21469 두 가지 인증을 받았다. 세계에서 17번째로 미국 NSF의 두 가지 인증을 받은 기업이 되었고, 아시아에서 첫 번째로 자주적으로 연구개발한 식품급 윤활유를 생산하고 국제적인 두 가지 인증을 받은 기업이 되었다.

베이자 테크의 연구개발 센터

발표회에서 중국석유공업대학(中国石油工业大学) 교수이며 박사 지도교사이며, 회사 수석과학가인 주젠화(朱建华)는 식품급 윤활유 생산은 높은 기술 장벽이 있으며, 생산기술과 방법은 장기간 서방국가가 통제했다고 소개했다. 현재 국내시장의 대부분 식품급 윤활유 가격은 보통 공업 윤활유보다 10배 정도 비싸다. 베이자 테크가 식품급 윤활유에서 기술적인 극복을 한 것은 중국 식품공업과 중국의 식품안전에 중대한 의미가 있으며 큰 영향을 미칠 것이다.

이후 같은 공업단지에 있는 식품기업은 멀리 국외에서 식품급 윤활유를 수입하지 않아도 되었다. 쌍훼이그룹 책임자는 이렇게 말했다. "쌍훼이 그룹은 세계 최대 육류 가공기업으로 미국 스미스필드 회사를 통해 식품급 윤활유에 대해 초보적인 이해를 할 수 있었다. 식품안전 통제에서 국제표준의 식품급 윤활유는 거의 모두 수입에 의존했기 때문에, 구매 원가가 높았다. 베이자 테크가 중국이 식품급 윤활유를 생산하지 못하던 상황을 종료시켰다. 이 성과는 모든 중국인이 자랑할 만한 성과였다. 이 또한 아시아의 자랑이기도 했다."

쌍훼이 뿐만 아니라 기타 식품기업도 계속 베이자 테크의 식품급 윤활유 제품을 사용하기 시작했다. 베이징의 얼상그룹(二商集团), 난제춘그룹(南街村集团), 베이하이주자주식품유한회사(北海玖加玖食品有限公司), 허난홍이식품유한회사(河南泓一食品有限公司), 허난샤메이식품유한회사(河南霞美食品有限公司), 허베이훼이퉈인쇄유한회사(河北慧拓印刷有限公司), 관셴뤠이샹생물과학기술유한회사(冠县瑞祥生物科技开发有限公司)……베이자 제품 판매량의 40%를 차지하는 베이자 윤활유(지) 제

품은 전국 각지 식품 생산기업의 높은 평가를 받고 있으며 더 큰 시
장을 보유하게 될 것이다.

"식품 기업뿐 아니라 중국의 첨단 제조도 고급 윤활유가 필요하다."
고 후지건이 말했다.

중국은 제조대국이다. 대형 기계의 품종은 많고 운행 보수 원가도
높다. 동시에 중국은 제조 대국에서 제조 강국으로 전진하고 있다.
저급 윤활유를 사용하면 기계장비의 성능은 저하되고 사용 주기가
줄어들어 초기에는 원가를 절약하는 듯 보이지만 장기적으로 보면
수지가 맞지 않는다. 품질이 좋고 에너지를 절약하며 기능이 많고 수
명이 긴 첨단 윤활유는 첨단 설비의 요구에 적합하다. 에너지를 절약
하고 오염물질 배출을 줄여 국가 에너지 안전의 엄준한 형세를 완화
시킬 수 있으며, 새로운 윤활산업을 배양할 수 있다.

베이자 테크 회장 후지근이 벨 실험실에서 스승과 동학들과 과제를 토론하고 있다.

중국따탕그룹(中国大唐集团), 중국화녕(中国华能), 중국핑메이선마그룹(中国平煤神马集团) 등 대형기업의 사용·검측·실험 보고는 후지건의 결론이 증거가 되었다. 추산에 따르면 베이자 제품을 사용하면 마찰력을 80% 줄일 수 있고, 설비의 수명을 3배 연장할 수 있으므로 직접적인 경제 효익이 2억 위안에 달한다고 했다.

"기계장비는 우리의 골력과 같고 윤활유는 우리의 혈액과 같다. 중국이 제조 대국에서 제조 강국으로 전환하는 과정에서 첨단 윤활유가 없고, 첨단 설비와 상응하는 윤활유가 없어서는 안 된다. 우리는 국가발전의 추세에 따라 중국의 첨단제조가 '외국의 기름'에 의존하는 시대를 벗어나도록 해야 한다."고 후지건은 말했다.

창업자의 말

장인의 마음으로 중국의 특수 윤활유를 만드는 꿈을 꾸자.
허난베이자윤활과학기술주식유한회사 총경리 후지건

2000년에 나는 친구의 요청으로 캐나다 '에너지 도시'인 캘거리에 갔다. 그 곳에서 거리를 누비는 각종 차량들을 보았고, 공장의 선진 설비들도 보았다. 중국도 언젠가는 고급 자동차와 선진 설비가 제일 많은 나라가 되고, 고급 윤활유도 중국에서 큰 시장이 될 것이라는 생각이 들었다. 당시 중국의 고급윤활유는 모두 수입에 의존하고 있었다. 후에 나는 캘거리대학에서 석유정세화학공업 3년 과정을 1년만에 마쳤고, 추천으로 벨 실험실에 들어가게 되었다.

2004년에 귀국하여 외국 첨단 윤활유를 대리 판매하여 얻은 수익 전부를 뤄허 고신구(高新区)에다 부지를 매입하고 공장을 지었으며, 선진 설비와 기구를 구매하여 특수 윤활유(지) 연구를 진행했다. 국가의 에너지 절약과 오염물질 배출을 절감하자는 호소에 따라 대가를 따지지 않고 세계 선진기술과 어깨를 겨룰 수 있는 제품의 연구개발에 힘썼다. 중국의 첨단 설비가 '외국 기름'의 속박을 벗어나게 하는 것이 내 생의 꿈이었다.

이 꿈을 실현하기 위해 나는 여러 가지 경로를 통해 윤활유 기술을 이해하고 연구했으며, 도입, 소화, 흡수, 혁신, 재 혁신의 발전을 선택했다. 이를 위해 수차례 출국하여 학습했고, 국내 관련 연구기관과

학교와 부단히 합작을 진행했다. 마침내 일련의 기술난관을 돌파했다. 일부 제품은 국제 선진수준에 도달했다. 그 기간에 두 차례 국가의 횃불계획에 참여했으며, 국가급 국제 중대 합작 특별 프로젝트에 참여하여 고효율의 유압유 프로젝트를 원만히 완성하게 되면서 중국 자동화 공업 유압장치 윤활유의 공백을 메우게 되었다. 또한 연구과정에서 여러 차례나 국가 과학기술 지원금을 받았다. 이렇게 하여 기업은 특수 윤활유 시장 경쟁에서 두각을 나타내기 시작했다.

베이자 테크 회장 후지건

오늘 날 회사는 연구개발, 생산, 서비스, 양성, 판매를 망라한 국가급 첨단기술 군수품 생산단위가 되었으며, 연구개발하여 생산하고 있는 식품급 윤활유(지)는 아시아에서 처음으로 ISO21469 국제인증을 받아 국가의 "밭에서 밥상까지"의 전반 과정, 식품안전 과정 강화에 안전한 윤활유를 보장했으며, 식품기업의 원가절감, 설비의 안전 운행, 식품안전 확보 등 방면에 지원함으로써 정부·매체·사용자들의 호평을 받았다.

e대리운전 : 모바일을 통해 서비스를 제공하는 '보이지 않는 운전기사'

경제일보·중국경제망

기자/저우린(周琳)

[기업 개요]

국가의 수많은 혁신 창업 지원정책의 지지 하에 2011년부터 수많은 새로운 형태, 새로운 기술, 새로운 형식의 신형 기업이 계속 나타났다. 국내에서 최초로 창업한 인터넷 대리운전회사인 e대리운전(e代驾)은 인터넷 O2O(온라인에서 구매하고 오프라인에서 경영하고 소비하는 현상) 서비스를 제공한다. e대리운전은 위성으로 위치를 확인하는 기술을 이용하여 기존의 대리운전 원가를 대폭으로 줄임으로써 국내 인터넷 대리운전 시장을 크게 성장시키고 강하게 만들었다. 음주운전으로 구속되는 법이 시행 된지 이미 7년이 되었기에 소비자들은 안전운전을 이해하게 되었으며, 대리운전의 안전성, 간편한 대리운전과 저렴한 대리운전을 요구했기에 e대리운전이 창업하고 발전할 수 있는 '토양'이 구비되어 있었다. e대리운전이 새로운 업무를 개척하고, 국내 자동차 보유량이 증가함에 따라 대리운전 기사 알바도 새로운 유행이 되었다. e대리운전은 중·저 소득층에 취업기회를 제공했고, 그들의 수입을 증가시키는 과정에서 사회의 가치를 찾도록 했다.

최근에 각 지역에서 발생한 여성을 상대로 한 안전 관련 악성사건으로 사람들은 불안해하고 있다. 여성들의 안전을 보장할 수 있는 효과적인 방법을 강구하는 것이 지금의 급선무이다. 국내 여성 대리운전기사들은 처음으로 베이징 경찰학원 특수 운전사 양성센터에서 훈련을 받았다. 이들은 인터넷 대리운전회사 e대리운전이 여성의 안전을 보호 할 수 있는 중요한 수단의 하나가 되었고, 서비스를 요청하는 측과 서비스를 제공하는 측이 모두 실명인증을 통해 예약을 하도록 하는 등의 방법을 취하고 있다. 이는 창업 7년 사이에 e대리운전이 출시한 특수 소비자들을 상대로 한 15번째 기능이다.

베이징 경찰학원 교수 류스(柳实)는 e대리운전은 국내 대리운전업계에서 처음으로 여성운전기사 서비스를 출시한 것이라고 소개하면서 여성 운전기사는 운전에 더욱 주의하고 신중하기에 악성 교통사고와 악성 안전사고 발생을 줄일 수 있다고 했다.

"자신도 먹여 살리고 타인에게도 도움이 되자." 이는 e대리운전 회사가 창업한 초심이다. 바로 이러한 소박한 이념이 있었기에 수많은 사모펀드 투자자들의 마음을 얻을 수 있었고, 황빈(黄宾)·위양(于杨)과 같은 창업자들은 꿈을 이룰 수 있었으며, 국내 인터넷 대리운전 업계의 발전을 촉진시킬 수 있었다.

'핫 트렌드' 속에서 신속하게 포국(布局, 전체적 배치)을 완성하다.

신형 모바일과 스마트폰이 유행하고 전통 대리운전 업계의 폐단이 날로 뚜렷해지고 있자 황빈(黃宾)은 대리운전 시장의 열화 속에서 신생의 기회가 다가오고 있음을 느꼈다.

2011년 방금 외국에서 돌아온 창업자 황빈은 O2O 기술을 이용하여 창업을 해야겠다는 생각을 갖게 되었다. 어느 날 하루 모임에 참가했던 황빈은 우연히 기존의 대리운전이 갖고 있는 낮은 효율, 높은 가격, 불안전 등 대리운전 시장에 불리한 약점을 발견했다. 그는 인터넷 기술을 이용하여 전통적인 대리운전의 방식을 개선해야 한다는 계획을 떠올렸다.

여성 전속 e대리운전 기사

"첫 번째 계획은 부족한 부분이 많았다. 직접 기존의 대리운전 회사를 찾아 운영상황을 알아보고자 했다." 황빈은 기존 대리운전의 약점이 인터넷 대리운전 업무에게는 돈을 벌 수 있는 기회라고 생각했다. 스마트폰의 LBS 기술은 대리운전의 효율문제를 해결할 수 있었고, 대리운전기사에 대한 관리를 통해 기존의 대리운전 업계를 개조할 수 있다고 생각했다.

그 시기에 3G를 대표로 하는 신형 모바일과 스마트폰이 전국적으로 유행하기 시작했다. 이는 인터넷 대리운전의 기초가 되었다. 2011년 '3·15' 만회(315晚会)에서 한 렌터카 업체가 운전서비스를 제공한다는 명의로 도로운송 경영활동을 진행하는 상황이 폭로되자 그 회사는 대리운전과 렌터카서비스를 중단한다는 공고를 냈다.

황빈은 대리운전 시장이 새롭게 태어 날 개회를 엿보고 있었다. 그는 실행 가능한 인터넷 제품이 필요했다. 3개월 동안 전통 대리운전 회사인 산덴(闪电)에서 그들의 운영상황을 이해하고 퇴직한 황빈은 e대리운전 APP를 의뢰하여 개발했다. 2011년 10월 e대리운전 1.0버전이 정식으로 출시되었다.

하지만 창업은 APP 개발처럼 쉽지 않았다. e대리운전 기술 감독 양밍리(杨名利)는 e대리운전의 기술 업그레이드는 여러 차례의 난관을 거쳤다고 소개했다. 2011년 창업 초기에 e대리운전은 주로 전화로써 대리운전기사에게 주문 상황을 전달했다. 즉 소비자가 휴대폰 혹은 전화로 서비스를 요청하면, 본사에서는 전화로 소비자의 서비스 요청 상황을 대리운전 기사에게 알려주는 방식이었다.

인터넷 대리운전이 시장을 확보하는 것이 더욱 어려웠다. e대리운전 톈진(天津) 도시 책임자 자오위룽(赵昱龙)은 2013년 이전의 톈진에는 인터넷 대리운전회사가 거의 없었다고 했다. 당시 소위 대리운전회사는 술집이나 호텔의 종업원들이 알바로 하는 일이었다. 시장은 '처녀지'와 같았다. 장점은 경쟁상대가 없는 것이고, 결점은 '황무지 개간'이나 다름없는 상황이었다. 그렇기 때문에 강력한 창업을 위한 인내력이 필요했다.

"당시에는 겨우 4명의 직원만이 있었다. 2013년 1월부터 2014년 초까지 나는 매일 6시에 기상하여 톈진의 인력시장으로 달려가야 했다. 가서 자리를 잡아 합당한 운전기사를 찾았던 것이다. 처음에는 직원을 찾는 일이 그렇게 힘들 줄 몰랐다. 2014년 초에 톈진 e대리운전은 겨우 100명의 운전기사를 모집했고, 300여 차례의 서비스를 완성했다. 2014년 이후 전국 인터넷 대리운전 업무를 시작하면서 운전기사 초빙상황이 조금 개선되었다. 지금은 운전기사 초빙이 더욱 쉬워져 10명의 운전기사가 면접을 오면 7명 정도는 면접에서 떨어진다."고 자오위룽(赵昱龙)은 말했다.

낮에 인력시장에서 운전기사를 모집하고, 오후 4~5시가 되면 자오위룽은 기존의 운전기사와 관리팀을 이끌고 회사 로고가 박힌 티슈 등 물품을 가지고 식당, 호텔 등을 다니며 홍보를 했다. 홍보라고 해야 홍보지를 나눠주거나, 브랜드를 알리는 광고지 정도였다. 이를 위해 티슈 같은 물품을 식당, 호텔 등 장소에 비치할 수 있도록 허락을 받아야 했다.

창업초기에 했던 이러한 자질구레한 일들이 쉬워 보일 수 있겠지만 사실은 여간 힘든 일이 아니었다.

인터넷 대리운전 업무는 적지 않은 사람들의 '케이크(먹을 꺼리)'를 건드렸다. 텐진의 대리운전은 보통 39위안으로 시작한다. 창업 초창기 2년 동안에는 술집, 호텔 등의 기존 대리운전 시장과 이익충돌이 엄청 컸다. 기존 대리운전 업무를 도태시킨 것은 시장과 소비자들이었다. e대리운전 공동 CEO인 위양(于杨)은 인터넷 대리운전이 대리운전의 가격이 높은 문제를 해결했을 뿐만 아니라, 대리운전의 효율과 서비스의 만족도를 근본적으로 향상시켰으며, 대리운전 업계의 보험 능력과 안전보장 능력의 수준을 업그레이드시켰다고 여겼다. 특히 여성 대리운전 기사들이 나타나면서 대리운전 업무의 전반적인 신뢰도가 향상되었고, 여성들이 대리운전 기사를 찾는 상황이 날로 많아졌다. 최근 e대리운전에서 발표한 『전국 음주운전 상황보고』에 따르면, 2017년 1월 1일부터 5월 31일까지 전국에서 인터넷 대리운전 서비스를 이용한 횟수는 5,700만 회가 넘었다. 이는 동기 대비 대폭 증가한 수치였다. '핫 트렌드(hot trend, 최신의 유행 또는 많은 사람들이 따르는 경향이나 추세)'인 e대리운전은 신속하게 전국적인 포국을 완성했다. 2017년 12월 18일까지 e대리운전은 베이징, 상하이, 총칭 등 311개 도시에 분사를 설립했으며, 20여 만 명의 운전기사들을 등록했다.

"2017년 상반기 인터넷 대리운전 빅데이터는 음주 후 운전을 하지 않고 대리운전기사를 찾아야 한다는 인식이 1, 2선 도시에서 3, 4선

도시로 보급되고 있음을 보여주었다. 그러자 인터넷 대리운전 업무가 발전했고, 국내 자동차 보유량이 증가하면서 알바 대리운전기사는 각광을 받는 분야가 되었다."

업계 내에서 악전고투하고 기술경험을 쌓다.

비록 업계의 경쟁이 치열하지만, e대리운전은 돈을 함부로 쓰지 않고 기술향상을 통해 문제점을 돌파하고자 했다. 곧 사용자들의 서비스 만족도를 향상시키자는 목표를 정했던 것이다.

아무리 새로운 업무라고 해도 혼자 독식할 수는 없다. 2014년 인터넷 대리운전은 경쟁자들이 나타나기 시작했다. 톈진에는 웨이대리운전(微代驾), 아이대리운전(爱代驾) 등 대리운전회사가 나타났고, 베이징에서는 이다오용처(易到用车), 쉰펑대리운전(顺丰代驾) 등의 회사가 나타났다. 그 외에도 청두(城都)에는 웨이동대리운전(微动代驾), 다롄(大连)에는 웨싱대리운전(悦行代驾) 등의 플랫폼도 시장에 나타났다.

이에 e대리운전은 쿠폰을 선물하는 등 '오프라인 보조금' 개발을 통해 대응했다. "톈진은 베이징보다 경쟁이 치열하지 않았고, 현지 인터넷 대리운전 기업도 규모가 상대적으로 작았다. 일부는 기존 대리운전회사가 인터넷 대리운전회사에 가맹한 것이었다. 총체적으로 이런 경쟁 상대는 그다지 장점이 없기에 장기간 보조금 제공방식을 취하기는 어려웠다. 치열한 경쟁은 5개월 동안 지속되었다."고 자오위룽은 말했다.

"2014년 말 58통청(58同城)에서 인터넷 대리운전 업무를 시작했는데, 일부는 기존의 대리운전회사가 동업계의 경쟁자가 된 경우도 있었다. 그들은 신속하게 톈진, 항쩌우 등 지역에서 대리운전망을 구축하기 시작했다. 베이징의 e대리운전 분사는 상대방의 압력을 의식하기 시작했다." 위양은 비록 대리운전시장이 경쟁자를 만났지만, e대리운전에 큰 영향을 미치게 하지는 못했다고 했다. 합리적으로 운전기사들을 관리하고 필요한 혜택을 제공하면서 58통청은 오히려 e대리운전의 전략적 투자자가 되었다.

하지만 진짜 '승냥이'는 2015년 7월에 나타났다. 2015년 7월부터 2016년까지 디디추싱(滴滴出行)은 인터넷 대리운전을 시작하기 위해 돈을 물쓰듯이 썼다. "그 시기에 e대리운전도 생존을 위해 따라 하기도 했지만, 현실은 돈을 쓴다고 해도 대리운전의 만족도를 높이고 주문량을 늘릴 수는 없다는 것을 알게 해주었다. 일부 고객은 이런 과도한 홍보에 반감을 토로하기도 했다. 대리운전은 비교적 특수한 서비스 업무이다. 고객은 과도한 홍보나 쿠폰을 제공한다고 장기적으로 사용 횟수를 늘이는 것은 아니었다. 하지만 택시를 타거나 배달을 의뢰하는 등 자주 이용하는 서비스와 비교하면, 돈을 투자해서 단기간 대리운전 이용 횟수를 늘어나게 할 수는 있지만, 시장의 수요를 돌파할 수는 없다."고 위양은 말했다.

경쟁을 이겨내기 위해 e대리운전은 기술 향상을 통해 돌파구를 찾고자 했다. 양밍리(杨名利)는 이렇게 소개했다. "2013년부터 2014년까지 e대리운전은 인터넷으로 주문을 하게 하는 형식으로 운영했다. 그 시기에는 거리가 주문을 배분하는 주요 기준이었기에 서비스를 요청한 고객과 제일 가까운 거리에 있는 기사에게 주문을 배당했었다. 하지만 이와 같은 단일한 표준은 고객의 요구를 만족 시킬 수가 없었다. 그리하여 후에는 대리운전기사를 선택하거나 자동선택을 하게 하는 등의 수단을 이용했다. 2015년 e대리운전의 주분 배분은 더욱 지능화 되었다. 지역, 운전기사, 고객 예측 등 인공지능 기술이 보급되면서 주문의 배분, 운전기사의 전자시스템, 인터넷 운전기사의 모집 플랫폼 등 3대 기술 플랫폼을 형성하게 되었다."

e대리운전 기사가 고객을 안전하게 목적지로 모신 후, 차키를 돌려주고 있다.

양밍리의 소개에 따르면 여성 고객들이 안전을 더욱 중요시하기에 시스템은 자동으로 여성대리운전기사를 선택한다고 했다. 충칭, 스촨 등 산이 만은 지역은 지도상으로는 거리가 멀지 않지만 위치한 높이와 강의 흐름 등 지리적 상황을 고려하여 시스템은 실제거리가 제일 간단한 경로를 선택해서 대리운전기사를 분배했다. 이 외에도 B2B 자동차 집사(집을 관리하는 일) 업무를 개시하여 자동차 4S점 등 개인 고객이 아닌 고객의 일반 필요성에 따른 특수 대리운전 서비스를 제공했다. 이는 더욱 차별화된 주문 배분관리가 필요했다. 이것이 바로 고객의 필요에 대응하여 자동적으로 배분하는 '스마트 배분' 책략이었다.

대리운전기사를 상대로 하는 전자화 평가시스템은 교통규칙 점수 계산 표준과 비슷하다. 운전기사는 매년 12점의 점수를 부여 받는다. 기술 조작의 착오, 운전 행위의 불규범 등은 감점의 원인이 되었다. e대리운전 스마트 주문 배분시스템은 운전기사의 평점 상황에 따라 점수가 높은 기사에게 주문을 전송해준다. 부정행위를 통해 점수를 높이는 상황을 피하기 위해 부정행위 감시시스템도 작동하였다.

2016년 이후 운전기사와 장거리 대리운전의 수요가 늘어나면서 e대리운전은 주문접수시스템을 시범운영 했다. 그 결과 인터넷 주문이 더 빠르고 효과적으로 분배되었다. "만약 주문에 대해 자동적으로 분배하는 것에만 의존한다면, 주문이 배당된 운전기사가 주문을 완성할 수 없는 상황이 나타나거나 주문을 완성할 능력이 있고 장기간의 대리운전을 하려고 하는 운전기사들이 주문을 배당받지 못하는 상황이 나타날 수도 있다. 대리운전 기사가 주문을 실시간으로 접수할 수 있는 시스템을 통해 대리운전 기사들이 장거리 주문을 선택할 수 있는 자주성을 제공했다." 양밍리는 지금 회사는 호텔, 4S점, 식당에서 대리운전 서비스를 신청할 수 있는 시스템을 개방중이라고 했다. 즉 식당종업원이 대신 e대리운전 요청을 하게 하는 시스템인 것이다.

창업은 어렵다. 디디추싱과의 경쟁은 돈으로 끝나지 않았다. 2017년 e대리운전는 전략적으로 포국을 조정했다. 더는 '보조금 대전'을 하지 않고 목표를 고객 만족도 향상에 두었다. "사실 우리와 같은 창업회사는 마구 쓸 자금이 없으므로 반드시 새로운 업무로 경쟁에 대응해야 했다. 최근 1년 동안 회사는 '낮 업무'를 개발했다. 대리운전 한 가지 업무로 대리운전기사가 하루에 200위안을 벌었다면 '낮 업무'를 하게 되면서 400위안을 벌 수 있었다." 자오위룽은 '낮 업무'에는 대리주차, 대리 세차, 대리 정비, 대리 점검 등이 포함된다고 했다. 밤의 대리운전 업무와 달리 이런 서비스는 보통 낮에 진행되었기 때문이다.

'낮 업무'를 통해 e대리운전은 새로운 시장을 개척했다. "이런 업무는 보통 개인 고객을 상대로 하는 'B2B' 업무가 아니었다. 자동차 4S점, 보험회사, 세차업체 등과 합작o야 했다. 대리운전기사의 수요는 적어도 수십 번이기에 주문 전체 업무액도 큰 편이다."라고 위양은 말했다.

2017년 6월 이후로 '보조금 대전'을 중단했지만, e대리운전의 고객 주문가격과 대리운전기사의 수입은 상승세를 보여주었다. 2017년 이

후 텐진의 '낮 업무'는 300% 증가했다. 보조금 대전을 거쳐 e대리운전 창업자들은 시장의 진짜 수요를 정확히 보게 되었다. "대리운전은 택시를 타는 것보다 사용빈도가 낮은 업무이다. 대리운전의 수요고객은 보조금에 큰 흥미가 없다. 대리운전 업계가 향상시켜야 할 것은 여전히 서비스 만족도이다."라고 자오위롱은 말했다.

즉 인터넷 대리운전은 인력자원을 기반으로 하는 서비스업이다. 운전기사 자원은 대리운전 업계의 제일 소중한 자원이기에 운전기사를 제외한 경쟁과 소비자 만족도는 모두 공론일 따름이다. 때문에 창업 초기에 e대리운전은 대리운전기사의 품질향상에 힘썼다. "우리 텐진 분사는 예전에 매달 운전기사들을 상대로 훈련을 진행했다. 그러나 지금은 매주 훈련시키고 있다. 도로시험, 도착시간과 효율, 서비스태도, 서비스절차 등의 내용이 포함된다. 때로 관리원은 1대1로 운전기사들을 훈련시킨다."고 자오위롱이 말했다.

변화를 꾀하고 창업 표준을 만들자.

e대리운전은 돌을 더듬어 가며 강을 건너는 식으로 창업을 했다. 일부 업무형식은 이미 업계의 표준이 되었다. 그들은 창업은 한 번으로 끝나는 것이 아닌 부단한 새로운 업무_이 개척이라 여긴다.

"e대리운전 창업의 첫 3년 동안 회사는 돈이 부족한 적이 없었다. 그러나 그 후 3년 동안 우리는 수많은 잠재적 위험을 발견했다. 미래의 자율주행기술, 인공지능 기술 및 공유 자동차의 충격으로 대리운전 서비스시장의 수요는 큰 변화가 일어날 것이다. 인터넷 대리운전 업무는 미래에 더 이상 '핫 트렌드'가 아닐 수도 있다. 이는 2014년에 성립된 e대리운전이 부단히 '낮 업무'를 시도하게 된 첫 번째 생각이다." 위양은 회사의 새 로고를 가리키며 기자에게 이렇게 말했다. "우리의 새 로고에는 e대리운전 뒤에 e자동차 집사(家管, 집에 대한 관리)를 추가했다.

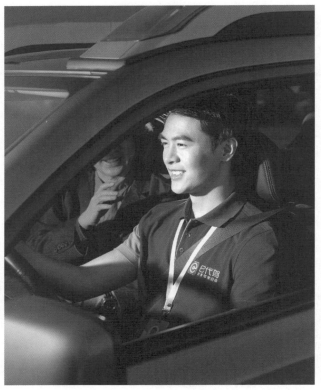

서비스 중인 e대리운전기사

이 집사의 의미는 이후 자동차 서비스를 대표하는 새로운 낮 업무를 포함하는 말이있다. 이는 '2차 창업'이라 할 수 있다. 창업은 한 번으로 끝나는 것이 아니다. 성공이 있었더라도 새로운 업무의 개척은 새로운 창업이라 할 수 있다. 경쟁은 평생 동반되는 것이다."

e대리운전의 업무형식을 돌아보면 대리운전 업계의 표준도 창업과정을 통해 부단히 수립되고 최적화 되고 있음을 알 수 있다. 위양은 이 업계에는 선구자가 없었기에 그들은 돌을 더듬어 강을 건너는 형식으로 가격을 제정했다고 소개했다. 대리운전 서비스가 완료될 때마다 e대리운전 본사에서는 5위안의 정보 이용료를 받고 나머지를 모두 대리운전기사에게 주었다. 하지만 얼마 지나지 않아 이런 방식의 결점이 나타났다. "5위안이라는 정보 이용료가 너무 적었던 것이다. 고객에게는 저렴한 가격이지만 그 가격으로 회사가 돌아갈 수는 없었다. 후에는 20%의 이용료를 받았다. 훗날 이 표준은 대리운전업계의 표준이 되었다."

회사 고위급 관리인사인 위양과 황빈은 창업 7년 동안 집에 들어가 애들과 함께 놀아줄 시간이 별로 없었다. 일선에서 운영을 하고 있는 자오위룽과 양밍리의 제일 큰 염원은 회사가 상장을 한 후에 가족과 함께 여행을 가는 것이다. "우리가 O2O업계에서 7년을 견디고 비교적 규모를 갖추었기에 우리를 부러워하는 사람들이 많고 우리가 큰돈을 벌었다고 여기고 있지만, 사실 창업은 돈을 위해서 한 것만은 아니다. e대리운전은 중·저 소득층의 수입문제를 해결하고, 고객을 위해 더 좋은 서비스를 제공하려는 데 있다. 벤처 캐피털의 투자를 유치한다는 여부를 떠나 모든 창업기업은 우선 자신을 먹어 살릴 수 있느냐를 고려해야 한다. 그렇지 않다면 대리운전 업계에 진출하는 것은 사회 자원의 낭비이다. 이는 우리 기업이 존재하는 사회가치일 것이다. 간단히 말하면 자신을 먹여 살리고 운전기사들의 취업에 도움이 되어 수익을 늘려 대중을 위한 서비스를 제공하는 것이 우리의 사회적 가치의 창출 방식이다."라고 위양은 말했다.

e대리운전 설립자, e대리운전 연석 CEO 위양

창업자의 말

e대리운전의 설립자이며 e대리운전의 CEO인 위양

나는 e대리운전 최초 설립자의 한 명이다. 창업 초기 우리의 초심은 간단했다. 중·저 소득층의 수입문제를 해결하고, 고객에게 더 좋은 서비스를 제공하는 것이다. 돈을 버는 것이 첫 번째의 목적은 아니었다. 인터넷기업이 거액을 들여 시장을 점령하는 것이 멋있어 보이겠지만, 사실은 오래 가지 못한다. 상대방이 돈을 마구 써대도 우리는 냉정한 사유를 가져야 한다. 벤처 캐피털의 투자를 받는다는 여부를 떠나 모든 창업기업은 우선 자신을 먹여 살릴 수 있어야 한다. 그렇지 않다면 대리운전 업계에서 창업을 하는 것은 자원을 낭비하는 일이다. 창업자는 자신이 해야 할 일이 무엇이며, 수익모델은 무엇이고, 수익을 창출 할 수 있느냐를 숙지하고, 명확히 해야 한다. 시작부터 거액을 들여 고객을 유치하려 하고, "오늘 만 있고 내일이 없는" 발전방식은 생각지를 말아야 한다.

대리운전은 비교적 특수한 서비스업이다. 과도한 홍보나 쿠폰으로 고객의 장기적인 사용 횟수를 늘릴 수는 없다. 택시를 타거나 배달을 시키는 것처럼 사용빈도가 비교적 높은 업무와 비교했을 때 단기적으로 돈으로 거래량을 증가할 수는 있겠지만, 시장의 수요를 극복할 수는 없다. 돈으로 시장을 사는 형식이 모든 예정된 목표를 이루는 것이 아니다. 돈으로 핵심 경쟁력을 만드는 발전형식이라면 돈이 가치 있게 사용한 것이다. 인터넷기업이 돈을 쓸 곳은 제품개발과 제품의 운영뿐이다. 진짜 인터넷제품은 돈으로 만들어 낼 수 없다. 제품과 상업형식이 진실한 가치인 것이다. 가치 있는 업무에 자금을 투자하는 것이 가치가 있다는 말이다. 때문에 인터넷기업이 돈을 태운다는 것은 인터넷기업의 제품과 상업형식이 아직 성숙되지 않았거나 투기성이 있어 가치가 비교적 낮다는 것을 의미한다. 이렇게 제품 홍보에 돈을 많이 투자하는 것을 돈을 물 쓰듯이 한다고 정의할 수밖에 없다. 현대인은 대리운전서비스가 음주운전 문제해결에 중요한 작용을 한다고 인식하고 있다. e대리운전을 대표로 하는 인터넷 대리운전 플랫폼이 발전하고 개선됨에 따라 더 많은 사람들이 대리운전이라는 생활방식을 받아들일 것이다.

ofo 샤오황차(小黃車) : 기나긴 경주로에서의 목숨을 내건 질주

『경제일보』"중국경제망"

기자/천징(陳静)

[기업 개요]

2014년에 창립된 ofo 샤오황차(ofo 小黃车)는 세계 선진 자전거인 공용자전거 서비스 플랫폼이다. 사용자는 휴대폰으로 자전거 자물쇠를 풀고 언제 어디서나 자전거를 탈 수 있는 공유서비스를 이용할 수 있다. 날로 많은 도시에서 달리고 있는 샤오황차는 사람들의 '마지막 3km'의 출행 방식이 되었다. ofo 샤오황차의 융자 총액은 이미 40억 위안을 돌파했다. 지금 ofo샤오황차는 중국, 미국, 영국, 싱가포르, 카자흐스탄의 600만 대가 넘는 공용 자전거와 연계되어 있으며, 세계에서의 사용횟수는 10억을 넘어섰다. ofo샤오황차는 사용자들이 용이하게 자전거를 탈 수 있도록 하는 인터넷 매개체이며, 인공지능을 핵심으로 하는 과학기술이다.

2016년 1월 30일 두 젊은이가 베이징 궈마오(国贸) 앞 난간에 기대고 서 있었다. 그들은 휴대폰 검색창에 '진사장촹터우 Allen(金沙江创投 Allen)'을 입력하고 사진들을 훑어보고 있었다. Allen이라고 자신을 소개한 사람은 곧바로 이곳 사무실에 찾아와 질문을 던졌다.

"바로 이 사람이 주샤오후(朱啸虎)라는 분입니까?" "비슷한 것 같기는 한데. 디디(滴滴)에 투자하신 분인가요?" "와우, 유명 인사를 만난 거잖아!" 흥분한 두 사람은 즉시 56층으로 돌아가 진사장촹터우의 1,000만 위안 시리즈 A 융자를 받았다. 이 두 젊은이가 바로 ofo 샤오황차의 설립자 겸 CEO인 다이웨이(戴威)와 연합 설립자 장쓰딩(张巳丁)이다. 15개월 후 ofo샤오황차의 융자 총액은 40억 위안이 넘었다. 공용 자전거도 인터넷 업계의 새로운 '핫 트렌드'가 되었다. 날로 많은 도시에 나타난 샤오황차는 사람들의 '마지막 3㎞'의 출행 습관을 변화시키고 있다. 오늘날 ofo 샤오황차는 중국, 미국, 영국, 싱가포르, 카자흐스탄에 있는 600만 대 넘는 공용 자전거와 연계되어 있으며, 세계에서 사용한 횟수는 10억을 넘어섰다. 바로 ofo 샤오황차가 이 책에 선정된 원인이다. 5명의 '90후(1990년대 이후 출생자)'로 구성된 젊은 창업팀은 어떻게 회사를 신속하게 발전시켰으며, 중국 인터넷 산업의 잔혹한 '게임 규칙'에 적응할 수 있었는가? 그들의 좌절과 성과는 기타 젊은 창업팀에 어떤 경험을 제시해주었는가?

다이웨이(戴威)는 이렇게 말했다. "창업에서 제일 중요한 것은 가장 긴 경주로를 찾는 것이고, 이 경주로에서 목숨을 건 질주를 하는 것이다."

1년 7개월의 '겉치레 창업'

베이징대학 학생인 다이웨이(戴威)는 2014년 2월 15일 칭하이성 다통현 동샤진(靑海省 大通县 东峽镇)에 농촌지원 교사로 내려와 수학을 가르치고 있었다. 설이 방금 지났지만 쉐딩(薛鼎)은 9위안짜리 비행기 표를 사서 다이웨이를 만나러 왔다. 다이웨이의 비좁은 숙사에서 두 대학 동창은 종이에 쓰고 지우고를 반복했다. "그 시기에 우리는 자전거 관련 일을 하려고 했다. 회사 명칭을 반년 넘게 토론했지만 결정하지 못했다." 다이웨이는 'OTTO', '쒜이싱(随行)'……등 수많은 단어를 거론됐지만 모두 부정되었다고 말했다. 후에 형상적으로 자전거 타는 모습과 비슷한 ofo로 결정했다. 형상적이기에 세계 어디에서도 우리가 어떤 일을 하는지 알 수가 있었다. 그날로 우리는 'ofo'를 등록했다.

ofo 샤오황차라는 이름을 확정 지은 날은 ofo샤오황차 성장에 있어서 중요힌 첫 번째 시점이었다. 그렇다고 그들의 이야기가 순조롭게 진행된 것은 아니었다.

19개월 동안 다이웨이와 그의 동료들은 '매우 아득하기만 상태'였다. 그들은 산악자전거 인터넷 대여 서비스를 시작했지만, 2달 동안 받은 주문은 겨우 1건이었다. 고급 자전거 할부 서비스를 했으나 겨우 5대만 팔 수 있었다. 그 후에는 중고 자전거 사이트를 만들었고, 사이클링 관련 지능 웨어러블(wearable, 착용할 수 있는) 설비를 개발했다.……"모든 시도는 희망차게 시작했지만 별 반응이 없었다."

2014년 말 ofo는 사이클링 여행으로 전향하고 여행객이 자전거를 타고 여행할 수 있도록 하는 자전거 대여 서비스를 시작했다. 이 항목으로 ofo는 100만 위안 엔젤투자를 얻을 수 있었다. 그 다음해인 2015년은 자본시장이 과열된 해였다.

"그 때는 어떤 회사든 큰 자금을 얻을 수 있었다. 나는 시리즈 A 융자를 얻기만 하면 성공이라고 생각했다!" 다이웨이는 '시리즈 A'를 말할 때 특히 힘주어 말했다. "투자를 얻은 일로 3년은 큰소리 칠 줄 알았다. 당시는 '폐쇄 루프'가 유행이었다.

베이징 중관촌(中关村)에서 자전거를 점검하고 있는 ofo샤오황차 정비기사 장진청(张金成).

그렇다면 자전거 여행이 왜 '폐쇄 루프(출구가 없는 루프이며, 실행이 그 루프를 포함하는 컴퓨터 프로그램의 외부 개입에 의해서만 중단되는 것.)'일까? 우리는 이야기를 만들었다. 말로 이러쿵저러쿵 이야기 하면 '폐쇄 루프'처럼 보인다!"고 하면서 그는 소리 내어 웃었다.

미친 듯한 자본시장에 떠밀려 ofo는 '돈을 물 쓰듯 쓰기로' 했다. 자전거 여행 APP에 새로 가입하는 회원들에게 ofo는 마이동(脉动, 중국 비타민 음료) 한 병씩을 주기로 했다. "이렇게 3월 한 달 동안에 돈을 다 써버렸다. 100만 위안을 '다 써버이다니?' 장난도 어디 이런 장난이 있는가?" 당시 팀은 너무 잘난 체했다. "그 시기 돈을 쓴 속도로 500만 위안이 있었다면 100만 사용자를 유치할 수도 있었다. 그 숫자는 상당한 회사라고 할 수 있었다.'

하지만 자본은 젊은이들에게 잔혹한 경험을 선사했다. "나는 하루에도 여러 투자자들을 만났다. 하지만 우리의 계획에 관심을 가지는 투자자는 하나도 없었다. 큰 타격이었다. 처음에 우리는 시리즈 A 융자를 2,000만 위안으로 계획했었다. 2주후에는 1,500만 위안으로 조정했고 800~1,000만 위안으로 줄였다. 마지막에는 400만으로 줄였지만 그것도 성사하지 못했다.

2015년 4월 말 2명의 프로그래머, 5명의 영업사원에 월급을 지불해야 했지만, ofo 장부에는 400위안이 전부였다. 베이징대학 고고학과 졸업을 앞둔 장쓰딩는 근심에 쌓였다. "회사가 망할 것 같아 졸업 후 고궁(故宮) 문물 보수하는 일이나 해야겠다고 생각했다."

5.1 휴가 기간 동안 잠들 수가 없었던 다이웨이는 자전거를 타고 거

리를 누비며 생각했다. 그는 대학생들의 '아픈 부분'을 진지하게 고려했다. "학생들이 자전거를 구매한 후 우리에게 맡기면 수시로 ofo 플랫폼의 모든 자전거를 사용할 수 있는 '소유권을 사용권으로 바꾸는' 형식을 생각했다. 자전거를 구매하지 않은 학생들은 적은 액수의 비용을 지불하고 사용할 수 있도록 해야겠다고 생각했다." ofo 공용 자전거 형식이 차츰 형성되었다. 자전거에는 암호 자물쇠를 설치하여 휴대폰으로 스캔을 한 다음 얻은 비밀번호를 입력하여 자물쇠를 풀면 시간 혹은 거리에 따라 비용이 발생할 수 있게 했다.

다이웨이, 쉐딩(薛鼎)과 장쓰딩 등 ofo의 창업자들은 학교에서 학생들을 찾아다니며 그들의 '공용 자전거 계획'을 설명했다. 2015년 6월 6일 처음으로 자신의 자전거를 공유하려는 학생이 찾아 왔다. 비록 낡은 파란색의 산악자전거였지만 ofo는 제일 빠른 시간에 이 자전거에 번호 8808를 달아 주었다.

긴 경주로를 찾던 ofo의 스타트 라인이 나타났던 것이다.

'학교 범위 내'의 서비스 선택

2015년 9월 7일 아침 8시, 6명뿐인 ofo 구성원은 모두 베이징대학 교정에 집결했다. 그들 앞에는 노란색 자전거가 가지런히 세워져 있었다. 이날은 ofo가 베이징대학에서 처음으로 서비스를 개시한 날이다. "모두 밤샘 작업을 해서 완전히 지쳤지만, 모두는 주문량에 집중했다. 500여 명의 회원과 200건의 주문량. 예전에는 10명의 회원을 유치하기도 힘들었다. 우리는 처음으로 생명력이 있고 성장 가능한 제품을 만들었다는 느낌이 어렴풋이나마 들게 되었다."

정확한 방향을 찾음으로써 ofo샤오황차는 성장의 두 번째 시각을 맞이했다. 출시 두 번째 날에는 300건, 세 번째 날에는 500건. 서비스 개시 10일째 되는 날에는 하루 주문 건수가 1,500건에 달했다. 10월 말 베이징대학 단일 학교 1일 평균 주문량은 4,000건을 넘었다.

'자전거 공급 + 주문량의 쾌속 성장'이라는 순조로운 패턴이 베이징의 중국인민대학(中国人民大学)·중국지질대학(中国地质大学)·중국농업대학(中国农业大学)·베이징언어문화대학(北京语言文化大学)·베이징항콩항천대학(北京航空航天大学) 등 학교에서 부단히 복제되었다. 1월에 진사장(金沙江) 창업투자의 시리즈 A 1,000만 위안 융자를 받은 후, 샤오황차는 베이징 20여 개 대학과 우한(武汉), 상하이, 톈진 등 도시의 대학교에도 진출했다. 그러나 다이웨이(戴威)는 그들이 또 다른 창업의 '게임규칙'의 난제에 직면하게 될 줄을 미처 생각지 못했다.

"2015년 12월에 이르러 우리의 주문량은 2만 건에 달했다. 하지만 4월에는 5배가 넘는 학교에 수많은 자전거를 투입하여 서비스를 진행했지만 하루 주문량은 여전히 2만여 건이었다." ofo 연합 설립자 양핀제(杨品杰)는 당시 회의를 통해 "빌려 간 후에 감감 무소식'인 자전거가 많기 때문이다"라고 말했다. "한 학생이 자전거를 타고 나간 후에 다시 타고 돌아오지 않은 경우가 있어 우리는 사람을 보내 자전거를 가져와야 했다. 하지만 매일 밖으로 나가는 자전거가 많아 교정에 자전거가 적은 상황이라 자전거를 타려고 해도 자전거가 없었다."

ofo 사무실에 놓여 있는 부품을 개선한 샤오황차

　ofo의 창업팀은 강한 의견 충돌이 있었다. 마지막에 다이웨이(戴威)는 학교 내에서만 사용할 수 있도록 결정했다. "당시 제일 큰 걱정은 사용자가 늘어가는 것이었다. 하지만 사용자의 90%는 학교 내에서 자전거를 이용한다는 데이터가 있었다. 사실 생각이 많았다. 하지만 창업 초기에는 반드시 수많은 현실을 마주해야 했다. 모든 사용자의 요구를 만족하기는 어렵다. ofo는 우선 대부분의 사용자들이 자전거를 사용하도록 하는 것이다." '사용자의 요구를 우선'으로 하던 학생 창업은 현실에서 능력을 따져보면서 타협을 하게 되었다.

사용자들이 '학교 범위 내'의 사용 제한에는 원망이 없었다. 이 조치가 내려 진 후, ofo의 하루 사용량은 2만 건에서 8만 건으로 급상승했다. 5월 17일에는 10만 건을 돌파한 106,322건을 기록했다. 5월 26일 ofo는 중국징웨이(中国经纬)의 시리즈 B 융자를 받았다. "만약 계속 하루 2만 건의 주문량이 들어온다면 시리즈 B 융자를 받지 못했을 것이다."고 다이웨이는 말했다.

2016년 9월 대학교 개학과 함께 ofo의 하루 사용량은 평균 40만 건을 돌파했으며, 수입도 따라 증가하여 매 달 1,000만 위안의 수익을 얻었다. 한 달 전에 모바이단차(摩拜单车)도 베이징에서 서비스를 개시했다. ofo의 연합 설립자들도 거리에서 늘어나는 주황색의 자전거를 주의하기 시작했다.

다이웨이는 '학교 범위 내'의 서비스 결정을 반성했다. "만약 5월에 직접 도시 전체의 서비스를 진행했다면 다른 풍경이었을 것이다. 2016년의 일 중 제일 유감스러웠던 일은 늦게 도시에 진출했다는 점이다. 사실 사람들은 제일 편안한 지역을 벗어나려고 하지 않는다. 우리는 2년 뒤에 전국 2,000여 개 대학에 진출하고자 했다. 도시 서비스는 2년 뒤 우리가 더 강해지면 시작하는 것이 옳다고 생각했다. 시도도 안하고 스스로 포기했던 것이다."

다이웨이는 축구를 좋아한다. 그는 축구팀의 공격수다. 그는 "축구 시합을 보면 패널티 킥을 넣지 못하면 좋은 기회도 날려 버리는 볼품 없는 상대라 여겨 상대방은 골을 더 많이 넣게 된다. 창업도 마찬가지다. 기회 앞에서 침착하고 냉정해야 하기도 하지만 기회가 오면 확실하게 이용해야 한다."고 말했다.

'돈'과 '사람'의 이중 시련

2016년 10월 16일 깊은 밤, 화물차에서 부려진 샤오황차는 가지런히 베이징 시얼치(西二旗)와 중관촌(中关村) 두 전철역 출구에 세워졌다. 아직 날이 밝지 않았다. 자전거를 부린 젊은이들 모두는 시집가는 딸을 꾸며주는 부모처럼 자전거를 닦고 있었다. 맑게 갠 하늘의 밝은 태양 빛에 깨끗한 샤오황차는 더욱 반짝반짝 빛났다. 7시도 되지 않은 시각에 직장에 출근하는 사람들이 지하철 출구로 몰려나왔다. 밤을 지새운 ofo 직원들은 손에 전단지를 들고 그들을 에워쌌다. 도시시장 진입은 ofo샤오황차 성장의 세 번째 중요한 시점이었다. "준비가 제대로 되지는 않았지만 우리는 도시 시장에 진입했다."고 다이웨이는 말했다. 한 달 전에 ofo는 1.3억 달러의 시리즈 C 융자를 받았다. 이때부터 누구도 그들을 앳된 학생 창업팀이라고 보지 않았다. 메이퇀(美团), 58통청(58同城), 디디추싱(滴滴出行)……'핫 트렌드' 유니콘 회사들이 겪었던 잔혹한 인터넷 강호세계가 그들의 눈앞에 펼쳐지고 있었다.

그 다음 이야기는 많은 사람들이 잘 알고 있는 '목숨을 건 질주'이다. 2016년 11월 ofo는 정식으로 도시 서비스를 시작했다. 2주일 후 하루 주문량은 150만 건을 돌파했다. 이는 타오바오(淘宝), 징동(京东), 디디(滴滴) 등 인터넷 거두들의 뒤를 이어 중국에서 9번째로 일일 주문량 100만 건을 돌파한 인터넷 플랫폼이 된 것이다. 12월 ofo

는 해외시장을 개척했다. 미국 샌프란시스코, 영국 런던, 싱가포르 등 지역에서 서비스를 시작했다. 2017년 3월 1일 ofo는 4.5억 달러의 시리즈 D 융자를 받는데 성공했다. 5월 ofo는 100번째 도시인 라싸에서 서비스를 개시한다고 선포했다. 이런 숫자는 놀라운 ofo의 확장 속도를 보여주고 있다. 2016년 10월 ofo는 겨우 6만 대의 자전거를 보유했었으나 8개월이 지나자 이 숫자는 100배로 증가했다.

성숙된 기업으로 성장하는 기나긴 과정에서 쉴 시간도 없이 달려온 ofo는 새로운 도전에 직면했다. "제일 중요한 것은 두 가지 문제를 잘 해결 하는 것이다. 돈과 사람의 문제이다."라고 다이웨이는 이렇게 기자에게 말했다.

아마 전 중국에서 제일 많은 투자 기구를 만나본 '90 후' 세대인 다이웨이는 상대하기는 어려우나 냉혹하지 않은 투자자를 좋아한다. "좋은 투자자는 예리한 문제를 물어본다. 정곡을 찌르는 문제에 대답하기가 어렵다. 그들은 우리가 지금 상황에서 잠시 해결할 수 없는 문제를 제기한다. 하지만 그들은 '맞대결'이나 '회수'와 같은 조건을 제기하지 않고, 여기저기에서 문제를 만들지 않는다. 의향이 맞으면 예상 가치에 얽매이지 않고 때로는 다른 사람들의 진입도 허용하기도 한다."

ofo는 사무실을 중관촌 오피스텔로 옮겼다. 그들은 내로라하는 인터넷회사와 이웃이 되었다. 사무실 복도에는 연구개발 중인 각양각색의 샤오황차가 있다. 다과실과 휴식실의 탁자도 노트북이 놓인 사무실이 되었다. 2m가 넘는 속이 빈 큰 오리 '배'에 담요가 어지럽게 쌓인 커다란 침대는 밤샘 작업을 하는 엔지니어들이 잠깐 눈을 붙일 수 있는 공간이다.

"직원이 몇 십 명이던 시절에는 양꼬치를 먹고 술을 마시면서도 회의를 했는데, 지금은 본사 직원만도 600여 명이라 열정 하나로 효율적인 움직임을 이루기는 어렵다. 조직적인 제도가 수립되어야만 기본적인 안전을 제공할 수 있다. 하지만 지금의 확장이 너무 빨라 제도가 미처 따라가지 못하고 있다. 1,000여 명 직원에 적합한 제도를 제정 실시하고 적응하려하면 직원은 2,000명으로 늘어나야 할 상황이다. 이는 참 고통스러운 일이다. 하지만 이는 키 크는 시절의 성장통과 마찬가지로 빠른 성장을 의미한다."고 다이웨이는 매우 솔직하게 이야기했다.

2m가 넘는 속이 빈 큰 오리 '배'에 담요가 어지럽게 쌓인 커다란 침대는 밤샘 작업을 하는 엔지니어들이 잠깐 눈을 붙일 수 있는 공간이다.

"시장, 운영, 제품, 연구개발······등 분야의 능숙한 인재가 개인이나 팀으로 ofo에 많이 들어왔다. 그렇지만 당신들이 젊어서 회사에 대한 통제력이나 발언권을 잃을까 걱정하지 않는가?"라는 예리한 문제에도 진술하게 답했다. "현실생활은 게임과 비슷하다. 레벨이 얼마인가는 게임을 진행하는 시간에 정비례되지 않고 몬스터를 잡고, 퀘스트(Quest : 롤플레잉 게임에서 주인공이 NPC로부터 하달 받는 일종의 임무를 뜻함)를 진행하고 임무를 완성하는 상황과 관련이 있다. 2년 동안 우리는 수많은 곤란에 직면했으며, 크고 작은 압력을 많이 받았으나 이겨냈다. 큰 회사의 성장속도보다 3~5배 정도 일 것이다. 변화와 도전에 대응할 수 있고 충분한 지지력과 집행력이 있으면 전문 팀과 잘 융합될 수 있다."

그의 솔직함에서 반짝이는 청춘의 빛이 보이는 듯했다. 주샤오후(朱嘯虎)는 ofo를 이렇게 평가했다. "일부 공유자전거의 형식은 너무 무겁다. 인터넷기업은 간편한 방식으로 신속하게 시장을 점령한 다음 천천히 무게감을 가져야 한다. 이는 인터넷기업의 일관적인 방법이다." 다이웨이의 생각은 뚜렷하고 방법도 젊은이들의 방법이었다.

하지만 젊음은 여러 가지 시련을 겪어야 한다. 그 뒤로 ofo와 공유자전거 업계에는 수많은 일들이 발생했다. 예전에는 적수였던 모바이(摩拜)는 메이퇀뎬핑(美团点评)에 인수되었고 함께 시장을 개척했던 디디는 파산한 샤오란단차(小蓝单车)를 인수하여 이름을 '칭제(青桔)'로 바꾸었다. 또 ofo는 다이웨이가 무척 만족했던 해외업무를 줄였고 심지어 인수된다는 소문이 돌기도 했다.

하지만 이야기는 아직 막을 내리지 않았다. 기자는 아직도 ofo 사무실 승강기에 붙여진 ofo 사원증을 목에 건 젊은이가 신나게 '나오동(腦洞)'을 타고 내려오는 모습의 포스터를 기억하고 있다. "12층에서 9층까지 마땅히 긴 미끄럼틀을 만들어야 한다. 매일 '슝'하고 미끄럼틀을 타고 내려온다면 너무 멋지지 않는가!" 그는 아직 조립 완성되지 않은 노란 자전거 본체를 어깨에 짊어지고 있다.

ofo 설립자 다이웨이

그 시기에 다이웨이도 '나오둥'을 그리고 있었다. "5년을 기한으로 우리는 우선 넓은 범위에서 서비스를 출시하고자 한다. 2022년에 이르러 전 세계 주요 도시에서 우리의 샤오황차를 찾아 볼 수 있을 것이다. 2014년의 겨울 비좁은 기숙사에서 그리던 세상사람 모두가 자전거를 타는 모습을 보면서 이렇게 만든 우리의 이름을 알게 되는 미래처럼 우리는 꼭 글러벌 기업으로 성장할 것이다."

창업자의 말 목적 취지 약하더 적ㅇㅇ된

"공상으로 '제품'을 만들지는 못한다." ofo 설립자 다이웨이

초기의 창업자일수록 그들은 나와의 대화에서 '전문성'을 보여 주려 했다. "우리는 어떠한 거대한 포부가 있다."거나 아니면 "우리는 어떠어떠한 생태를 배양할 것이다."라고 말하는 이런 창업자들은 시리즈 A, B 융자를 받지 못한다. 그들은 아무리 작은 일이라도 착실하게 실행하면서 천천히 성장하느냐에 관심을 두기 때문이다.

젊은 창업자들에게 제일 중요한 것은 "내 생각에는 필요할 것이다"라는 공상을 떨쳐내는 일이다. 이를 실제적으로 증명해야 한다. 좋은 제품의 소위 말하는 '제품력'은 순식간에 성장하기도 한다. 공유자전거, 위챗(微信), 택시 앱과 배달주문 앱과 같은 것은 각종 기술이나 책략으로 만들어진 것이 아니다. 1억 사용자를 보유한 후에 사용자를 1억으로 늘리기 위해서는 일정한 책략이 필요하다.

창업자는 이 점을 찾아야 한다. 초기에는 '돈을 쓰면서' 쿠폰을 줄 필요가 없다. 보상을 통해 1,000명의 사용자를 얻는다고 해도 소용이

없는 일이다. 이는 기술적인 일이다. 무모한 열정은 기존의 문제를 덮어 버리기도 한다. '제품력'은 실제적으로 존재한다. 시리즈 A 융자를 받기 전의 모든 것은 말로만, 생각으로만 존재하는 것이 아니다.

융자로 자금을 얻고 벤처 캐피탈의 인정을 받는 것은 물론 좋은 일이다. 하지만 예상 가치, 융자 등은 외부적인 것이다. 시리즈 G의 융자를 얻어도 어떠한가? 중점은 어떤 문제를 해결하고 어떤 가치를 창조하느냐에 승패가 갈린다. 돈이 많을수록 모든 지출을 면밀하게 따져야 한다. 돈을 많이 얻었다는 것은 회사의 몸체가 커졌다는 것을 의미한다. 100만 위안이 있으면 이를 어떻게 사용할 지를 잘 따져야 한다. 10억 위안이면 1전이라도 어떻게 요긴한 곳에 사용해야 할지를 고려해야 하며, 돈을 사용하는 효율의 최대화를 연구해야 한다.

인터넷은 경쟁의 수림이다. 경쟁이 없으면 창업회사는 탄성 근무제를 시행하려 한다. 말로는 창의라고 한다. 재미있는 일이 많다. 하지만 치열한 경쟁에서 순차적으로 엄격하게 계획하고 발전해 나가야 한다. 하지만 경쟁은 여전히 좋은 일이다. 제일 큰 좋은 점은 경쟁은 문제를 확대시킨다. 비록 시장이 때론 이런 문제를 과장하는 경우가 있지만, 자신의 난점을 찾고 큰 소리로 알려주기에 이런 문제를 중시할 수밖에 없다. 젊을수록 더 많은 문제가 나타나고 더 빨리 문제를 해결할 수가 있다. 아니면 100배로 확장한 다음에 문제를 해결하는 방법이 없을 수도 있다.

젊은 창업팀은 수많은 '구덩이'에 빠지게 된다. 하지만 나는 ofo의 제일 좋은 점이 젊음이라고 생각한다. 이는 마음가짐이고, 미래의 가

능성이며, 호기심이고, 극복할 수 있는 곤란이고, 적극적이고, 희망적
인 마음이기 때문이다.

주마(驹马)물류 : 마지막 50㎞의 '스퍼트'!

경제일보·중국경제망

기자/류창(刘畅)

[기업 개요]

   쓰촨주마기업관리유한회사(四川駒马企业管理有限公司)는 도시 배송서비스를 제공하는 회사이다. 끊임없는 발전을 거쳐 주마는 청두, 총칭, 선쩐, 광쩌우, 상하이, 시안 등 61개 도시에 137개 분사와 자회사를 설립했다. 2017년 주마는 한번에 4.5억 위안의 투자를 받았다. 사회에 분산된 운송능력과 산발적인 상품공급을 효과적으로 종합하여 주마는 운송능력, 정보, 화물의 집합과 산발적인 발송을 완성하는 지역의 전문차량 배치서비스 체계를 수립함으로서 도시 물류의 운송효율을 대폭 향상시켰고 운송원가를 줄여 신형 도시물류 형태인 도시 스마트 물류의 생태 권을 조성했다. 2018년 8월 1일 주마는 프로로지스(Prologis), 동징물류(京东物流), 웨이마자동차(威马汽车) 등 전략 합작파트너와 손잡고 '자동차 제조' 계획을 시작한다고 발표했다. 동시에 주마는 이미 신생에너지 충전소 건설 배치를 제기하여 전국 300만 명 이상의 인구가 있는 도시에 '주마역참(駒马驿站)' 신생에너지 충전소를 신속하게 건설하여 자체 제작한(定制) 자동차의 화물공급 조정과 충전 및 정비서비스를 할 계획이다.

200만 위안, 20대의 화물자동차. 2011년 스촨주마기업관리유한회사(四川驹马企业管理有限公司)의 설립자인 CEO 바이루빙(白如冰)은 전 재산으로 청두에 스촨주마운수유한회사를 창설했다. 4년 후에 그는 회사명을 쓰촨주마기업관리유한회사(四川驹马企业管理有限公司)로 고치고 '인터넷+도시배송차량대열'이라는 신형 물류형식을 개척하기 시작했다. 바이루빙은 회사 이름에 '주마(驹马)'를 포기하지 않은 것은 회사의 발전목표가 여전히 도시배송 서비스의 '마지막 50㎢'의 문제를 해결하려는 것이기 때문이라고 했다.

7년이 지나 주마회사는 신형 도시물류 형식인 도시스마트물류생태권을 창조했다.

"2015년 주마가 물류의 거두 프로로지스의 첫 투자를 받은 나는 '자동차 제조'의 꿈을 가졌다. 이 꿈이 지금 현실로 되고 있다." 2018년 8월 1일 주마는 프로로지스, 동징물류, 웨이마자동차 등 전략 합작파트너와 손잡고 함께 스마트 트럭을 생산한다고 선포했다. 이 트럭은 스마트 단말기를 통해 물류 지도, 다 지점 접수 배송, 원결 실시간 진단, 위험 스마트 경보 등의 기능을 가지고 있어 미래 젊은 운전기사들의 요구와 어울렸다.

"예전에 나는 상인이었다. 나에게 있어 돈 버는 일은 비교적 중요하다. 지금은 창업자의 신분이다. 업계의 인정을 받음으로써 아직 갈 길이 먼 주마의 책임은 무겁다."고 하면서 줄곧 조용한 바이루빙은 성적을 거둘 때마다 자신에게 "찬물을 끼얹으며 정신을 차리게 한다."고 했다.

상인에서 창업자로

2011년 청두에서 트럭 4S점을 경영하던 '80 후(1980년대 이후 출생자)' 청년인 바이루빙은 안락한 생활을 하고 있었다.

"차를 판매한 수수료로 차를 마시고 신문을 보며 생활했으며, 출근하지 않아도 4S점 경영은 문제가 없었고, 한 달에 남는 돈도 적지 않았다." 원래 이 업계에서 퇴직할 때까지 편안하게 지낼 수 있었다. 그런 그가 문뜩 이런 생각을 하게 되었다. "왜 차를 사는 사람은 대부분 개인이고, 다량으로 구입하는 사람은 없는가?"

편이 쉬려 하지 않는 그는 한 달 동안 전국 7~8개 도시에 가서 상황을 이해하였다. 그 결과는 모두 같은 상황이었다. "다량 구입이 어려운 일인가?" "트럭 한 대를 팔면 몇 만 위안이 남는데, 그 트럭으로 한번 물건을 배송해봤자 4~5백 위안밖에 안 남으니 참 멍청한 짓이 아닌가?" 바이루빙은 이런 의문을 가지고 200만 위안으로 20대의 트럭을 구매했다. 그는 자신의 돈으로 첫 다량 구입을 했던 것이다.

첫 주문서는 쑤닝뎬치(苏宁电器)와 체결한 청두시 진장구(锦江区)의 한 운수노선이었다. 그는 20대의 트럭을 한 팀에 10대씩 두 팀으로 나누었다. 오더가 안정적인 전제 하에서 A팀은 10명의 운전기사를 모집했다. 바이루빙은 직접 차량을 관리하고 기사에게 월급을 지불하는 형식으로 A팀을 운영했다.

B팀은 10명의 운전기사에게 2년간 임대해주고 2년이 지나면 차량은 운전기사가 소유하는 형식으로 운영했다.

"첫 1년 시험기간 동안에 내가 직접 관리한 10대의 차량은 매달 밑지는 장사를 했다. 운전기사는 물건을 도둑질해 가고, 기름을 훔쳐 팔기도 했으며, 차량의 정비 비용도 높았다. 정말 여러 가지 문제가 끊임없이 나왔다. 내가 빌려준 10대의 차량은 이용률이 높았을 뿐만 아니라 배송률도 전예 없이 높아졌다. 그럼에도 1년을 달린 차량은 새 차량과 별반 차이가 없었다. 나는 임대료를 벌었지만, 운전기사들은 1인당 14만 위안을 벌었다."고 바이루빙은 말했다.

추마 물류 자동차 행렬

이 시험을 통해 바이루빙은 직업을 바꾸려는 마음을 먹었다.

2011년 스촨주마운수유한회사는 처음에는 기존의 물류서비스를 제공했다. 2013년 바이루빙의 '운송팀'은 이미 300여 대로 늘어났다. 그는 이 시기의 자신을 여전히 전통적인 '상인'이라고 했다. 2015년 5월 주마물류는 처음으로 물류 거두인 프로로지스의 투자를 받았다.

그제야 바이루빙은 자신이 '창업자'라는 느낌이 들었다고 했다.

"솔직히 주마 운수회사의 성립 초기에는 규범에 어긋나는 일이 적지 않았다. 나는 차량이 움직이고, 운전기사들이 돈을 버는 것을 더욱 중시했기에 규범적인 회사운영을 생각한 적이 없었다."고 바이루빙은 웃으며 말했다.

전환을 하지 않으면 주마는 어떻게 발전했을까? 사실 2014년 주마물류의 영업수익은 이미 억 위안을 돌파했다. 바이루빙이 착실하게 '상인'이기를 계속했다면, 지금보다 더욱 여유롭게 생활했을 것이다. 하지만 바이루빙은 자신의 '전통'이라는 꼬리표를 떨치려고 했다.

"전통 자동차 상인이 제일 두려워하는 것은 무엇일까? 다른 사람과 대화하는 것이 제일 두렵다. 동업자가 자신의 구매가격, 판매량, 이윤을 아는 것이 두렵다. 이는 '기밀'이기 때문이다. 전통 상인이 제일 어려운 것은 무엇일까? 자신을 없애는 것이다. 바로 과거의 상업 형식을 뒤;엎는 것이다. 전통적인 창업자는 무엇이 제일 두려운가? 타인이 자신의 형식을 복제하는 것이고, 타인이 자신보다 더 잘해내는 것이다."고 바이루빙은 말했다.

바이루빙은 창업이란 전통에서 현대로, 봉쇄에서 개방으로 나아가는 과정이라 여겼다. "오늘의 주마는 동업자들의 참관과 교류를 환영한다. 우리보다 더 강한 인재를 환영한다. 우리를 알고 우리를 이해해야만 사람들은 우리와 '놀려고 한다." 그렇다면 바이루빙은 동업자들이 그를 넘어서는 것을 두려워하지 않았다는 것인가? 그는 처음 시작할 때 우세했던 주마물류는 영원히 선두를 지켜낼 것이라고 믿고 있었다.

꼴찌에서 1위로

바이루빙의 창업과정에는 두 가지가 '꼴찌'였다.

첫 번째: 어떤 회의에 참가하든 그는 항상 마지막 줄에 앉는다. 사람들과의 소통을 꺼려했던 그는 자신이 강단에 올라가면 맨 앞줄에 앉은 투자자와 마주하면서 자신을 보여주는 날이 있을 것이라는 상상을 해본 적이 없었다.

두 번째: 처음으로 참가한 창업시합에서 꼴찌를 했다.

2014년 9월 바이루빙은 요청으로 수쩌우에서 진행된 '동사후컵(东沙湖杯)' 천인계획 창업시합에 참가했다. 1,000가지도 넘는 지원 항목 중에서 20가지 항목이 참가자격을 가질 수 있었다. 20명에 들었다는 소식에 바이루빙은 자신감에 넘쳤다.

그러나 시합결과는 꼴찌였다.

"상대방의 창업내용을 이해하고 있는가? 나노 의학, 홍채 생체 인식……거의 모든 참가자들은 로드쇼에서 영어로 자신의 프로젝트를 소개했다. 나는 강단에 오르자 머리가 백지장이 되었다." 바이루빙은 웃으면서 무슨 말을 했는지도 모르니 꼴찌는 당연한 것이라고 했다.

비록 당시 바이루빙의 주마물류가 서남지역에서 규모가 제일 큰 도시 물류회사였지만 '나가 본' 바이루빙은 자신과 다른 '창업자'들과의 차이를 알게 되었다. 그는 "우리는 더 이상 우물 안 개구리가 되지 말아야 한다."고 생각하게 되었다.

시합이 끝난 이튿날, 바이루빙은 제일 빠른 항공편으로 청두로 돌아왔다. 그 뒤로 몇 달 동안 바이루빙은 하루도 쉬지 않았다. 상업방식을 수정하고, 베이징, 상하이, 광쩌우 등 지역에서 깊이 있는 조사를 진행했으며, 더욱 재미있는 동업자들과 함께 어울렸으며 자신의 언어표현 능력도 연습했다.

2014년 11월 28일 바이루빙은 8명의 참가자 중의 한 사람으로 '2014년 운수연합회담 마지막 1㎞의 형식 혁신 PK시합(运联峰会最后一公里模式创新PK大赛)'에 참가했다.

"아래에는 프로로지스, 아마존, 징동(京东)을 포함한 100명의 물류업계 전문 투자자들이 앉아 있었다. 1인 1표에서 나는 68표를 받았다. 이는 전폭적인 승리였다!" 시합이 끝난 오후 5시부터 밤 12시까지 바이루빙의 전화는 끊이지가 않았다. 그는 8명의 투자자를 만났다. 바이루빙은 당시에는 조금 들뜬 상태였다고 했다.

이번에도 바이루빙은 시합이 끝난 이튿날 아침 비행기로 청두로 돌아갔으며, 어떤 투자자본도 받지를 않았다.

그 뒤로 그는 자신에게 두 가지 임무를 정했다. 첫째는 자본은 무엇인가? 둘째는 인터넷은 무엇인가?

친구의 추천으로 항상 '마지막 줄'에 앉던 창업자 바이루빙은 자본의 대가를 찾아 교류 하게 되었다.

"대도시에 있는 친구에게 부탁해서 자본투자 대가들과의 식사자리가 있으면, 나를 꼭 데려가라고 부탁했다. 나는 아침 비행기로 날아갔다. 밥 한번 먹는 식사자리였고, 때로는 한마디도 하지 못할 때가 있었다. 하지만 몇 번을 다니니 나라는 젊은이가 있다는 것을 알게 되었다."고 바이루빙이 말했다.

하늘은 스스로 돕는 자를 돕는다. 바이루빙은 처음으로 '자본을 포용'하자는 생각이 들었다. "자본을 잘 이용하면 예리한 검이 되어 나의 생각을 빠른 시일에 실현할 수 있으며, 사유와 시야를 넓힐 수 있고, 회사의 효율적인 운영을 실현할 수 있다."고 바이루빙은 말했다. 오랫동안 바이루빙은 아시아에서 제일 큰 물류기초 공급업체와 서비스업체인 프로로지스를 경모했다. 친구의 추천으로 프로로지스 책임자와 몇 번 밥을 먹은 후, 바이루빙은 자비로 프로로지스 책임자를 따라 일본에 갔다. 일본에서 프로젝트를 고찰하는 과정에 바이루빙은 이 책임자와 대화를 할 수 있는 기회가 있게 되었다. 뿐만 아니라 그는 프로로지스 팀을 두장옌(都江堰)의 칭청산(青城山)으로 요청했다.

"그 당시에는 별다른 생각없이 그들에게 차 한 잔이라도 대접하려는 마음이었다." 말로는 차를 마시는 것이라고 했지만, 바이루빙은 자신을 적극 '홍보'하는 기회를 놓치지 않았다. 그 덕에 시노오션(远洋集

团-Sino ocean)을 주로 하는 인민폐 수십억의 시리즈 B+ 투자를 받았다.

비록 여러 차례 융자를 받았지만 바이루빙은 여전히 창업시기의 '독불 장군'이었다. "우리는 10명의 주주가 있지만 어느 누구도 회사의 결정에 참여하려는 의향이 없었기 때문에 절대적인 독립성을 유지할 수가 있었다. 창업기업 투자자들이 결정에 참여하려는 원인은 무엇인가? 창업자의 개성과 회사 앞날에 대한 불확신 때문이다."f k고 바이루빙은 말했다.

10대에서 5000대로

주마 물류는 표준적인 '인터넷 도시 배송 생태권(互联网城配生态圈)'을 설계했다. 배송목적지까지의 과학적인 배송노선 계획을 통해 운전기사는 운전에만 집중할 수 있고 고객은 실시간으로 화물의 운송상황을 실시간으로 dl해할 수 있다.

시리즈 A 융자를 완성한 후 바이루빙은 여전히 '마지막 50㎞'에서 부단히 노력했다. 이번은 전국적인 배치를 염두에 두고 있다고 했다.

2015년 12월 주마물류는 선쩐, 총칭, 창사(长沙), 우한 등 10여 개 대·중 도시에 분사를 세우면서 빠른 발전을 가져왔다. 2016년에 주마물류 서비스는 전국의 모든 성급 도시를 모두 망라했고, 트럭 보유량은 5,000대가 넘었다. 협력 파트너로는 순펑(顺丰), 징동, 월마트 등 여러 대형 기업이 있다. 주마물류는 이미 61개 도시에 137개 분사, 자회사를 설치했다. 화물운수기업은 운송가격의 차액으로 수익을 얻는다. 이는 당연한 것이 되었으며, 동업자가 아닌 사람이 보아도 기업이 이윤을 얻는 주요 부분이라고 여긴다. 하지만 바이루빙의 생각은 달랐다.

주마물류는 여전히 최초의 상업 방식을 고집하고 있다. 트럭을 대량 구매한 후, 운전기사에게 임대하는 방식이다. 트레일러부터 대형 화물차까지 자동차 1대의 한 달 임대료는 2,400위안~3,000위안이다. 이것이 회사 수입 중의 일부이다.

주마 물류 차량 대열(车队)

예전에 물건이나 나르면서 돈을 번다고 바이루빙을 비웃던 4S점은 이제는 벙어리가 되었다. 바이루빙이 직접 자동차 제조공장에 대량으로 주문하기에 가격 협상 능력은 더 커졌다.

주마물류의 70% 운전기사는 '90 후'이다. "초기에 화물수송차량을 운전하려는 기사들이 날로 적어질 것이라고 예상한 사람이 있었다. 하지만 그렇지 않았다. 젊은 운전기사를 모집하면서 우리는 더욱 활력이 넘쳤고, 학습 능력이 더욱 강해졌으며, 관리도 더욱 쉬워졌다." 바이루빙의 말이다.

바이루빙이 제일 자랑스러워하는 일은 2016년 초에 주마물류가 두 달의 시간을 들여 구축한 100명의 인터넷 팀이다. 이 100명의 직원은 주마물류를 위해 표준적인 '인터넷 도시 배송 생태권'을 설계했다.

"모든 화물차의 핸들 우측에는 강력한 기능을 가진 모니터가 설치되어 있다. 운전기사는 이를 통해 실시간으로 오더를 받는다. 자동차 정비가 필요하면 20분 내에 정비기사가 도착한다. 주유, 식사 등 돈을 지출해야 할 경우에는 손으로 간편하게 가불하는 방식으로 돈이 은행카드에 입금된다."고 바이루빙은 말한다.

어떻게 원가를 통제하는가? 바이루빙은 고객 선택에 있어서 주마물류는 운송량의 파동이 큰 회사를 선택하지 않고, 예측 가능한 성수기와 비수기의 자동차 사용변화에 따라 과학적인 배차를 한다고 소개했다. "'쌍 11'이나 '6·18'과 같은 구매 페스티벌에는 차량 수요가 많기 때문에 우리는 사전에 차량을 배치하고 제일 수요가 많은 시기에도 고객의 수요를 만족시키려 노력한다." 바이루빙은 주마물류 차량이 탑재한 내비게이션은 운전기사가 하루의 배송 주문을 접수하면, 화물이 효율적으로 배송되도록 목적지에 따라 과학적인 배송 노선을 제시한다고 소개했다.

"운전기사는 운전을 책임지고 고객은 컴퓨터를 통해 화물이 어디까지 왔는지 안전하게 배송되고 있는지를 실시간으로 모니터링 할 수 있다. 이렇게 양적인 물류생태는 양질의 서비스로 구축되었기에 운전기사가 '앉아' 일을 기다리고 고객이 배송물건을 잃어버릴까 걱정하는 상황을 피할 수 있었다."고 바이루빙은 말한다.

주마물류 차량 대열은 빈곤을 지원하고 장애인 지원 물자를 운송해 주었다.

주마물류 도시 배송 전문차량이 창고에서 물건을 싣고 있다.

　"기업을 유전학 각도에서 본다면 주마물류는 인터넷을 이용할 줄 알고 물류도 이해하고 있으며 트럭도 잘 알고 있는 기업이다. 업무 범위로 볼 때 주마물류는 같은 날 도시 배송은 마친다는데 주력하고 있지만, 업무 노선은 전면적이고 다양하다. 업계 문제해결 각도에서 기존의 도시배송은 '개별적이고 산발적이며 분산적'이었다. 주마물류는 개별적이고 산발적인 배송과 운전기사를 모아 인터넷기술을 이용하여 산업사슬을 구축하여 최종적으로 규모효과를 형성하려고 한다. 주주의 배경으로 볼 때, 주마물류의 주주 배경은 완벽하다고 할 수 있다. 물류 거두 프로로지스가 뒤에서 받쳐주고 있기 때문에 주마물류의 발전 잠재력은 의심할 바 없다."라고 시노자본(远洋资本) 주권 투자 고급 총감독 왕루이(王瑞)는 네 가지 방면으로 주마물류를 평가했다. 비록 이미 여러 시리즈 융자를 얻었지만 바이루빙은 맹목적인 확장은 하지 않을 것이라고 했다. "언제 어디서나 나는 도시 배송서비스에 전념할 것이다. 오직 '마지막 50㎞'를 위해 전력을 다할 것이다!"라고 바이루징은 자신의 생각을 밝혔다.

창업자의 말

창업자는 적극적으로 새로운 기술변혁을 맞이해야 한다.
스촨주마기업관리유한회사 설립자 CEO 바이루빙

활력이 없는 기존 업계의 안일함에 만족하기보다는 고유의 사유를 벗어나는 담대한 혁신이 낫다. 과감한 혁신으로 자신의 과거를 뒤집어야할 뿐만 아니라 포용하는 마음으로 경쟁자의 도전에 맞서야 한다. 다년간의 창업을 통해 나는 상업방식은 실천을 통해 부단히 모색하고 최적화해야 함을 느꼈다. 예를 들면 효과적인 상업방식을 검증하기 위해 창업초기에 나는 회사의 모든 차량을 두 개 팀으로 나누었다. 한 팀은 회사에서 관리하고 운전기사에게 월급을 지급하는 방식으로 운영했고, 다른 한 팀은 운전기사에게 돈을 받고 차를 임대해주고 수익을 운전기사가 가지는 방식으로 운영했다. 1년 뒤에 직접 관리한 차량은 매 달 결손을 보았지만, 임대한 차량의 이용률과 배송률은 매우 높았다. 나는 임대료를 벌었고 운전기사도 돈을 벌었다. 이는 이후 주마가 배송물품을 제공하고 운송차량을 임대해주는 방식으로 도시배송시장을 개척하게 된 원인이다.

창업회사에 있어서 인재는 언제나 첫 번째이다. 회사의 신속한 발전을 보장하려면 인재 대열의 형성은 특히 중요하다. 회사 내부에서 잠재력이 있는 직원을 발견하고, 배양해야 하며, 대외적으로도 부단히 우수한 인재를 영입하여 조직의 활력과 창조력을 유지해야 한다.

이 외에도 투자유치는 창업회사 발전과정의 피할 수 없는 핵심문제이다. 투자를 찾는 과정에 창업자는 시장을 깊이 있게 요해해야 하며, 정확하게 수요를 정하고 명확한 상업방식을 구축해야 한다.

어떤 사업에 종사하든 창업자가 직면한 제일 큰 난제는 사상변화이다. 창업자들은 응당 새로운 사상과 새로운 기술을 많이 배워야 한다. 예를 들면 2014년에 회사의 빠른 발전을 위해 나와 팀원들은 도시배송이 상대적으로 발전한 상하이에 3개월간 머물면서 물류업계 동료와 자본 시장 종사자들과 교류했다. 특히 우리는 '인터넷+ 같은 도시 화물운송'의 이념을 깨우쳤다. 그 뒤로 우리는 인터넷 사유를 응용하여 업무의 인터넷 화를 추진하게 되었다.

주마기업관리유한회사 설립자 CEO 바이루빙

지금의 시대발전은 매우 빠르다. 창업자들은 적극적으로 새로운 기술변혁에 대비해야 한다. 지금 모두의 화제는 인공지능과 드론이다. 비록 단기간에 보급되기는 어렵지만 신에너지자원부터 드론, 전체 차량의 디지털화를 실현하기까지는 긴 시간이 걸리지 않을 것이다. 때문에 우리는 부단히 탐색하고 시도하면서 물류의 신기술을 위해 새로운 응용환경을 마련하고 차량과 물류환경을 새로운 과학기술, 새로운 기술과 연결해야 한다. 지금 국가에서는 신에너지 자동차 산업 발전을 추진하고 있다. 이는 매우 전망 있는 창업방향이라는 생각이 든다. 주마물류는 이미 유명한 국제 물류창고 저장기업인 프로로지스와 공동으로 18억 위안을 투자하여 합자회사를 성립하여 신에너지 자동차산업을 시작하기로 했다. 우리의 목표는 중국에서 제일 큰 신에너지 도시 배송차량 운영시스템을 구축하는 것이다. 현재 우리의 첫 번째 에너지 자동차는 업무에 사용되고 있다.

따펑처(大篷车) : 가옥 보수 업계의 '개척자'

『경제일보』 "중국경제망"

기자/창리(常理)

[기업 개요]

가옥 보수 업계는 품위 있는 사업은 아니지만 모두 필요한 부분이다. 따펑처회사(大篷车工程管理服务有限公司-따펑처베이징공정관리유한회사)는 중국에서 앞장서서 '가옥보수표준화' 이념을 제기한 회사로, 가옥 건축과 유지보수 연구 및 관련 서비스를 제공하는 기업이다.

2010년에 따펑처 설립자 류징펑(刘景鹏)는 수십 명의 작은 팀을 이끌고 가옥 보수 업무를 연구하고 표준을 제정했으며, 인력양성과 창업보육센터, 방문서비스, 운영관리를 시작했다. 가옥의 작은 문제를 보수하는 것에서부터 중대형 공정 보수까지 모두 망라했다. 지금은 운영서비스시스템인 '자슈따펑처(家修大篷车)', 사회구역 서비스센터 모델하우스인 '자슈 역참(家修驿站)', 양성과 창업보육센터인 '자슈학당(家修学堂)' 등 기동성 있는 체계를 기본적으로 건립했다.

거리에서 분주하게 오가는 택배 차량, 이사 차량, 음식 배달 차량 등 서비스차량 중에는 붉은 색의 '따펑처(大篷车)' 로고가 새겨진 탑차가 특히 시선을 끌었다. 이 차량은 비록 사방으로 유랑하며 생활하는 집시가 타는 차량과 같은 이름을 가지고 있지만, '따펑처' 로고가 새겨진 옷을 입은 사람들의 마음은 집시처럼 여유롭지는 않다. 그들은 "누수, 수도관 파열, 전기 선로의 고장, 하수도 냄새, 벽 곰팡이거나 타일의 떨어짐"과 같은 가옥문제를 해결해 달라는 주문을 받고 현장으로 나가는 '자슈따펑처' 직원들이다.

'자슈따펑처'를 창립한 류징펑(刘景鵬)은 부동산 업계에서 꽤 유명하다. 허뻬이공정대학(河北工程大学) 공업과 민용 건축학과를 졸업하고 칭화대학 부동산 총재반(总裁班) 연수 시절에 우수한 성적을 받은 70후가 왜 진입장벽이 낮고, 이윤이 적으며, 누구나 다 할 수 있는 가옥보수라는 분야를 선택하게 되었는가? 이야기는 10여 년 전으로 거슬러 올라간다.

황무지를 개간하다

너무나도 일반적인 사무용 책상, 찻상, 겨우 몇 명이 앉을 수 있는 원형 테이블, 책장 몇 개. 이 외에는 건축 보수와 인테리어 보수에 관한 책이 대부분이다. 이는 류징펑의 사무실이다. 그는 이 사무실을 '가옥보수 연구원'이라고 지었다.

류징펑은 늘 자신을 가옥보수 업계의 '개척자'라고 한다. "개척자란 무엇인가? 해본 사람이 없는 일을 하는 것이고, 다른 사람이 개척하지 못한 영역을 개발하는 사람이다." 그는 가정 가옥보수를 '자슈(家修)'라고 칭했다. 여기에는 가옥 사용기간에 나타나는 인테리어 파손, 물과 전기 고장, 누수 등 일상적인 크고 작은 보수와 낡은 집 개조 서비스 등이 포함된다.

　사실 우리나라 가옥보수 관련 일을 하는 사람이 없는 것은 아니다. 오히려 많은 사람들이 가옥보수 관련 일을 하고 있다. 하지만 종사자들은 기본적으로 개체 유격대 형식으로 존재한다. "그들이 필요하지 않을 때에는 자주 눈에 띠지만 막상 집에 돌발적인 문제가 나타나 급히 해결해야 할 경우에는 그들을 찾기가 어렵다.

자슈 역참

더욱 큰 문제는 그들이 문제를 해결할 수 있다는 보장이 없다."고 류징펑은 웃으며 말한다. 고객의 수요는 산발적이고 수리업자들은 무질서하며 업계 표준이 없는 것이 이 업계의 제일 큰 특징이라고도 했다. 류징펑이 건축 시공 일을 하던 시기에 친구들은 벽에 칠을 하고 전등을 갈거나 수도꼭지를 바꾸고 변기 수리, 누수 공사, 창문 수리 등과 같이 사소한 문제해결을 위해 도움을 요청했다고 했다. 관련 일을 하는 사람에게는 간단한 일이지만 일반인들에게는 큰 문제이다. 전문적인 기술이 있어야 하고 각종 도구와 재료가 필요하기에 간단한 듯 보이지만 결코 쉬운 일이 아니다. 그는 이 시장의 수요가 많고 사회적 가치도 있을 것이라는 생각에 언젠가는 전문 회사를 설립하여 가옥보수서비스를 제공해야겠다고 다짐했다.

2006년부터 2010년까지 그와 친구들은 함께 부동산 개발을 했다. 성공적으로 아늑한 아파트 단지를 건설했다. 하지만 아파트 단지에 나타난 문제로 그는 이 업계를 다시 고려했다. 아파트 단지 건축과 함께 건축된 지하차고에서 심각한 누수문제가 나타나 정상적으로 사용할 수가 없었다. 비록 청부업체의 보수작업을 통해 문제를 해결했고, 거액을 들여 입주민들의 손실을 배상해주었지만 입주민들은 집을 정상적으로 사용할 수 없다고 원망이 많았다. 이 일은 그간 마음에 품고 있던 꿈을 빨리 실행하는 계기가 되었다.

이렇게 그는 여생의 정력을 모두 가옥보수에 투자하기로 결정했다.

2010년 그는 손에 들고 있던 일을 모두 정리하고 새롭고도 고난의 업계 '개척'을 시작했다. "자슈따펑처'라고 이름 짓게 된 것은 차량을 이용하여 유동적 서비스를 제공하기 때문이다. 차량에는 자주 사용하는 도구와 자재가 있고, 능력 있는 일군들이 대기하고 있기에 가옥을 보수할 문제가 있으면 따펑처는 빠른 속도로 도착해 문제를 해결하였다.“

일찍이 다른 건축업계에서 풍부한 실천경험이 있는 류징펑은 건축의 시공, 인테리어 시공, 건축자재의 무역, 공사 감리, 부동산개발, 주택관리 등의 경력이 있었다. 전문성과 관리 능력을 갖추었고 충분한 사전 준비도 했다. 하지만 가옥 보수 일을 시작한 류징펑은 예상보다 훨씬 많은 곤란한 점들이 있음을 발견했다. 특히 제일 중요한 문제는 각종 표준이 없다는 점이었다. 예를 들면 통일된 업계표준이 없어 어느 정도로 수리하면 합격인가를 알 수가 없었고, 사후에 문제가 나타나면 누가 해결해야 할지를 알 수 없었다. 또한 가옥보수에 필요한 재료도 통일적인 표준이 없어 어떤 문제에 어떤 제품을 사용해야 타당한지를 알 수가 없었고, 어떤 재료가 인체에 해롭지 않은지를 알 수 없었다. 서비스도 통일적인 표준이 없어 어떤 가격이면 고객이 만족하는지도 알 수가 없었다.

이러한 혼잡한 상황에서 따펑처는 어디로 나아가야 할 것인지를 고민하지 않을 수 없었다. 그러나 시장은 그대로 존재했다. 특히 부동산이 중국에서 신속하게 발전하고 있었다. 이렇게 놀라운 속도와 업계 사이에 존재하는 차이는 곧 모순으로 나타났다. 이는 최종적으로 가옥 품질문제로 나타났기에 미래에 가옥 보수의 수요는 크게 늘어날 것이라고 생각했다 류징펑은 넓은 업계의 미래를 확인한 다음 작은 표준부터 제정해야겠다는 발전을 위한 길을 확정했다. 가정집의 보수부터 시작하여 업계 표준을 정한 후 시기가 성숙되면 점차 전체 건축 업계의 보수를 담당하는 체제로 전향하자는 계획이었다.

2010년부터 2012년 사이에 류징펑은 돈을 버는 일에 조급해하지 않고, 먼저 가옥보수 업계의 각종 표준을 정리했다. 그는 가옥보수업과 연관될 수 있는 항목과 문제를 열거했다. 타일의 떨어짐, 지면의 변형, 벽면가루의 날림, 벽지 도배, 창문틀 변형, 상수도와 전기 고장, 청결도구의 교체, 방수, 누수 등 1,000여 가지 구체적인 문제를 나열하고, '가옥 보수와 개조'라는 두 가지 분야로 분류했다. 또한 가옥보수를 "인테리어 수리, 상수도와 난방시설 수리, 전기 수리, 가구 수리, 창문 수리, 방수 수리" 등 6가지로 분류했다. 일반적인 수리와 정비문제 해결을 위해 1,000여 가지 표준화 기술방안과 가격표준을 제정했다. "일반인들이 모르는 문제가 있을지 몰라도 우리가 생각지 못한 문제는 없다."고 확신했다.

이 표준은 문을 닫고 상상으로 만들어 낸 것이 아니다. 문제해결 방안을 고려하고 어떤 방법으로 어떤 재료를 사용하며, 어떤 가격을 받아야 하는 지를 고려한 후, 실험실에서 시뮬레이션을 진행했고, 실제 문제해결 과정에서 실천경험을 쌓기도 했다. 그 기간에 류징펑은 팀과 함께 따펑처를 몰고 거리를 누비며 백성들의 문제를 무료로 해결하는 방식으로 자신의 표준과 기술을 개선해 나갔다.

1년 동안의 서비스 시험과 여러 차례의 표준 수정, 수 백 번의 무료서비스를 진행한 류징펑은 지금이 기회라는 생각이 들었다. '따펑처'는 정식으로 서비스를 진행하고 회사 내부의 서비스표준을 완성할 수 있게 되었다. 2012년 6월 17일 '가옥보수 따펑처'는 정식으로 베이징지역에서 서비스를 개시했다. 몇 년 사이에 따펑처는 이미 7만여 차례의 방문서비스를 완성하여 베이징 수만 가구의 가옥문제의 난제를 해결했다.

전념

류징펑의 사무실에는 커다란 마인드맵이 걸려 있다. 누렇게 된 귀퉁이는 이 종이의 '나이'를 여실히 보여준다.

현장에서 공사하고 있는 따펑처 가옥보수팀

류징펑은 2010년 따펑처가 가동하기 전에 사무실에서 한 달 동안 구상해 낸 것이라고 소개했다. 이 그림에는 따펑처 전체 항목의 정의, 운영 형식, 실현 절차, 건설 내용, 위험 통제 등 디테일한 사항이 그려져 있다. "완성된 마인드맵을 보고 나는 엄청 놀랐다. 조각조각의 생각을 체계적인 프레임으로 완성하다보니 극복해야 할 난제들이 너무 많았기 때문이었다."고 그는 말했다.

　　직원의 전문적인 소질문제가 그중 한가지였다. 가옥보수 업계는 완전한 형식이 없었기 때문에 완성형의 인력자원도 없었으며, 전화를 받는 서비스담당자는 다른 전문업을 배운, 가옥보수 업계경력이 없는 신인을 뽑을 수밖에 없었다. 때문에 고객이 문제를 설명해도 고객서비스 담당자는 정확하게 소통을 하거나 상황을 이해할 수가 없어 많은 오해가 생기곤 했다.

　　"개업 초기, 전화 자문을 마치고 실제로 주문을 하는 비율은 겨우 20%도 되지 않았다. 전화 자문 후 회사능력에 의문을 품게 되는 고객이 더 많았던 것이다."라고 류징펑은 회상했다.

　　고객에게 전문적이지 않다는 인상을 주는 것을 용납할 수가 없었다. 어찌해야 하나 하고 고민하던 그는 전 직원에게 통일적인 학습을 진행하기로 했다. 류징펑은 매일 저녁시간을 이용해 전체 직원들에게 매일 3시간씩 밤 학습을 진행했다. 그가 리모델링한 1,000여㎡의 '가옥보수 학당'에는 가옥 보수와 연관된 모든 상황과 실전현장을 재현해 놓았다. 건축에 있어서의 상용 명사, 상용 규범방식부터 타일 시공, 바닥재 시공, 방수 처리까지 하나씩 강의했으며, 문제가 된 부분을 분석하면서 그들에게 해결방안과 조작하는 기술을 가르쳤다.

　노력은 헛되지 않았다. 한 달 동안의 강의를 거쳐 따펑처 직원들의 전반적인 전문 수준을 질적인 변화를 가져왔다. 수리를 요청하는 전화가 서비스로 이어지는 비율도 2배 가까이 성장하여 40%를 넘었다. 또한 고객의 만족도도 날로 높아지고 있었다. 현재의 고객 만족도는 계속 95%를 유지하고 있다.

　하지만 많은 동업자들은 이런 류징펑의 방식을 이해하지 못했다. 사람들은 그를 간단한 일을 복잡하게 만든다며 아둔하다고 했다.

　"돈을 벌지 않는 기업이 어떻게 생존한단 말인가?" "자그마한 기업이 업계표준을 만든다고?" ……의심을 떨치지 않는 수많은 여론에 대해 류징펑은 웃어넘겼다. 그는 자신이 하려는 바를 누구보다 잘 알고 있었기 때문이었다.

사실 류징펑의 이런 성격은 그의 사업 경력과 관계가 있었다.

　1995년부터 1999년 사이에 그는 베이징 해양관 프로젝트 공정을 감사하는 일을 맡았었다. 당시 베이징해양관은 아시아에서 제일 큰 내륙 해양관이었다. 수많은 시공기술은 모두 세계에서 선진적인 기술로 수십 개의 기업이 건설에 참가했다. 30m 길이의 둥그런 해저 유리, 10,000㎡가 넘는 알루미늄·망간·마그네슘 등 합금재료로 만든 기와, 철근구조의 망으로 된 틀의 얇은 방화기술, 수조의 친환경 방수시스템, 그리고 방에 적합한 문·열쇠의 선택과 같은 기술은 모두 표준과 규범이 있었다. 당시 건축을 시공하는 일꾼들에게 이런 규범과 표준은 모두 새롭고도 거리가 있었다.

그간의 사업과정에서 류징펑은 시야를 크게 넓혔다. 그는 국외의 건축시공과 자료를 판매하는 기업의 집념과 전문성을 알게 되었으며, 반드시 가옥보수를 위한 건축기술의 영역, 전문적인 재료와 부품방면에서 국외 우수기업과 견주어야 하며, 그들과 합작해야 한다고 결심을 내리게 되었다. 이는 이후에 그가 가옥보수사업을 할 수 있는 탄탄한 기초가 되었다. 다년간 그는 부단히 독일·미국의 동업자들과 학습 교류하고, 본국의 건축현황과 결합시키면서 부단한 연구를 통해 자신의 지식을 풍부히 했던 것이다.

깊은 밭갈이

2012년 베이징 '7·21' 특대의 폭우가 지나간 후, 순이구(順义区) 따후산장(大湖山庄)에 살고 있는 자오(赵) 여사는 큰 문제에 부딪혔다. 집 지하실에 물이 너무 차올라 펌프 두 대로 겨우 물을 빼냈으나 지하실 누수 문제는 여전했다.

친구의 추천으로 자오 여사는 따펑처 서비스센터에 전화로 도움을 청했다. 얼마 지나지 않아 류징펑은 두 직원을 데리고 따펑처를 몰고 현장에 도착했다. 비록 상황을 예측하기는 했지만 현장을 본 류징펑은 놀라마지 않았다. 곰팡이 냄새가 짙은 지하실의 모든 벽은 이미 가루가 일어나고 있었고 곰팡이가 잔뜩 끼었으며 지면으로부터 물이 배어나오고 있었다.

자오 여사는 집 지하실은 4년 전부터 습기가 많아 항상 축축했었는데 언제부터인가 물이 흐르는 정도로까지 심해졌으며, 지하실 벽 여러 곳에서도 물이 새나오고 있었다고 했다. "전에도 여러 수리공을 불렀지만 그들은 지면으로부터 물이 배어나오는 상황이라고 했다. 보수를 했지만 문제는 해결되지 않았고 날로 심해졌다."고 했다.

다행히 자오 여사는 이번에 제대로 임자를 만났던 것이다. 주도면밀한 조사를 통해 류징펑은 자오 여사에게 물이 바닥에서 올라올 뿐만 아니라 지하실 외부 방수층 시공방법과 방안이 잘못되어 방수기능을 못하기 때문에 지하실 전체에서 물이 새는 것이라고 했다.

독일 전문가와 현장에서 문제를 처리하고 있는 류징펑

원인을 알았으니 적절한 해결방안을 찾아야 했다. 류징펑은 장담했다. "우리가 수리하면 10년이 지나도 절대 물이 새지 않고 축축하지도 않을 것이다. 만약 같은 문제가 생긴다면 모든 수리비용과 손해를 보상하겠다!"고 하자 자오 여사는 믿음 반·의심 반으로 그에게 보수를 의뢰했다. 따펑처 팀은 전력을 다해 문제해결에 노력했다. 7~8가지 국외 선진적인 처리기술과 재료를 종합하면서 복잡한 보수공정은 마침내 성공적으로 완성되었다.

몇 년이 지났지만 자오 여사는 어제 일처럼 기억하고 있다. "따펑처가 있었기에 다년간 우리를 골치 아프게 하던 문제를 해결할 수 있었다. 그 뒤로 축축해지거나 누수 현상도 더 이상 나타나지 않았다."고 했다.

류징펑은 당시 그렇게 장담할 수 있었던 원인은 자신의 엄격한 사업에 임하는 자세와 가옥보수업 기술과 방법연구에 전념하고 깊이 파고들었기 때문에 자신이 있었다고 했다.

류징펑의 사무실 책장에는 유럽·미국과 같은 선진국가의 가옥 인테리어 건축수리, 건축재료 등 각종 서적과 자료가 빼곡히 진열되어 있다. 그는 국외로 나가면 각종 가옥 유지와 보수 관련제품과 기술자료를 수집해 캐리어에 가득 가져와 연구하는 것이 취미라고 했다.

류징펑은 스페인어로 된 서적을 들고 기자에게 100년의 역사를 가지고 있는 이 스페인 기업은 백년간 가옥 소음차단 기술만 연구한 기업이라고 소개했다. "비록 스페인어를 모르고 영어도 잘 하지 못하지만 다년간의 경험과 지식으로 이 책을 통해 재료 성능지표와 기술을 이해하면 우리 항목에 응용할 수 있다. 예를 들면 이것은 석고판 벽 소음 차단에 사용하는 것이고, 이것은 지면 소음 차단에 사용하며, 이것은 천장 소음 차단에 사용하는 것이다."라고 사진을 보면서 설명해 주었다.

이어서 그는 독일, 이탈리아, 오스트레일리아 등 나라의 제품 목록을 꺼냈다. 그는 흥분된 목소리로 말했다. "세계 선진 가옥보수 재료가 여기에 거의 모두 있다." 볼트를 전문적으로 제조하는 독일기업의 자료를 보면서 류징펑은 이렇게 말했다. "우리 국내 가옥보수업은 외국과 큰 차이가 있다. 그 원인은 디테일에 있다. 그들은 팽창 볼트 하나도 완벽하게 만든다. 벽의 재질에 따라 볼트도 선별하여 사용한다. 하지만 우리의 여러 국내공장들은 너무나 조급해 한다. 돈을 버는 것이 목적이라 돈을 버는 것부터 하려 한다. 돈이 되지 않으면 다른 사업을 시작하기에 어느 것도 잘 해내지 못하는 실정이다."

지금 따펑처는 이미 유럽·미국의 30여 개 브랜드 공장과 장기적인 합작관계를 건립하여 선진적인 재료와 전문기술을 대량으로 유입했다. 동시에 류징펑은 자신의 '전문가 지능 창고'를 설립했다. 국내외 수많은 유명 건축, 인테리어, 재료 관련 30여 명의 전문가가 따펑처의 고문을 맡고 있다. 이들은 세분화된 분야에서 다년간 종사해온 전문가들이다. 출입문, 창문, 오금, 방수, 청결, 페인트 등 재료 전문가와 건축설계, 건축구조, 인테리어 시공, 공정 보강, 조명, 성학, 철근구조 등 설계 시공기업의 기술 전문가들로 거의 모든 가옥보수업과 연관된 영역을 망라하고 있다.

"이와 같은 권위 있는 '전문 고문단'이 있기에 어떤 난제가 나타나도 전문적인 연구개발을 통해 효과적인 해결 방안을 찾을 수 있다."고 류징펑은 말했다.

직원들에게 강의를 하고 있는 류징펑

굳게 지키다(堅守)

　2013년과 2014년에 따펑처의 운영은 정상궤도에 들어섰다. 류징펑과 그의 팀원들은 눈코 뜰 새 없이 바빴다. 하지만 이때 예상 밖의 위기가 찾아왔다.

　2014년은 국가에서 '쌍촹(双创)[3]'을 대대적으로 추진하던 해였다. 그리하여 각종 업계의 수천수만의 창업자들이 나타났다. 동시에 빅데이터, 인터넷, 스마트폰 등 산업의 발전으로 변혁은 일촉즉발 상황이었다. 기존 업계에서 창업한 류징펑은 위기가 다가오고 있음을 느꼈다. 그는 인터넷, O2O 플랫폼, 휴대폰 APP 등을 이해하기 시작했다.

　하지만 시간은 아무도 기다리지 않는다. 업계의 발전도 변화가 너무나 빨랐다. 짧은 몇 개월 동안에 존재감도 거의 없던 가옥보수 업계는 갑자기 시끌벅적해졌다. 58따오자(58到家), 딩둥서취(叮咚社区), 완넝샤오꺼(万能小哥), 이장자슈(蚁匠家修), e슈거(e修鸽), 뒤차이환신(多彩换新), 선공007(神工007) 등 O2O 플랫폼 형식의 회사들이 잇달아 나타났다. 자본의 도움으로 우후죽순마냥 성장했다. 수천·수억 위안을 융자받은 기업도 있었다. 이런 형세에서 류징펑은 전예 없는 압박감을 느꼈다. 그는 당시 각종 유형의 가옥보수 플랫폼은 적어도 수천

---

3) 국무원 총리 리커창(李克强)은 2014년 9월에 하기 다보스포럼에서 '대중 창업, 만중 혁신(大众创业万众创新)'을 공개적으로 호소했다. '촹(双创)'이라는 단어가 유행하게 되었다. 몇 달 후, '촹'은 정식으로 2015년 정부사업보고에 포함되었다. 2015년 6월 4일, 국무원 상무회의 후 '촹은 다시 사람들의 주의를 끌었다. 이번 회의에서는 지방에서 창업 기금을 설립하여 대중 창업 공간 등 사무 시설, 인터넷 우대 정책을 실시하고 영세기업, 산업부화기구에 세금 혜택을 제공하며 혁신 투자 대출 연동, 주권 모금 등 융자 방식을 지지하며 인재 유동, 자유조합에 불리한 호적, 학력 제한을 취소하여 창업 혁신 조건을 마련하며 대대적으로 판매, 재무 등 제3자 서비스를 발전시키고 지전재산권 보호를 강화하여 정보, 기술 등 공유 플랫폼을 구축하기로 했다.

개가 된다고 했다.

"당시 많은 자본은 모두 따펑처의 경영방식이 너무 전통적이고 인력자산의 비중이 크기에 큰 규모를 형성하기 어려우므로 시장에서 도태될 것이라고 여기면서 우리를 좋게 보지 않았다." 당시 여러 상황을 회상하면서 류징펑은 탄식을 했다. 인터넷 플랫폼 방식으로 가옥보수 서비스를 제공하는 창업자가 이튿날에 만나 합작을 협상하기로 했지만, 협상장소에 나타나지 않았다. 후에 알고 보니 그 사람은 그 전날 저녁에 1,000만 달러의 투자를 받아 류징펑이 눈에 차지 않았던 것이다.

그 시기에 류징펑은 망연자실했다. 하지만 신념은 변하지 않았다. 바로 가옥보수를 견지하고 자신의 사업을 견지하고 '전문업으로서의 능력'을 양성하겠다는 의지를 견지하는 것이 가옥보수업계의 경쟁력이고 보루라는 신념은 변한 적이 없었다.

류징펑은 주위 환경의 영향을 받아 맹목적으로 자본을 찾아다니지 않았다. 또한 새로운 사물을 추구하는 것도 포기하지 않았다. 그는 수많은 인터넷 전문가들을 찾아다녔고, 여러 '인터넷+' 포럼과 연수 반에 참가했다. 그는 소량의 자금과 정력을 투자해 '인터넷+'를 시도했다. 진르터우타오(今日头条), 58따오자(58到家), 아이방(阿姨帮), 텐마오(天猫) 등 전자상거래 플랫폼과 합작하면서 온라인 경영을 학습하고 실천했다.

부단히 새로운 지식, 새로운 사유로 자신을 개조하는 동시에 류징펑은 착실하게 회사의 핵심 업무인 전문해결 능력으로 고객에게 최상의 서비스를 제공하는 사업을 견지했다. 그는 가옥보수 업계는 다른 업계와 달리 업계에 진입하는 기초가 너무 낮다는 것을 잘 알고 있었다. O2O 플랫폼은 고객과 일꾼을 연결해준다. 후자는 산만하고 조직과 표준이 없는 집단이고 전자의 주요 목적은 스스로 해결할 수 없는 가옥 관련 골칫거리인 문제를 해결하는 것이다. O2O 플랫폼의 돈을 마구 뿌리는 홍보형식은 단기간에는 도움이 될 수도 있다. 예를 들면 1위안으로 주방 렌지후드를 청소하고 무료로 전등을 갈아 주는 등의 서비스가 있지만 이런 방식은 오래 갈 수가 없다.

"돈을 다 쓰면 그 다음에는 어찌할 것인가? 중요한 점은 이런 간단한 문제는 가옥보수 업계의 아픈 손가락이 아니기 때문에, 이를 통해 수익을 내는 것은 어려울 뿐만 아니라 복잡한 문제를 해결하지도 못한다! 고객 유치는 보수의 품질과 소비자의 만족도로 홍보가 되어야한다"는 것을 그는 잘 알고 있었다.

"합격된 서비스 일꾼을 양성하는 일에 착안하고, 기초 물자공급을 확보하며, 전문기술을 깊이 연구하여 해결방안과 기술표준을 최적화하고, 서비스의식을 제고하는 등의 기초작업이 바로 해결책이다."라고 류징펑은 말했다. 2014년 말 자본 붐이 가라앉은 후, 업계의 인터넷 가옥보수 기업은 얼마 남지 않았다. "난잡한 상황이 지나자 업계는 더욱 규범화 되었다. 바로 내가 바라던 바였다."고 류징펑은 말했다. 지금 가옥보수 업계의 '개척자'는 이미 업계의 '창시자'가 되었다. 가옥보수 업계의 상업방식과 서비스 방식에서 따펑처는 자신의 경영노하우를 쌓았고 우수한 팀을 양성했다. '자슈따펑처' 외에도 회사는

'자슈역참'을 선보였다. 2년간의 실전을 거쳐 베이징 사회구역에서 점차 건설되고 있다. 동시에 그는 건축과 누수문제, 구조보강 개조문제 등 가옥보수의 각종 난제 해결에 공력을 들이고 있다.

2018년 초 류징펑은 자신과 팀에 가옥 누수의 각종 문제를 종합하여 체계적이고 전반적인 해결방안 형성을 위한 새로운 임무를 제정했다.

"이는 가옥보수 업계의 제일 큰 난제일 것이다. 방과 가옥의 구조가 다르기 때문에 누수 원인도 각양각색이다. 장기간 방치하여 방수층의 노화가 원인인 것도 있고, 집을 건축하는 과정의 부실공사로 인해 나타날 수도 있으며, 집을 리모델링하는 과정에 설계가 불합리해서 나타날 수도 있다. 이러한 원인으로 소비자가 해결하려고 해도 해결하기 어려운 골칫거리인 누수문제가 나타난다."

따펑처 회사 내부의 기능 시합

류징펑은 이렇게 말했다. "금년에 우리는 베이징 시내에서 백여 차례 전형적인 누수공정을 완성했다. 천정 누수, 외벽 누수, 창문 누수, 지하실 누수 등 베란다 누수나 수만㎡의 지하 주차장 누수와 같은 누수 문제 모두를 하나씩 현장조사하고 누수 원인을 분석하면서 다른 작업조건과 환경에 따라 그에 맞는 해결방안을 제정했다. 상세한 누수해결 제안서, 현장기술의 수법지도서에 따른 작업은 표준적인 누수보수 방안이 되었다. 이런 해결 방안은 모두 연구 과제를 해결하는 것처럼 열심히 했다. 누수 관련 주문이 있으면 나는 반드시 현장에 나갔다. 어떤 때에는 열 번도 넘게 현장조사를 진행했다. 현장조사, 설계방안, 철거 검수, 현장실시 등 전반과정에 참여했다. 금년에는 50~60℃되는 옥상에서 40여 일을 작업하기도 했다. 비록 힘들지만 이런 경험은 너무나 중요하다. 실천으로 얻은 경험은 따평처의 소중한 '기술 비법'이 된다."

지금 국내 여러 기업은 따평처의 발전경험을 배우러 류징펑을 찾아온다. 그는 항상 태도가 겸손하다. "이 사업은 확실히 어려운 사업이다. 교훈을 삼을 전례가 없기에 우리도 부단히 탐색하면서 일을 진행했다. 하지만 착실하게 이 업계의 본질인 전문적인 해결능력으로 고객을 위해 실제문제를 해결하고 서비스표준을 향상시켜야 한다."

자신감에 넘친 류징펑은 이렇게 말했다. "비록 그동안 우리가 수많은 어려움을 겪었지만 새로운 업계의 시작은 우리처럼 포기하지 않는 사람이 필요하다. 우리의 시도와 탐색이 업계의 건전한 발전에 도움이 되기를 희망한다. 가정보수나 대형 공정 보수, 기공(技工)의 기초나 전문 자원 모두 해결해야 할 문제가 많다. 외국 동업자들과의 격차는 아직 크다. 그 동안 우리가 축적하고 양성한 핵심 팀의 능력이 강해지면 우리는 우리의 소중한 경험과 자원을 사회에 오픈하여 더 많은 사람들이 이 업계에 종사하도록 양성하고 인도하여 수많은 따펑처가 더욱 안정적이고, 더욱 전문적으로 오래오래 달리도록 할 것이다."

따펑처공정관리유한회사 설립자 류징펑

창업자의 말

겉치레를 버리고 장인정신으로 창업해야 한다
따펑처공정관리유한회사 설립자 류징펑

1999년에 장사를 시작하면서 창업한지 어언 20년이 흘렀다. 그 중에서 제일 큰 감응을 준 것은 아마 제3차 창업일 것이다. 2010년 나는 망설임 없이 "가옥 및 건축 공정 후 보수"의 길을 선택했다!

8년 동안 수많은 일을 겪었다. 베이징 시내 수만 명의 고객을 위해 크고 작은 가옥보수 난제를 해결하면서 가치를 인정받았고, 팀도 인정을 받았기에 자부심을 느낀다.

자본 붐으로 유행을 따르는 창업계에는 각종 개념이 난무했다. '상업 방식' '인터넷 사유' 'O2O' 'B2B'……이와 같이 첨단적인 새로운 단어로 포장하지 못하면 뒤덜어진 것으로 취급된다. 가옥 건설과 같은 기존 업종의 종사자인 내가 보고 체험한 것은 이 업종의 취약한 기초와 산업화 되지 않은 노동자, 전무한 업계표준, 낙후한 재료와 기술 등이다.

다년간의 경력을 바탕으로 업계의 특징을 이성적으로 분석한 나는 자본의 멸시와 비난을 받는 '썩은' 상업방식인 이전의 전문적 특징을 지키면서 보수 서비스 대열을 건설하고, 표준화 보수방안을 수립하는 것을 선택했다.

그러나 이 길은 참고할 사례가 없는 길이다. 그래서 작은 팀을 이끌고 업계 기초부터 갈고 닦으면서 실천을 통해 새로운 것을 개발했다. 20여 년간 놀라운 속도를 보여준 국내 부동산 건설은 '말 못할 병'이 있었는데, 이는 점차 광범위하게 폭발하고 있다. 각종 품질 문제가 빈번히 나타난다. 건축구조의 안전 문제, 보편적인 가옥누수 문제, 건축외벽의 떨어짐 문제, 인테리어 내구성 문제, 상하수도와 전기 고장 문제……우리는 착실하게 수많은 유지보수 사례를 분석했으며, 유럽과 미국 등 선진국 기업들과 함께 선진적인 재료와 기술을 도입하여 본토에 실천했다. 이 과정에서 국내 상황과 적합한 표준화 기술과 해결방안을 차근차근 만들었다. 다행이도 우리의 방식은 외국 동업자들의 인정을 받았다. 독일, 미국 등 30여 개 가옥보수 업계의 선두기업과 깊이 있는 합작은 우리의 강력한 기술 조력자가 되었다.

직접 체험하고 실천하는 것은 장인의 본분이다. 이 역시 자신에 대한 엄격한 요구이다. 직접 현장에서 조사하고 문제를 분석하고 방안을 연구했으며, 진행과정을 추적하면서 실천하고 개선방안을 연구했다. 이런 구체적인 작업이 주요 작업시간이다. 현장은 전쟁터이고 실천은 검증한다. 우리는 성공적으로 1,000여 가지 해결방안을 표준화했으며, 우리 팀은 능숙하게 각종 실제 사례에 응용하고 있다.

8년 동안 후회 없이 '장인'의 길을 견지해왔다. 우리 창업자들이 사물의 본질로 돌아가는 시범이 되고 인도하는 작용이 되기를 희망한다. '술'은 향기롭지 않으면 찾는 사람이 없다. 우리나라의 많은 업종의 기초는 매우 취약하다. 우리는 제한적인 정력과 지식·자원이 각 업종의 기초건설에 응용되어야 한다. 기초가 탄탄해야 강한 경쟁력이 있고 나라가 강해진다! 건설의 뿌리는 장기간 전념해야 내린다. 허세를 부리고 유행을 따르는 발전은 덧없이 사라지게 마련이다!

메이유(美柚) : '그녀의 경제'를
깊이 있게 개발하자

『경제일보』 "중국경제망"

기자/쉐즈웨이(薛志伟)

[기업 개요]

 샤먼메이유정보과학기술유한회사(廈门美柚信息科技有限公司)는 2013년에 성립된 여성을 상대로 건강관리, 낳고 기르는(孕育)과학 보급, 사회 구역의 교류와 수직 전자상거래 등 온라인 서비스를 제공하는 국내에서 제일 큰 여성 전용 인터넷 플랫폼이다.

 "여성을 더욱 건강하게"라는 이념을 취지로 메이유는 여성 월경 기의 관리를 시작으로 여성 시장에 진입했으며 부단히 서비스를 확장해 나갔다. 지금은 '도구+사회구역+전자상거래+디지털 마케팅'의 산업회로를 형성했다. '메이유' '유빠오빠오(柚宝宝)' '유쯔제(柚子街)'와 '판환꺼우(返还购)' 등 4대 APP 제품군을 통해 전 방위적으로 여성의 월경기, 임신준비, 임신기와 라마(辣妈–트랜디한 엄마)의 전반 주기를 위한 서비스를 진행하고 있다.

메이유(美柚)는 아름다운 유자를 말한다. 새콤달콤한 유자는 많은 여성이 좋아하는 과일이다. 샤먼메이유정보과학기술유한회사는 여성 전용 '그녀의 세계(她的國)'를 개발하여 '유즈(柚子)'라 자칭하는 고객들이 사적인 대화를 나누고, 건강 체험담을 교류하며 예쁜 패션과 화장품을 구매하도록 하는 회사이다.

등록 회원은 1.5억이 넘고 매일 활동하고 있는 사용자는 700만 명이 넘는다. 수많은 충실한 사용자들의 지원과 지지로 메이유의 사용자 시장 배치는 여성 생리기에서 점차 임신 준비, 임신기 및 엄마 단계로 확장하여 여성의 생리 주기를 망라함으로써 생리기 건강 서비스 사용자 95%정도의 사용 시간을 독점하고 있다. 성립 4년밖에 되지 않은 메이유는 이미 전국 인터넷 기업 100위에 진입했으며, 성공적으로 '도구+사회구역+전자상거래+디지털 마케팅'의 산업 회로를 완성하여 여성의 수직 세분화 영역에서 업계 선두를 차지했다.

'그녀의 세계'를 처음 만든 사람은의 여성이 아니라 1986년에 출생한 아직도 솔로인 남성 천팡이(陈方毅)였다.

여성을 잘 알고 있는 남자

메이유를 만들기 전 천팡이는 시간만 있으면 여성 친구들과 함께 밥을 먹었다. 이런 기회가 많아지면서 그는 그녀들과 생리주기 관련 대화를 하게 되었다.

하지만 얼마 지나지 않아 모두 그와 밥을 먹기 꺼려한다는 것을 발견했다. 여성 친구들은 그를 보면 멀리 피해 다녔고 심지어 그를 '건

달'이라고 욕하기도 했다. 하지만 천팡이는 그의 팀의 남녀불문 모든 직원들에게 여성을 찾아 생리문제부터 사랑까지 이해하도록 했다.

2013년 초 한 달 남짓한 '대화'를 마친 천팡이는 10명의 팀원과 함께 샤먼의 한 호텔에서 10일간 '문을 닫아 걸은 채 수련'을 했다. 폐관이 끝난 후인 4월 초 메이유 APP 1.0버전이 출시되었다.

메이유는 여성의 생리기 고민 해결을 위한 건강관리 응용프로그램이다. 여기에서 여성은 정확하게 생리기를 기록하고 예측할 수 있으며, 친한 친구와 부담 없이 이야기를 주고받을 수 있다. 또한 생리기, 임신 준비기, 임신기, 어머니 모드 등 4대 모드가 있다. 메이유는 지능 계산을 통해 여성의 생리기 경보와 알람을 제공하여 신시대 여성에게 새로운 건강생활을 위한 관리방식을 제공했다.

여성 조수 메이유 APP

얼마 지나지 않아 이 APP는 여러 응용마켓 다운로드 순위권에 들었다. 상큼하고 귀여운 디자인, 간편한 조작, 정확한 계산능력으로 사용자들의 입소문에 힘입어 많은 여성들이 애용하는 APP가 되었다.

1986년생인 청년 남성이 여성을 이해하고 여성들의 사적인 문제를 이해하고 심지어 여성들보다 여성을 잘 이해하려면 1달의 '대화'로는 절대 부족하다. 사실 천팡이가 여성 경제를 깊이 있게 이해할 수 있었던 원인은 시장에 대한 예리한 통찰력과 하루하루 쌓아온 풍부한 실천에서 비롯된 것이었다.

천팡이는 대학시절부터 주변에서 영감을 찾고 이를 통해 상업할 수 있는 기회를 찾았다. 그는 여성들이 자신의 아름다움을 보여주기 위해 자신의 사진을 인터넷에 게시하고 남학생들도 기숙사에서 어느 여성이 더 예쁜가를 토론하기도 한다는 것을 발견했다. 이에 영감을 받은 그는 여성들이 사진을 올려 아름다움을 좋아하는 여성이나 남성을 볼 수 있는 플랫폼을 건설할 생각을 가졌다. 그렇게 그는 대학교 2학년 과정에 그의 첫 사이트인 Face PK를 만들었다.

처음에는 취미로 시작했지만 여성들의 사진이 어느 정도 많아지면서 상업할 수 있는 기회가 생겼다. 그렇게 연예기획사 모델 선발 전용 사이트인 싱탄망(星探网)이 생겨났다. 사용자가 증가하고 인기를 얻게 되면서 싱탄왕은 광고회사의 눈에 들어 점차 광고수입이 들어오게 되었다.

싱탄망 운영과정에서 천팡이는 여성세계를 깊이 이해하게 되었다. 그는 여성은 천생 소비자라는 것을 느꼈고, 대부분의 여성들은 흥정을 즐긴다는 점을 알게 되었다. 대학 3학년 과정에서 그의 세 번째 창업 성과인 판환망(返还网)이 완성되었다. 이 사이트는 전자상거래 플랫폼으로 수수료의 일부분을 소비자에게 돌려주는 형식의 전자상 거래 사이트였다.

Face PK에서 싱탄망, 판환망까지의 세 차례의 창업 모두가 여성을 상대로 하는 창업이었다. 이 과정에서 천팡이의 여성에 대한 이해도 날로 깊어졌다. 예리한 안목으로 그는 여성과 관계있는 경제적 측면 의 무한한 잠재력을 알게 되었다. 그는 여성들의 수요를 만족시킬 수 있는 제품만이 무한한 여성경제의 문을 열 수 있음을 알게 되었다.

그렇다면 여성들이 반드시 필요로 하는 수요는 무엇인가? 어느 날 하루 회사 동료가 머뭇거리며 매일 필요한 것은 없지만 매달 필요하 고 모든 여성들이 관심을 두는 것이 있다고 알려주었다. 바로 생리기 였다. 동료의 말은 천팡이의 뇌리를 떠나지 않았다. 그렇게 해서 여성 을 찾아다니며 이야기를 나누는 상황이 나타나게 되었다. 그러던 끝 에 그는 마침내 "자신이 평생 사용하지 않는 것을 만들어 냈다."

여성을 잘 아는 회사.

"여성을 제일 잘 아는 인터넷 회사"를 만들려는 메이유는 모바일과 여성 경제라는 트렌드에서 먼저 기선을 잡아 누구도 따라올 수 없는 호황을 맞이했다.

베이유의 기초 제품은 여성의 생리기를 기록하는 것이었다. "여성 들이 날마다 혹은 달마다 접속하여 여성들이 모여드는 곳이라면 가치가 있을 것이라 느꼈다."고 천팡이는 말했다.

사용자가 의존하는 것을 향상시키는 것은 메이유가 출시한 이후에 고려할 문제였다. 메이유는 APP 1.0 버전 출시 반년 후에 '타타촨(她她圈)'을 출시했다. '타타촨'은 여성 전용 APP로 인생의 선택, 시부모와의 관계부터 사소한 화장 노하우의 공유, 쇼핑 후기 등을 올릴 수 있어 '유즈'들은 열렬한 환영을 받아 '그녀의 세계'가 만들어지게 되었다.

메이유 APP는 여성을 도와 생리기를 정확하게 예측해준다.

'타타촨'의 출시로 메이유는 생리기를 기록하는 도구에서 여성사회로 변화시켰다. 이는 메이유 성장의 중요한 시점이었다.

메이유 성장의 두 번째 관건적인 시점은 2014년 11월 두 번째 APP '유빠오빠오(柚宝宝)'의 출시이다. '유빠오빠오'는 임신기와 육아 두 가지 모드가 있는 아기의 발육, 어머니의 변화, 매일의 전문지식, 피해야 할 음식 등 임신기 여성을 위한 필수 기능의 임신기 모드와 아기 어머니들이 소통하는 소셜 커뮤니티, 전문가의 전문 지식, 아기의 성장변화, 아기의 성장 기록, 동요 동화 등 기능을 갖춘 육아모드가 있다. 임신기 '유즈'들은 수시로 자신과 아기의 신체변화와 건강 상황을 파악하고 풍부한 임신과 육아지식을 학습할 수 있으며, 수시로 '유빠오빠오'의 초음파 검사, 산부인과 검사 알람을 받을 수 있다. '유빠오빠오'의 출시로 메이유의 서비스는 생리기에서 임신 준비기, 임신기, 육아 등 단계의 서비스로 확장하여 여성 생활의 스마트 조수가 되었다. 메이유는 여성을 더욱 이해하게 되었고, 날로 많은 여성들의 선택을 받게 되었다.

천팡이는 이렇게 말했다. "메이유는 세상에서 제일 여성을 이해하는 회사가 되려고 한다. 우리는 제일 여성을 이해하는 회사, 여성보다 여성을 더 잘 아는 회사가 되려는 두 가지 목표가 있다."

그런데 그의 목표가 달성되었음을 증명하는 일이 벌어졌다. 즉 2015년에 메이유는 동 업계에서 처음으로 등록 회원 1억을 돌파한 회사가 되었던 것이다.

연속적인 창업자

'창의-융자-돈 뿌리기' 어느 순간 이는 인터넷회사 창업의 3부곡이 되어 전통기업이 중시하는 수익창출은 경시되었다.

하지만 천팡이의 창업과정에서 최초의 Face PK가 취미로 만들어졌을 뿐 싱탄망·판환망은 모두 수익을 창출했다. 2016년 제2분기에 이미 운영을 3년 진행한 메이유의 이익 규모는 1,000만 위안에 달했으며, 그 해에 전년도 이익을 실현하여 인터넷회사 창업이라는 파도 속에 자아생존 능력을 가진 소수의 기업 중 하나로 성장했다.

'유쯔제(柚子街)'의 출시는 메이유 수익의 중요 포인트였다. '유쯔제'는 방대한 메이유 사용자를 바탕으로 출시된 전자상거래 플랫폼으로 주요 내용은 쇼핑가이드이다. 이는 판환망의 이념을 계승한 것이다. 이런 방식의 장점은 자산 경량화의 전자상거래 플랫폼을 기반으로 공급사슬, 창고, 지불 등 원가를 제거하였기에 전자상거래 업무가 더욱 경량화 되었던 것이다.

'타타촨'과 '유쯔제'의 조합을 천팡이는 커피숍과 쇼핑몰의 관계라고 했다. 일반적으로 소비자들은 커피숍에서 수다를 떤 다음 쇼핑몰에서 쇼핑한다. 메이유를 이용하는 소비자는 수다도 떨고 쇼핑도 할 수 있다. 2016년 '쌍 11'에 '유쯔제'의 하루 주문량은 132만 건에 달해 메이유의 흑자 실현에 큰 공헌을 했다. 2017년 '유즈제'의 하루 최고 주문량은 166만 건을 기록했으며, 거래액은 1억 위안을 돌파하여 전년 대비 161%나 상승했다. 출시 된 후로 연속 3년 '쌍 11 판촉행사'를 진행한 '유쯔제'는 좋은 성적을 거두었다.

메이유의 다른 수익 부분은 디지털 마케팅이다. 메이유의 수많은 여성 사용자는 제일 훌륭한 자원이다. 브랜드는 여성 소비자들을 유치하기 위해 그들을 찾아온다. 더욱 중요한 것은 메이유는 마케팅을 위한 마케팅을 진행하는 것이 아니라 고객에 피해가 가지 않도록 양호한 방식으로 고객 수요의 일부분으로 변화시켰다.

4년간의 발전과정에서 메이유는 우선 좋은 제품과 사용자 체험 만족도에 심혈을 기울여 방대하고 안정적인 접속률을 유지한 후에 상업화 이익을 모색했다. '도구+사회 구역+전자상거래 서비스+디지털 마케팅'의 상업회로를 성공적으로 구축하면서 성공적인 방식을 형성했던 것이다.

메이유 사무실

메이유의 성공은 업계의 지속적인 인정을 받았다. 여러 차례의 융자를 얻었으며 일련의 영예도 얻었다. 2013년에는 10대 모바일 마케팅 APP, 2014년에는 세계 모바일 탁월 성취상, 2015년에는 중국에서 제일 투자가치가 있는 50개 기업에 선정되었고, 2017년에는 환추뤠이여우빵(环球睿优榜)으로부터 여성이 가장 좋아하는 건강브랜드 상을 받았으며, 20178년 모바일 최고 영도력상을 받았다. 2017~2018년 연속해서 2년 동안 중국 인터넷 100강 기업으로 선정되었다. 천팡이도 『포브스』『포춘』 등 청년기업인 리스트에 이름을 올려 여러 대형 자본의 관심을 얻었다.

성공적인 연속 창업자인 청팡이는 창업자는 절대로 창업을 위한 창업을 하지 말아야 한다고 했다. 우선 아이디어가 있어야 한다. 이런 아이디어가 기존 기업이 실현할 수 있는 것이면 창업을 할 필요가 없으며, 만약 자신의 아이디어가 창업을 통해서만 실현되는 것이라면 투자유치와 창업팀 구성을 고려해야 한다고 했다.

또한 이런 생각은 자신이 요구를 만족시켜야 할 뿐만 아니라 특정 사용자의 현실적 요구를 만족시킬 수 있어야 한다. 따라서 메이유는 "제일 큰 영역에서 제일 큰 기업"의 것이 아니라 "여성을 더욱 아름답고 더욱 건강하게"하는 것이다. 이는 전자는 창업자를 만족하게 하는 것이고, 후자는 광대한 사용자의 현실 수요를 만족시키는 것이기 때문이다.

창업자의 말

샤먼메이유정보과학기술유한회사 설립자, CEO 천팡이

　누구나 자신이 믿는 바가 있다. 이는 기존 변량(變量, 주어진 조건
에 따라 변화하는 양)이다. 다양하고 번잡한 세계에 기존 변량이 타
인보다 많다면 결정하기가 쉽다. 이는 다른 사람보다 쉽게 성공할 수
있음을 의미한다. "팽창하지 않고, 근시안적이지 않으며, 따지지 않는
것"이 내가 굳게 믿는 세 가지 기존 변량이고, 이것은 내가 다년간 지
켜온 처세원칙으로 나의 가치관의 일부분이다.
　팽창하지 않는다: 사람은 성장과정에 다른 사람의 인정을 받고 칭
찬을 받고 싶어 한다. 찬미는 비판보다 좋기 마련이다. 찬미는 사람을
기쁘게 한다. 하지만 찬미는 매우 위험한 일이다. 칭찬은 과거를 평가
하는 것이다. 중점은 미래에 더 잘해야 한다. 우리는 칭찬 속에서도
팽창하지 않는 법을 배워야 한다.
　근시안적이지 않다: 심리학에는 '만족 지연'이라는 현상이 있다. '만
족 지연'은 효과적인 자아 조절과 성공적인 사회적 행위 발전의 중요
한 특징으로 가치 있는 결과이며, 주도적으로 '실시간 만족'을 포기하
는 선택 취향이기에 인격적으로 자아를 제어하는 일부분으로 심리의
성숙함을 의미한다. 작은 이익에 매달리지 않고, 눈앞의 이익만 고려
하지 않고, 만족 지연을 받아들인다면 길고 넓은 안목이 있음을 말
해주고, 다른 사람과 다른 성과를 취득할 수 있다.

따지지 않는다: 사람은 사회에서 교제하는 과정에 손해를 보고, 오해를 받고 억울한 일을 겪기 마련이다. 사업 과정에서 "따지지 않는다는 것"은 팀 내 핵심문화의 하나이다. 예를 들면 임무 배정은 절대로 모든 사람이 만족할 수 없다. 시간이 결정하도록 해야 한다. 세상이 공정하고 아름답다는 것을 믿고 따지지 않는 법을 배우며, 착실하게 실무적으로 사무를 처리해야 한다. 노력하는 자에게 행운이 따르기 마련이다.

"팽창하지 않고, 근시안적이지 않으며, 따지지 않는 것"의 실질은 본분이다. 일을 할 때에는 일에 노력하고, 실패도 받아들이고, 성공했다고 해서 팽창하지 않는 것이 본분이다. 일을 진행함에 있어서 '다 괜찮다'는 태도는 대충의 태도이다. 본분은 잘 완성한 후, 칭찬을 받을 때에는 팽창하지 않고 좌절을 겪었다고 근시안적이지 않은 것이다. 예로부터 큰일을 하는 사람은 원대한 안목을 가지고 있었다. 억울함을 당해도 그에 연연하지 않는다. 본분의 실질은 신뢰이다. 일을 잘 완성하고 팽창하지 않는 것이다.

메이유는 매일 이런 저런 구호를 외치지 않는다. 우리의 가치관은 일을 잘 완성하는 과정에 깨달음을 얻고 이해를 하는 것이다. 한 사물을 이해하면 자연스레 잘 완성하게 된다. 이해는 원인이고 성공은 결과이다. 깨달음은 공식과 같다. 공식을 확실히 알게 되면 자연스레 문제의 해법을 찾게 된다. '원인'에서 노력을 하면 '결과'는 자연스레 좋아지게 마련이다. 이는 '원인'이라는 땅에 파종을 했기 때문이다.

메이유 설립자 천팡이

차이훙워뉴(彩虹蜗牛) : 창업의 '변증법'

『경제일보』 "중국경제망"

기자/슝리(熊丽)

[기업 개요]

　차이홍워뉴교육(彩虹蝸牛敎育)은 2012년에 성립된 중국 소질교육의 선두 브랜드이다. 회사는 영유아 조기 종합 소질 개발 및 청소년 전문 소질 향상 서비스를 제공하는 기업이다. 자이홍워뉴는 자주적으로 '전 과정 몰두 식 교학방법'을 개발했고, 5년 사이에 수십 가지 교육과정을 개발했으며, 다량의 지적재산권을 보유하고 있다. 동시에 차이홍워뉴는 국외 10여 개 유명 교육 브랜드와 협력하여 예술, 무용, 미술, 과학, 무술, 축구 등 12가지 전문 소질 향상과정을 도입해 차이홍워뉴의 소질교육 과정의 내용을 풍부히 했다. 현재 회사의 업무는 사회구역 소질교육 종합체 및 소질교육 보급을 위주로 하고 있다. 동시에 모바일 소질교육 플랫폼, 창작교육 IP 제품 체계 및 지능 가전기구 등 업무도 빠른 속도로 추진하여 소질교육을 핵심으로 모바일, 창작 IP, 지능기기 등 업무를 망라한 소질교육 생태시스템을 형성하고 있다.

28살의 위디(余笛)는 젊은 창업자이지만 '노(老) 전사'와 같다.

샹시(湘西) 희망소학 출신인 위디의 마음에는 항상 열정이 가득했다. "2009년에 창업을 시작한 이후로 내용과 형식이 조금씩 다르지만 모든 아이들이 즐겁게 배울 수 있는 일을 견지해 왔다." 그는 2012년에 1.5~12세 어린이 소질교육을 위주로 하는 차이홍워뉴교육집단(彩虹蝸牛教育集团)을 세웠다. 이는 국내에서 앞자리를 차지하는 오프라인 매장교육, 온라인 교육플랫폼을 융합한 어린이 창작 IP 일체화 어린이 소질교육 기구이다.

위디는 '2개 100'이라는 계획이 있다고 했다. 소질교육에 종사하는 선생님 100만 명을 양성하고, 100년 동안 사용할 수 있는 교육과정을 개발하여 모든 어린이들이 제일 좋은 소질교육을 받도록 한다는 것이다. 그는 창업은 자신이 제일 좋아하고 제일 잘하는 일을 하는 것이라고 여겼다. 창업은 우선 사회에 어떤 가치를 창조할 수 있는가를 생각해야 한다고 했다.

가르침과 배움의 균형점

시나 웨이버(新浪微博)에 위디는 자신을 이렇게 자신을 소개했다. 자신은 '차이홍워뉴교육 설립자이고 소질교육 교사이다.'

하지만 위디의 창업은 소질교육으로부터 시작된 것이 아니다.

2008년 위디가 베이징사범대학 2학년 재학 중이던 시기에는 수학올림피아드경시대회 교육열이 한창이었다. 그가 가정교사로 가르친 학생은 '잉춘배(迎春杯)' 시합에서 은상을 받고 추천으로 인민대학교

부속중학교에 진학하게 되었다. 그렇게 되자 그는 학부모들 사이에서 유명인사가 되었다. 대학 3학년 다닐 때에 위디는 십여 명의 학생을 가르쳤다. 학생이 많아지자 그는 몇몇 동학들과 함께 수학올림피아드 훈련과 이공과 우등생 양성회사를 세웠다. 2011년 위디는 즈쳔루(知春路)에 사무실을 세내었다. 그 해 수입은 500만 위안이 넘었고 순 이윤은 120만 위안에 달했다.

차이홍위뉴 교육현장

"비록 적지 않은 돈을 벌기는 했지만, 내가 하고 싶은 것과는 거리가 멀다는 생각이 들었다." 부모의 사업관계로 위디는 샹시의 희망소학교에서 3년을 보냈다. 그는 당시 산골 마을에서 공부하던 시절을 잊지 않았다. 서부대개발로 지방은 발전했고, 새로운 교사도 건설했지만, 농촌으로 가려는 교사가 없어 학생들이 사용하지 못하고 있었다. 그때로부터 그는 교사가 되려고 마음먹었다.

2012년 베이징사범대학 교육심리학 석사과정을 졸업한 위디는 "게임과 교육과정의 동일 정경 모듈"을 주제로 한 논문은 지도교수의 인정을 받았다. 그가 토론한 주제는 학생들이 고대 시와 사(古诗词)를 외우기 어려워하지만 게임비법은 쉽게 기억하는 원인을 밝힌 것이었다. 그의 지도교사는 논문 내용을 교학과정의 실제로 활용하라고 건의했다. 반년의 노력을 거쳐 위디는 종합적이고 창조적인 교학과정을 완성했다.

지금 돌이켜보면 이 교학과정은 매우 간단하지만 이를 계기로 위디는 소질교육이라는 2차 창업을 시작하게 되었다. 차이홍워뉴도 이렇게 해서 탄생한 것이다.

왜 차이홍워뉴라고 이름 지었는가? 위디는 아이들은 무거운 짐을 지고 있는 달팽이와 같고, 선생님은 아이들에게 아름다운 품성을 부여하는 무지개가 되어 아이들의 흥미를 발견하는 역할을 해야 하기에 차이홍워뉴라고 이름 지었다고 설명했다. "나는 항상 아이들이 요구하는 것이 무엇이며, 소질교육은 어디에 초점을 모아야 하는지를 생각했다." 위디는 1.5~12세 아이들은 소질을 양성하는 시기이므로 종합적인 계몽교육을 통해 아이들의 흥취를 발견하는 시기라고 했다. 때문에 교육기구는 학부모와 아이들 요구의 균형점을 찾아 아이들이 재미있게 놀 수 있고, 학부모는 효과를 볼 수 있도록 해야 한다. 때문에 차이홍워뉴는 교육과정 개발의 표준을 즐거움을 주고 백과사전의 역할을 하며, 선진적인 교육을 제공하여 아이들이 공부에 재미를 가지고 공부를 할 줄 아는 소질교육에 두었다. 위디는 교육과정 개발은 차이홍워뉴의 핵심 업무로 전문팀이 책임지고 있으며, 최신 트렌드에 맞춰 매월 갱신한다고 소개했다. 차이홍워뉴는 3~7세 어린이들을 위한 과학실험, 그림 그리기, 수공예, 기계 프로그래밍 등의 내용을 통해 어린이들의 논리적 사유능력, 상상력, 창조력 등 종합 능력을 개발하는 소질교육 과정을 개발했다. 8~12세 어린이들을 상대로 기술창업 과정을 개설하여 아이들이 이미 배운 지식을 집중적으로 보여줄 수 있는 기회를 제공함으로써 아이들이 사회발전 수요에 적응할 수 있는 종합적인 소질능력을 전면적으로 향상시켰다.

"우리는 20여 년간 소질교육을 제창했으며, 외국에서도 관련 방식을 모색하고 있다. 나는 어린이 소질교육의 새로운 형태를 탐색하면 유럽과 미국과 동일한 스타트라인에 설 수 있는 기회가 된다고 여기고 있다."고 위디는 말했다.

많고 적음의 상대론

창업 초기에 위디는 실체 교육을 하려는 생각이었다. 2012년 아동절에 차이홍워뉴의 첫 번째 오프라인매장이 베이징 베이위안(北苑)

에서 문을 열었다. 동시에 그는 개발한 교육 과정을 원가로 수십 개의 유치원에 판매했으며 이 과정에서 부단히 개선을 했다. 1년 동안에 차이훙워뉴는 3개의 직영점을 오픈했다. 이후에는 가맹형식으로 신속하게 확장했다. 2015년 베이징에만도 30여 개의 가맹점이 오픈했다. 하지만 제3, 4선 도시에서는 소질교육을 하는 교사가 부족했는데, 가장 심각한 문제였다.

우리나라는 매년 1600여 만 명의 신생아가 태어난다. 아동교육 산업은 무궁무진한 잠재력을 가지고 있으므로 투자가치가 있는 업종이다. 아동교육에 종사하는 기구도 많고 종류도 다양하지만 교육과정을 제공하는 매개체 작용을 하는 교사의 수량은 제한적이다. 교사가 적은 상황에서 여러 아동교육 기구는 교사, 특히 유명한 교사의 시간을 서로 얻으려 한다고 위디는 말했다. 하지만 아동교육에서 부족한 것은 유명한 교사가 아니라 수량이 많은 교사의 대열이었다. 그는 기존의 교사 대열에서 인재를 빼앗기보다는 양을 늘리는 것이 낫다고 생각했다.

그렇게 차이훙워뉴는 차이훙기업학원(彩虹企业学院)을 설립하여 오프라인 양성을 시작했다. 하지만 교사의 교통비, 양성비와 숙박비 등 적지 않은 돈이 들어갔다. 이를 계기로 위디는 인터넷 플랫폼의 중요성을 인식하게 되었다. 2015년 10월 차이훙워뉴 '소질교육 만개 교정 진입' 플랫폼이 출시되었다. 강력한 교학과정 개발과 교사 양성시스템을 바탕으로 '소질교육 만개 교정 진입'은 유치원 등 교육기구가 방치된 장소와 교사의 여유시간을 이용했으며, 온라인 형식으로 교사·학생·장소 등 세 가지 자원을 효과적으로 정합하여 오프라인에서 강의를 완성했다.

동시에 '소질교육 만개 학교 진입' 공정은 소질교육 교사를 지망하는 젊은이들을 상대로 하는 교육양성 과정이기에 심사를 거쳐 합격해야만 수강할 수가 있다. 위디는 부모는 아이의 제일 좋은 선생님이기에 교육과정과 교학방법이 표준적이고 세심하다면 대부분 부모도 우수한 소질교육 교사가 될 수 있다고 여겼다. '소질교육 만개 학교 진입'은 사회적으로 교사 자원을 늘리는 플랫폼이 되었다.

2018년 5월 8일, 차이훙웨뉴교육 '소질교육 만개 학교 진입' 교정 파트너 모집회의가 진행되었다. 슬로베니아 전 총리, 유럽 투자은행 명예 총재 Anton Rop가 차이훙웨뉴 교육브랜드 전시장을 참관했다.

위디는 기자에게 10년 동안 100만 명 소질교육에 종사하는 교사를 양성하려 한다고 했다. 현재 '소질교육 만개 학교 진입' 플랫폼을 통해 양성한 교사는 1,000명이 넘었다. 비록 계획과는 큰 차이가 있는 숫자이지만 위디는 유치원 수량 증가처럼 증가할 것이라고 했다. 그는 "나무를 기르는 데는 십 년이 필요하고, 인재를 육성하는 데는 백 년이 필요하다. 0에서 1까지 어려울 뿐 1에서 10까지는 빠를 것이다. 너무 조급해할 필요 없다."고 했다.

통계에 따르면 '소질교육 만개 학교 진입' 프로젝트가 가동한 첫 달에 실제 영업액은 60만 위안에 달했고 1년 후에는 600만 위안으로 성장했다. 지금은 이미 1,700만~1,800만 위안에 달한다. 위디는 베이징, 톈진, 시안, 상하이 등 직영점이 있는 지역의 '소질 교육 만개 학교 진입'이 쉽게 진행되지만 오프라인매장이 없는 도시는 브랜드 인지도가 낮아 학부모의 신뢰를 얻지 못하는 점을 발견했다. 위디는 가맹점에서 투자하고 차이훙워뉴가 운영을 책임지는 가맹 운영방식을 모색했다. 2016년 차이훙워뉴는 120개 도시에 가맹점을 유치했고 향후 2년에 모두 오픈할 예정이다.

위디는 가맹점은 3km반경의 사회구역을 위한 서비스를 하고, 3~10km는 '소질교육 만개 학교 진입'을 통해 교육과정을 제공하는 책략을 세웠으며, 오프라인 매장 개설을 위해 정확한 지점 선택과 무투자 예매를 진행했다. 기존의 오프라인매장을 교사양성 기지로 사용했다. 신입생과 교사가 확정되면 오프라인매장은 빠른 속도로 개설된다.

현재 차이훙워뉴는 이미 전국 103개 도시에 진입했으며, 110개 오프라인 매장과 1,500여 개 유치원에서 차이훙워뉴의 교육과정에 따라 교학하고 있으며, 연평균 55만 가정에 아동 소질교육 관련 서비스를 제공하고 있다.

빠름과 느림의 변주곡

2015년 이후로 차이훙워뉴는 중써우촹터우(中搜创投), 싱허후롄(星河互联), 사오린원화(少林文化) 등의 투자를 받아 창업에 속력을 가하고 있다.

하지만 위디는 교육업 창업자들은 응당 "사람의 스승이 되기 위해 공부하고, 세상의 모범이 되도록 행동하자"는 사명감을 가져야 하며, 빠르고 느림이 문제가 아니라 교육과정의 품질이라고 했다. 교육과정의 내용이 훌륭하면 시장이 포화상태라도 새로운 영역을 개척할 수 있다는 것이다. 시장 마케팅은 빠를 수 있지만 교육과정을 개발하는 과정에서는 차분한 마음을 가져야 한다. 이에 위디는 여러 인터넷 회사의 고위직 관리경력이 있는 인재를 채용했으며, 위디 자신도 중국과학원 아동심리학 박사 공부를 하고 있다. "우리는 비교적 빠른 편이다. 조급했던 시절도 있었다."고 위디는 솔직하게 말했다.

'빠름'을 위해 위디는 두 번이나 어려운 고비를 겪었다. 처음은 금방 소질교육으로 창업 방향을 변화했던 시기는 2012년이었다. 1년 동안 벌어놓은 백여 만 위안을 모두 투자했지만 회수하지 못해 파산의 변두리까지 갔었다. 위디는 자동차를 팔아서 겨우 난관을 극복했다. 두 번째는 2016년의 일이다. 과도한 시장 확장으로 자금사슬이 여러 차례 끊어졌다. 위디는 저당할 수 있는 모든 재산을 저당잡혔다.

"다시 예전의 길을 선택하고 싶은 생각이 없었는가?"라는 기자의 말에 위디는 이렇게 답했다. "생각은 있다. 하지만 이렇게 무너지는 것이 억울하다. 방향이 정확하다는 생각을 가지고 있었고 시간이 필요했을 뿐이다." 창업은 곤란을 직면하고 이를 해결하는 과정이며 이 역시 창업의 매력이라고 위디는 말했다. 도전을 이겨내면서 성장할 수 있고, 더 많은 도전을 갈망하게 된다. "자신이 선택한 길이기에 무릎걸음으로도 끝까지 나아가야 한다는 말이 있지 않는가. 세상에는 못해낼 일이 없다. 중요한 것은 포기하지 않는 것이다."

위디는 자신의 생각을 견지해 온 것에 대한 보상을 받고 있다. 2017년 차이홍워뉴는 영업액 1,14억 위안을 돌파했으며, 2018년에는 3억 위안을 돌파할 것으로 예측하고 있다. 또한 2019년의 이윤은 인민폐 1억 위안이 될 것으로 예측하고 있다. 차이홍워뉴는 이미 폭발적인 발전기를 맞이하고 있다.

차이홍워뉴는 날로 개선되고 있는 소질교육의 생태시스템을 구축했다. 위디는 지금의 교육양성 시장에서 많은 기구는 매장만 오픈하거나 교육을 할 뿐 완전한 사슬을 형성하지 못하고 있다고 했다. 오프라인 매장만 있고 온라인을 이용한 홍보와 마케팅이 없거나 교육만 하고 좋은 방법이 부족하다. 차이홍워뉴는 이미 오프라인매장, 온라인 플랫폼과 교육과정 개발 등 여러 가지로 발전하고 있다. "경쟁자가 우리를 앞서려면 반드시 세 가지를 함께 진행해야 한다. 그렇기 때문에 우리의 장벽은 더욱 높아졌다."고 자신감 있게 말했다.

　교육과정 창작 IP는 차이훙워뉴의 커다란 장점이다. 차이훙워뉴는 '전 교학과정 몰두식' 교학법을 기반으로 즐거운 달팽이 지구를 구축했고, 달팽이 지구 편년사를 만들었다. 모든 아이들은 작은 달팽이 지구인이다. 그들은 차이훙워뉴에서 지식을 배우고 기능을 연마한다. 12살에 졸업하면, 차이훙워뉴의 소년왕이 되어 새로운 우주탐색 여행을 시작한다.

차이훙워뉴 캠퍼스

지금 차이홍워뉴라는 날로 성숙해지는 IP를 통해 차이홍워뉴는 국내외 수많은 유명 기업·단위와 합작하고 있다. 그들은 나름대로 자신의 생태계를 넓혀가고 있다. 중앙음악학원(中央音乐学院), 중국골프협회(中国高尔夫协会), 중국바둑협회(中国棋类协会), 소림무술학교(少林武校), 영국맨체스터축구구락부 등 단체 및 학교와 손잡고 7가지 유형의 교육과정 체계를 만들어 더 많은 학부모의 요구에 부응하고 있다. 동시에 당당망(当当网)과 손잡고 소설『차이홍워뉴 모험기(彩虹蜗牛历险记)』를 출판했으며, 알리바바(阿里巴巴)의 '지혜 심장(智慧之心)'과 연합하여 빅데이터와 인공지능을 기반으로 하는 스마트 관리시스템을 개발했고, 하이얼(海尔)과 중국과학원과 전략 합작을 체결하여 '차이홍펑(彩虹风)' 시리즈 환경보호류 스마트기기를 출시했다. 또한 한국 이랜드와 연합으로 '차이홍제(彩虹街)' 계열의 아동복을 출시했으며, A주 상장회사인 췬싱완구(群兴玩具)와 공동으로 10억 위안 규모의 유치원 산업 인수합병 기금을 출연했다.

상장회사와 손잡은 일은 2018년 차이홍워뉴의 제일 중요한 사건이다. 이는 차이홍워뉴가 자본과 손잡았음을 의미한다. 이는 중국 유아 소질교육 영역의 중요한 역량의 시작이다. 현재 차이홍워뉴의 산업 인수합병 기금은 제1기 2억 위안 규모의 자금이 조달되었다. 이는 차이홍워뉴가 유치원 인수합병에서부터 교육과정 개발, 단말기 표준화부터 마케팅 세분화 등 사업의 전면적인 개시를 지원하게 된다. 위디는 미래에 차이홍워뉴는 A주 유치원 주요 주주의 신분으로 광대한 투자자의 관심과 감독을 받을 것이며, 차이홍워뉴도 '행복교육'이라는 이념 하에 열심히 일하여 고 품질의 교육과정과 제일 우수한 서비스를 전국과 전 세계에 제공할 것이라고 했다.

국가브랜드 계획 회원인 차이홍워뉴는 국내기초를 탄탄히 함과 동시에 국외로 나가려는 계획을 가지고 있다. 국가의 '일대일로' 전략방침에 따라 2018년 5월 위디는 고위급 임직원들을 거느리고 인도를 방문하여 국제 유치원 개발 관련 시장조사와 합작하며 소통을 했다. 그들은 성공적으로 인도의 국보급 배우인 Aamir Khan과 전속모델 의향서를 체결했다. 이는 차이홍워뉴가 외국의 우수한 교육자원을 흡수할 뿐만 아니라 중화문화의 대외홍보 역할도 하고 있다는 것을 의미한다.

2017년 12월 12일 차이홍워뉴 설립자 위디(좌4)는 '중국호교육(中国好教育)' 의식에서 '중국교육선구자(中国教育领军人物)' 칭호를 받았다.

이와 같은 소식은 차이홍워뉴가 새로운 발전단계에 진입하고 있음을 말해준다. 전국적인 체인, 직영 이중 언어 국제유치원, 전국의 체인 가맹한 사회구역 소질교육의 종합체, 전국에서 전개되고 있는 소질교육 과정플랫폼 항목은 지금 차이홍워뉴 교육을 이끄는 세 개의 마차가 되었다. 이는 위디 그리고 위디와 같은 마음·꿈·열정을 가진 교육가들의 미래에 대한 아름다운 기대를 한 몸에 안고 있다.

위디는 항상 우리는 모두 미지의 세계를 탐색하기에 차이홍워뉴의 사업은 달에 오른 아폴로처럼 위대하다고 할 수 있다고 했다. 교육산업은 중국에서 몇 안 되는 세계와 같은 출발선에 있는 산업이다. 우리는 수많은 원대한 미래를 열게 될 아이들을 양성하고 있다. 미래에 그들은 과학자, 예술가가 되어 인류사회의 발전을 위해 크나큰 공헌을 할 것이다.

창업자의 말

차이홍워뉴 설립자 겸 회장 위디

    교육 관련한 창업은 사업이라기보다는 사회적 책임이 더 크다. 나는 나의 성장과정에서 얻은 깨달음이 나의 교육과정에 깃들어 있고, 더 많은 가정과 아이들에게 전해지기를 희망하며, 차이홍워뉴라는 대 가정의 모든 사람들에게 전해지기를 희망한다. 그리하여 나는 내가 깨달은 바를 차이홍워뉴의 '행복교육이념'에 융합시켰다. 이 교육이념은 차이홍워뉴의 기업문화이고, 차이홍워뉴의 교육과정 이념이며, 창업과정에서 얻은 깨달음이다.

    나는 '행복교육'은 응당 한 가지 전문 기술뿐만 아니라 다른 일에서도 뛰어나야 하고, 창조적 사고가 있어야 하며, 낙관적이고 적극적인 세 가지 층면이 포함되어야 한다고 생각한다.

    한 가지 전문적인 기술뿐만 아니라 다른 일에서도 뛰어나야 한다. 이는 전면적이라는 뜻이다. 창업자들 모두는 멀티플레이어다. 제품, 마케팅, 자본관리 등 모든 것을 알고 있다. 교육 층면에서는 교육과정 체계에 관한 덕지체미로(德智体美劳) 다섯 가지 방면에서 아이의 전면적인 발전을 촉진해야지 치우치는 현상이 나타나지 말게 해야 한다. 창조적 사고. 이는 기업이 진보 발전하는 원동력이고, 아동의 성장발전에 반드시 거쳐야 하는 단계이다. 창업자는 부단히 창조적인 사고를 통해 기업의 성장경로를 찾아 기업이 빠른 발전단계에 오르도록 해야 한다. 교육차원에서 우리는 아이들에게 지식을 가르쳐야 할 뿐만 아니라 사고방식을 가르치고 지식을 응용하여 창조적으로 문제를 해결하는 방법을 가르쳐야 한다.

　낙관, 적극. 이는 성장과정에 반드시 갖추어야할 마음가짐이다. 기업의 창업은 매일 살얼음을 밟는 듯하다. 낙관적인 마음가짐은 기업의 지도자가 긍정적인 마음가짐을 유지하도록 하며 압력에 무너지지 않고 적극적으로 문제를 해결하도록 한다. 교육차원에서 우리는 아이들의 아름다운 미래를 기대하도록 해야 하며, 학습과 생활에 나타나는 문제를 직면할 수 있는 자신을 가지도록 해야 한다. 한마디로 말해 자신감이 있으면 행복이 있다고 할 수 있다.

차이홍워뉴 설립자 위디

백년의 시간으로 십억의 행복한 아이를 양성하자. 차이홍워뉴는 이런 사명으로 변함없이 나아갈 것이다.

『르스지(日食记)』: 미식과 고양이, 모두의 따뜻한 마음을 위해

『경제일보』"중국경제망"

기자/서잉(佘颖)

[기업 개요]

2014년 5월에 성립된 상하이관터우창(罐头场) 미디어는 요리 숏폼(짧다라는 뜻의 'Short'와 형식을 뜻하는 'form'의 합성어로 몇 초부터 10분 이내의 짧은 길이의 영상을 의미함)『르스지(日食记)』는 숏폼을 올려 단번에 유명세를 탔다. 『르스지』의 숏폼은 귀여운 고양이가 있는 매일 먹는 식사 풍의 영상이다. 현재『르스지』시리즈 숏폼의 조회 수는 70억 회가 넘었고, 웨이버 팔로워 수는 1,200만이 넘었으며, 전체 팔로워 수는 3,500만에 달해 온·오프라인 이용자는 총 3억이 넘는다.

관터우창 산하에는 생활미학인『만들어 보자(做个东西)』, 미식 음악과 관련한『밥을 듣자(听饭)』, 세분화된 미식인『먹고 마시는 소년단(吃喝少年团)』, 여행 맛 집 탐방인『가보자(去个地方)』등이 있다. 2017년 9월 수천만 위안의 시리즈 B 융자를 마친『르스지』의 가치는 수억 위안에 달하고 있다.

따스한 햇볕이 노란 커튼을 뚫고 진한 갈색 조리대에 내려앉았다. 작고 새하얀 타일의 벽에는 검은색의 조리도구 걸이, 원목색의 널판 위에는 크고 작은 조리도구, 투명한 유리병 등이 놓여 있고, 녹색 덩굴식물이 위로 뻗어 자라고 있다. '라오따오(老刀)'의 주방은 아마도 13억 중국에서 제일 많은 사람이 알고 있는 주방일 것이다. 이를 배경으로 찍은『르스지』시리즈 숏폼의 조회 수는 70억 건을 넘겼다.

모니터를 통해 음식의 향기가 전해지지 않지만, 하나하나의 정성스러운 요리를 보면서 네티즌들은 얼굴을 보여주지 않는 요리 고수 '라오따오'와 귀여운 고양이 '쑤빙(酥饼)'을 기억하게 되었으며, 햇빛이 깃들고 조명이 따스한 주방에 익숙해졌다.

요리 프로그램일 뿐만 아니라 생활을 이야기하는 프로그램

라오따오의 이름은 장솬(姜轩)이다. 모두 그를 '아저씨'로 생각하지만 그는 수염을 조금 기른 1980년생의 청년이다.

짙은 색 면마(綿麻)셔츠를 즐겨 입고 영상에 나타나는 장솬은 아무 말도 하지 않는다. 그는 '상큼한' 주방도구를 사용한다. 장솬은 이렇게 말했다. "나는 네티즌들이 영상에 집중하도록 의식적으로『르스지』에서 자신의 존재감을 줄였다." 상큼한 스타일은 아마 그의 천성일지도 모른다. "나는 원목 스타일을 좋아하고 미니멀리즘(minimalism: 장식적인 요소를 일체 배제하고 표현을 아주 적게 하는 문화예술 기법이나 양식)을 지향한다." 장솬은 스타일을 정하고 시작한 것이 아니고, 처음에는 '상큼한' 스타일이 지금처럼 유행하지 않았으며 우연하게 트렌드와 겹치게 된 것이라고 했다.

하지만 지금 『르스지』 영상에 등장하는 앞치마, 접시, 팬 심지어 휴지통까지의 모든 물건은 장솬과 그의 팀이 정성을 다해 찾아온 『르스지』 스타일의 소품이다.

바이두(百度)에서 '르스지'를 검색하면 '르스지 메뉴', '음악', '글자체', '앞치마'가 나온다. 장솬에게 물어서야 기자는 '르스지'라는 문학적이고 예술적인 로고가 전문가를 청해 설계한 것임을 알게 되었다.

"여러분들에게 따뜻하고 정교로우며 의식적인 느낌의 생활방식을 전달하고 싶다."는 장솬은 "세 들어 살던 시절에 커다란 자신의 주방을 갖는 집에서 살기를 원했다"고 했다. 그가 집을 마련하고 인테리어를 할 때 거의 모든 예산을 주방에 투자했다. 식칼 한 자루의 가격이 만 위안이 넘을 정도다.

『르스지』에서 장솬은 단아한 면마 식탁보, 베이지색의 수공 질감의 거친 도자기 접시를 통해 자신이 좋아하는 것을 보여주고 있다.

"팬 중 70%는 젊은 여성이다. 『르스지』는 독립적으로 생활하고 금방 경제활동을 시작한 이들이 희망하는 생활을 보여주고 있다." 장솬은 이렇게 말했다. "회사에서 하루 일을 마치고 집으로 돌아와 지친 몸으로 침대에 누워 한가롭게 고양이와 놀고, 표고버섯에 예쁜 꽃을 만들고 느릿느릿 두부를 노랗게 구워 하얀 그릇에 담아 식탁에 올린 후, 밀집방석을 깔고서 숟가락을 들어 음식을 여유롭게 먹는 영상을 보면 치유되고 있음을 느낀다." 이런 내용의 네티즌 댓글이 있다. "담연(淡然)한 '라우다오'와 '쑤빙'의 귀엽고 영리한 모습을 보면 안정감이 든다." 이런 모습은 특별한 날에 더욱 따스함을 전달해 준다. 설날 그들은 할머니의 미트볼을 만들고 졸업계절에는 전기밥솥 훠궈를 만든다. 훠궈에서 끌어 오르는 것은 음식뿐이 아니라 지난 세월의 어리석음이고 이상이며 우정이다. "당신의 마음과 위를 치유하는 따스함"이라는 『르스지』의 슬로건이 정말 적절하지 않을 수 없다.

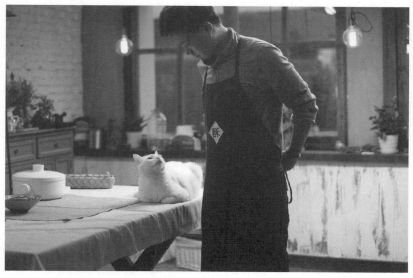

요리 고수 '라우다우' 와 귀엽고 영리한 고양이 '쑤빙'

"『르스지』는 요리 프로그램일 뿐만이 아니라 생활을 이야기하는 프로그램이다." "우리는 요리하는 법을 배워주는 것이 아니라 생활방식을 전달해 준다."고 장솬은 확신에 찬 목소리로 말했다.

먼저 핫 트렌드인 숏폼을 시작하게 된 좋은 점과 걱정

숏폼을 제작하기 전 장솬은 이미 10년간 창업활동을 했다. 원래 방송국 PD였던 그는 자신의 미디어 작업실을 만들었다. 2013년 말, 장솬은 요청을 받아 투떠우왕(土豆网-https://www.tudou.com/)에서 주최한 PGC 콘텐츠 공모전에 참가했다. 요리를 하는 것이 제일 경제적이고 주방기구와 식재료 면에서 충분하고 배우필요도 없기에 장솬은 직접 『르스지』의 첫 영상인 『크리스마스 생강 빵』을 제작했다.

그 시기 숏폼은 거칠고 간단하게 만든 영상의 대명사였다. 장솬과 같은 전문가가 제작한 미학적인 창작물이 극히 적었다. 때문에 투떠우왕에서 처음으로 선보인 『르스지』는 투떠우 영상 페스티벌 최고인 '크리에이터 상'을 받았다. 공모전이 끝난 후, 장솬은 첫 엔젤투자 200만 위안을 획득했다.

당시 장솬은 영상 창업방식을 몰랐을 뿐만 아니라 재무방면의 계획도 없었다. "융자를 신청 때 나는 투자자에게 '다 밑지면 어떻게 되는 겁니까?'하고 물었다. 그러자 투자하는 측에서는 '그럼 밑지는 것이지요'라고 답하면서 자신들은 일절 경영에 간섭하지 않는다고 했다. 그래서 나는 돈을 가져왔다." 돈이 입금되자 장솬은 고가 촬영장비 구입에 거의 모든 자금을 써버렸다.

사실『르스지』영상 한편 제작비용은 많지가 않다. 수천 위안에서 만 위안 정도이다. 하지만 장솬은 영상은 전문적이어야 한다는 의식이 강했다. 장비를 장만한 후에야 그는 돈이 얼마 남지 않았음을 알게 되었다. 그는 어떻게 다음 투자를 받아야할 지를 몰랐다.

　2015년의 숏폼은 지금처럼 붐이 일어나지 않았던 때였다. 시장이나 투자자, 기술 모두 준비가 부족한 상황이었다. 장솬은 그 시기에 웨이버조차도 직접 영상을 올리는 기능이 없었기 때문에 웨이버에 영상을 올리려면 웨이버 문장에 여우쿠(优酷)의 영상 링크를 걸어 링크를 클릭해서 봐야 했다고 했다. "후에 웨이버에 숏폼을 올릴 수 기능이 나오면서 직접 무손상 숏폼을 게시할 수가 있었다.'

　사용자는 좋은 영상을 볼 수 없기에『르스지』의 내용이 좋아도 발전공간이 별로 없었다. 제일 어려운 시절에는 장솬은 집을 저당 잡혀서 직원들의 월급을 지불해야 했다. 그는 직원들에게 월급 체불 상황이니 이를 받아들이면 남고 아니면 떠나도 된다고 했다. 그러다가 투자자의 추가 투자를 받고나서야 그는 난관을 이겨낼 수 있었다.

　장솬은 그 시절을 회상하면서 후회 하지는 않는다 했다. "우리는 전문 촬영장비가 있었기 때문에 매번 빌려 쓰지 않아도 됐다. 거기에다 우리는 촬영장비를 깊이 있게 이해하고 이용할 수 있게 되었다. 이는『르스지』의 고품질 영상의 비결이며, 경쟁자들보다 훌륭한 영상을 제작할 수 있는 원인이다. 시각 지수는 대형 영화의 품질과 맞먹는다." 그는 이렇게 해석했다. "먼저 숏폼을 시작하게 된 것이 좋은 점도 있고 곤란함도 있었지만 방향은 정확했다."

2016년 숏폼 붐이 일어날 때까지 견뎌냈다. 그해 중국에서 4G사용자가 7.7억에 달해 사용자 침투율이 58.2%였으며, 3G/4G 모바일 사용자는 9.4억이 되어 숏폼 사용자 시청률이 대폭 늘어났다. 각 동영상 사이트에서도 숏폼에 대한 지원계획을 발표하여 수입이나 자금 지원형식으로 숏폼 업의 발전을 자극했고, 숏폼 업종의 생태사슬을 개선했다.

사용자시장, 상업시장의 활성화로 수직유형의 내용은 신속하게 증가했다. 생활요리, 음악 헬스트레이닝 등 수직소비 생태의 성장이 급속도로 발전했다. 2016년 『르스지』와 웨이버는 전략적인 합작을 체결하여 고품질의 숏폼을 먼저 웨이버에 발표하기로 했다.

위챗, 진르터우타오(今日头条), 여우쿠(优酷), 아이치이(爱奇艺) 등 모든 영상 플랫폼은 고품질 숏폼이 필요했다. 빠른 시간에 『르스지』는 여러 플랫폼의 환영을 받게 되었다. 현재 『르스지』의 웨이버 구독자 수는 1,200만이 넘었고 인터넷 전체 구독자 수는 3,500만이 넘었으며, 온·오프라인 총 이용자수는 3억이 넘었다.

고품질 숏폼은 대가급 배치가 필요하다.

수많은 사람들의 꿈의 주방인 『르스지』 주방은 사실 상하이 광지로 (广纪路) 컨테이너 스튜디오에서 촬영했다. 창밖의 경전철로로 기차가 수시로 지나다녔다. 기차소리에 촬영은 수시로 중단되었다. 창밖의 열차, 회사 문에 달린 방울, 명패, 인형……이는 『르스지』의 스타일이 되었다.

안온하고 정연한 『르스지』 영상과 달리 촬영현장은 여간 떠들썩하지 않다. 기자가 방문한 날, 그들은 총칭주꿍꺼훠궈(重庆九宫格火锅)를 촬영하고 있었다. 장솬은 무난한 검은색 후드티셔츠를 입고 조리대에서 식품개발을 책임진 여성과 참기름과 산초기름을 확인하고 있었다. 촬영준비를 마친 7~8명의 직원, 3대의 촬영장비가 그를 둘러싸고 있었다. 비록 5~10분 사이의 숏폼이지만 고품질 영상을 제작하려면 영화 제작의 대가와 같은 배치가 필요했다. '배우'라고 불릴 수 있는 장솬은 리허설과 '동선'에 익숙해져 있었다. "좀 있다가 계란을 이쪽에서 부칠 테니 각도를 잘 잡아요." 카메라맨은 즉시 그 뜻을 이해했다. "각도를 잡고 있다가 클로즈업할 생각입니다."라고 대답했다.

장솬은 요리를 하지만 전업이라고는 할 수 없다. 때문에 『르스지』 영상에는 현란한 칼 솜씨나 불을 일구며 볶는 화면이 없다. 대부분 찌고 삶고 굽는 요리로 느리게 완성되는 요리가 많다.

장솬은 솔직하게 기자의 "요리기술이 화려하지 않네요"라는 말에 고개를 끄덕였으나 『르스지』의 "요리가 맛없다"는 말에는 절대로 동의하지 않았다. "『르스지』의 요리는 매우 맛있다!"고 그는 여러 차례 강조했다. "우리는 10명으로 꾸려진 메뉴 개발 팀이 있는 라오완(老万)이라는 망년지교 친구가 있는데, 그는 일본식당에서 다년간 주방장으로 일했다. 단단(蛋蛋)이라는 젊은이가 있는데, 지금은 『르스지』에 간간이 얼굴을 비추고 있었는데 지금은 나보다 더 유명하다. 우리가 개발한 조리법에 따라 요리하면 무조건 맛있다."

귀여운 '쑤빙 대인님'

간단한 연출이지만 시간의 연마가 필요하다. 장솬은 모든 메뉴를 적어도 3번은 요리한다. 첫 번째는 시험과정으로 전 제작순서와 맛에 대한 조절, 플레이팅(음식을 먹음직스럽게 보이도록 그릇이나 접시 따위에 담는 일) 등을 정하는 것이다. 두 번째는 "메이크업을 한 후의 리허설"이다. 이 과정에서 발표할 문장에 사용할 움짤(주로 인터넷상에서 움직이는 사진이나 그림, 동영상 따위를 이르는 말.)과 사진을 찍는다. 마지막 세 번째는 여러 각도에서 촬영되는 영상제작이다. 이는 모든 과정이 순조롭게 진행되었을 때의 순서이다. 대부분 장솬은 재작업을 한다. 치즈떡볶기를 10번 넘게 촬영했고, 5층 무지개 무스를 완성하려면 한 층마다 2시간 냉동해야 했는데 5층이라 10시간이 걸린 요리도 있었다고 소개했다. 그는 5층 무지개 무스를 세 번 실패하고 네 번째에야 성공했다.

장솬의 말을 들으니 "누구도 쉽게 성공할 수 없다"는 가사가 떠올랐다.

아름다움을 견지하는 것을 돈을 버는 것보다 더 중요하다.

인터넷 스타 고양이 '쑤빙'은 예상외로 촬영현장에 나타나지 않았다. 고양이는 『르스지』 사무실에서 코골며 자고 있었다. 컨테이너를 나서면서 장솬은 기자에게 물었다. '먼저 고양이 보러 가실래요?'

『르스지』에 오는 사람들 모두가 먼저 고양이와 '스킨십'을 한다. 흰 고양이 '쑤빙'은 『르스지』 영상에 반 넘게 등장한다. 길 고양이이던 '쑤빙'은 장솬에 입양된 후 회사의 마스코트가 되었고 『르스지』의 스타가 되었다. '쑤빙'은 관터우창(罐头场) 미디어의 CEO이다. 그러니 장솬은 고양이를 위해 일한다고 할 수도 있다. 비록 '쑤빙'은 작은 물고기 통조림 외에는 관심이 없지만 『르스지』는 늘 '쑤빙'의 시야로 촬영된다. '쑤빙'의 애교는 이유가 있고 이익도 있다.

웨이버의 '쑤빙' 계정은 476의 구독자를 보유하고 있으며, 모두 '쑤빙 대인님'으로 존칭한다. 고양이가 발가락만 올려도 7,000여개의 '좋아요'가 달린다. 참으로 보기 드문 유명 계정이다.

'쑤빙님'을 핵심으로 『르스지』는 자신의 계정 진영을 만들었다. 『마셔보자(喝个东西)』, 『만들어보자(做个东西)』, 『가보자(去个地方)』 등은 여러 플랫폼에 입성하여 서로 클릭수를 높여 주고 출현 빈도를 높여 주어 『르스지』의 상업 현금화를 위한 기초가 된다.

'라오따오' 손에서 탄생한 오감을 자극하는 미식

　돈을 벌려면 『르스지』는 자연적인 장점이 있다. 그들의 구독자는 1, 2선 도시와 3, 4선 도시에 골고루 분포되어 있다. 3, 4선 도시의 구독자들은 온라인에서 본 그들의 바라는 일상을 오프라인에서 구매하기가 불편하기 때문에 『르스지』의 가이드와 추천이 필요하다. 하지만 장솬은 PPL(Product[제품]+Placement[배치]의 합성어로 PPL은 어떤 제품을 배치해서 하는 광고라는 뜻이다.

　즉 간접광고의 대표적인 형태로 방송 프로그램 속의 소품으로 등장하는 상품인데 협찬을 제외한 대부분의 간접광고를 말한다.)을 잘하지 않는다.

관터우창 내부 모습

　PPL을 한다고 해도 장솬은 영상미가 더 중요하다고 생각한다. "병의 디자인이 예쁘지 않은 간장, 식초는 아무리 많은 돈을 준다고 해도 넣지 않는다." 자주 영상에 등장하는 제품이라도 광고료를 받은 제품이 아닌 것도 많다. "예를 들면 Smartisan(锤子手机)이다. 나는 이 핸드폰의 디자인을 높게 평가하는데『르스지』에서 무료로 여러 차례 등장했다."

　『르스지』의 광고 협찬사가 류삐쥐(六必居), 하이텐텐간장(海天酱油), 라오깐마(老干妈), 우창쌀(五常大米) 등을 유명 브랜드라고 여긴다면 그릇된 판단이다. 이태리의 고급차 브랜드인 Alfa Romeo가『르스지』에 광고를 실었다.

장솬이 Alfa Romeo의 SUV를 몰고 저우산(舟山)에 가서 바다낚시를 하고 굴을 구워 먹는 장면에는 낭만과 여유가 넘쳐흘렀다. 창솬은 Alfa Romeo와의 합작을 크게 만족했다. "저우산의 작은 어촌과 이태리의 어촌은 분위기가 비슷하다. 하지만 Ferrari라면 아마 거절했을 것이다. Ferrari의 브랜드 분위기와 『르스지』의 이미지가 다르기 때문이다."

　　『르스지』는 자체 브랜드의 커피, 밀가루와 소스 등 빠른 소비제품의 판매를 시도했다. 타오빠오(淘宝)에서 판매된 자체 브랜드 파기름 비빔면 소스는 1.4억 개의 판매량을 기록했다. 이는 장솬이 긍정적으로 고려하는 방향이다. "무지 스타일의 젊은 버전 라오깐마를 만들자." 동시에 『르스지』는 상하이 스마오광장(世茂广场)에 자리한 오프라인 매장이 곧 오픈하게 된다.

『르스지』가 출시한 여러 가지 제품. 사진은 카페라떼.

또한 알리바바 산하 허마셴성(盒马鲜生)과 합작하여 『르스지』 영상에 나오는 모든 식자재를 구매할 수 있는 "『르스지』의 장바구니"를 출시했다. 온·오프라인의 연동이 추세가 되고 있는 지금 IP를 가지고 있는 『르스지』 스토어는 수많은 상업 체의 환영을 받고 있다. 그들은 우대정책으로 『르스지』를 유치하려고 한다. 장솬은 내년이나 후년이면 포지티브 현금 흐름을 향해 노력할 것이라고 예측했다.

창업자의 말

관터우창의 설립자 장솬

2016년의 어느 날 나는 물건을 사러 집 앞 슈퍼에 갔다. 세수도 하지 않고 수염도 더부룩한 얼굴에 전날 입었던 옷을 걸쳤다. 젊은 여자애가 다가오더니 조심스레 『르스지』의 장라오파오인가 하고 물었다. 나는 짐짓 태연한 척하며 잘못 봤다고 했다. 비록 겉으로는 내색을 내지 않았지만 마음은 너무 벅찼다. 그때 나는 처음으로 『르스지』가 진짜 유명해졌다는 생각이 들었다.

최초의 작업실은 초라했다. 5명이 10여 ㎡도 되지 않는 곳에서 일했고 월급도 제대로 지불하지 못했다. 그때에는 지금처럼 150명의 직원을 가진 회사로 발전할 것이라는 생각을 해본 적도 없었다.

지금의 관터우창은 『르스지』 영상을 제작하고 『만들어보자』, 『가보자』는 등의 다른 콘텐츠를 제작하고 전자상거래, 도서 판매, 오프라인 매장 개설 등 여러 가지 팀으로 분류되었다. 나의 신분도 점점 변화되고 있다. 나는 관터우창의 CEO이고 연출이며 『르스지』의 '배우'이고 도서 작가이며 매장 주인이기도 하다. 날로 많아지는 생소한 얼굴의 사무실 직원들과 많아지는 새로운 업무로 근심이 없었다면 거짓말이다. 나는 나에게 하고 싶은 것이 무엇이고 목적이 무엇이며 처음에 하려는 일과 비교할 때 어떤 변화가 일어났는가를 되묻는다.

관터우창에 대한 대답이 날로 복잡해지는 것을 발견하게 되었다.

관터우창 설립자 장솬

우리 팀의 모든 팀원들도 변화를 추구함을 발견했다.

우리의 디자이너는 그림을 잘 그릴 뿐만 아니라 문장도 잘 쓴다. 지금은 뉴미디어 마케팅 업무도 보고 있다. 카메라맨은 내부 영상 제작 시합에서 발견한 인재로 지금 이미 연출을 맡고 있다. 음향팀 동료는 자신의 일을 완성하면서 직원들을 위해 개인 영화관을 만들었다. 우리 회사 식당 아저씨도 회사 젊은이들과 어울리며 스케이트보드를 배우고 있으며, 때로는 『르스지』에 얼굴을 비추기도 한다. 모두 새로운 시도를 한다. 이런 시도는 확실히 그들 자신에게 더욱 큰 가치를 창조해준다.

나는 우리 회사가 모든 팀원들의 학교와 같아 영원히 희망을 가지고 학습하는 태도를 영원히 간직하기를 희망한다. 나는 우리 학교 학생들에게 성장 공간을 제공하고 싶다. 오직 우리가 관터우창에서 열심히 생활해야만 우리는 우리가 희망한 대로 팬들을 위해 그들의 마음을 따뜻하게 하고 치유해줄 수 있는 내용과 제품을 창조할 수 있다. 다행히도 나 자신에 대한 대답은 변한 적이 없다. 나는 여러 사람들의 인정을 받는 합격한 연출자가 되고 싶다.

츠원(慈文) 미디어 : '중국의 좋은 이야기'가 생산되는 곳

『경제일보』'중국경제망'

기자/량젠샤오(梁剑箫)

[기업 개요]

2000년 마종쥔(马中骏)은 베이징츠원영시제작유한회사(北京慈文影视制作有限公司)를 설립했다. 업계의 영향력을 바탕으로 츠원은 두각을 나타내기 시작했으며 국가라디오텔레비전총국(国家广播电视总局)의 허가를 받아 중국의 첫 드라마(갑)제작 허가를 받은 민영회사 중 하나가 되었다. 2015년 회사는 구조 조정을 단행했고, '츠원 미디어주식유한회사'의 이름으로 중국 A주 시장에 상장했다.

설립이후 『특공황비 초교전(楚乔传)』, 『노구문(老九门)』, 『화천골(花千骨)』, 『극장(剧场)』, 『마 씨네 행복한 지난 이야기(老马家的幸福往事)』, 『암흑자(暗黑者)』, 『서유기(西游记)』, 『신조협려(神雕侠侣)』, 『칠검하천산(七剑下天山)』, 『집(家)』『반생연(半生缘)』 등 일련의 우수하고 대중의 호평을 받은 시대의 걸작들을 제작했다. 2018년 7월까지 츠원 미디어는 총 75부의 영상 작품을 제작했다. 그중 드라마 제작은 총 2000회가 넘었고 시청률과 시장 점유액도 선두권을 유지하고 있다. 중화의 문맥과 시대적 특성을 견지하였기에 세계 각지 중국인이 살고 있는 지역에서 호평을 받았을 뿐만 아니라 대외적 문화 교류, 창의성 제품 수출 등의 경로를 통해 일본, 한국, 유럽과 북미지역 시장에 진입했다. 이에 츠원 미디어는 연속해서 국가상무부, 문화와 여행부, 국가라디오텔레비전총국으로부터 '국가문화수출중점기업'으로 선정되어 중국이야기를 세계적으로 송출하는 중요 한창구와 교량이 되었다.

지금 중국 드라마와 영화산업은 전성시대라 할 수 있다. 긍정적 에너지를 가진 좋은 이야기는 대량으로 영화·드라마와 인터넷 드라마 등의 형식으로 관중들에게 전달되었다. 번영의 배후에는 국가의 정책적인 지지가 있었을 뿐만 아니라 영화드라마 제작기구의 부단한 새로운 시도가 있었기에 가능했다. 마종쥔(马中骏)과 그의 츠원 미디어주식유한회사는 가히 업계의 대표라 할 수 있다.

"츠원 미디어는 줄곧 새로운 문화창작을 존중하고 혁신을 존중하며 인재를 존중하였기에 오늘의 발전을 가져올 수 있었다." 기업의 창업 여정을 이야기하면서 츠원 미디어주식유한회사 설립자며 회장인 마종쥔은 이렇게 말했다.

충분한 준비를 통한 창업

2000년 당시 중국문련음향출판사(中国文联音像出版社) 상무부사장인 마종쥔은 베이징츠원영시제작유한회사(2015년 9월 회사는 선쩐 증시 중소판에 상장하면서 '츠원 미디어주식유한회사[慈文传媒股份有限公司]'로 개명했다.)를 설립했다. 사실 당시 중국의 영화와 드라마 산업은 지금처럼 번영하지는 않았지만 큰 잠재력이 있었고, 여러 가지 발전 가능성도 있었다. 마종쥔과 그의 창업 팀의 영화와 드라마 제작의 주요 취지는 '유행의 클래식'을 만드는 것이다. "클래식 작품에는 심각한 사상적 의미가 내포되어 있고 문화정신이 깃들어 있기에 영화와 드라마의 표현방식을 통해 더 효과적으로 관중들에게 전해질 수 있다." 마종쥔의 말이다.

당시는 홍콩과 대만 드라마가 유행하고 있었다. 비록 이야기와 제재가 풍부하고 창의적이기는 하지만 제작은 비교적 간단했다. 특히 고전극은 대부분 가짜 조형물을 만든 실내 세트장에서 촬영했다. 마종쥔은 이것이 좋은 돌파구라고 생각했다. 그는 김용(金庸)과 고룡(古龙)의 여러 작품 판권을 구매하여 대부분 실제 배경으로 촬영한 무협 드라마 몇 부를 제작했다. 마종쥔과 그의 팀원들은 무협드라마에서의 영웅은 모두 세상을 비탄하고 백성의 질고를 불쌍히 여기며 포부가 있고, 세상의 안위를 걱정하는 인물이라고 여겼다. "이런 인물의 선정은 소비자의 보편적인 인식과 부합되며 시장의 기대에 부응한다." 무협드라마를 촬영하던 초기에 츠원미디어는 '무협의 경지'와 '무협의 정서'를 제기했다. 바로 이런 '경지'와 '정서'가 있었기에 홍콩과 대만 드라마의 때리고 죽이는 요란한 영상이 아름다운 경치와 아름다운 정, 아름다운 경지를 이겨내지는 못할 것이라는 사실을 증명했다. 츠원미디어는 영화와 드라마 방면에서 독특한 전략을 선택했다. 이는 마종쥔의 개인적인 문화 수양과 떼어놓을 수 없다. 마종쥔은 어려서부터 문학, 역사, 철학 등의 서적을 즐겨 읽었다. 그는 희극계에 입문하면서 중국연극의 창시자인 숑퍼시(熊佛西)에게서 직접 전수 받은 제자인 취신셴(曲信先)의 지도를 받아 적지 않은 희극의 창작기교와 경험을 얻었다. 1980년에 그는 지아홍위안(贾鸿源), 취신화(瞿新华)와 공동으로 선봉 의식이 다분한 단막 극『집 밖의 열류(屋外有热流)』를 창작했다. 이 연극은 당시 제일 좋은 전문 월간지인『극본(剧本)』에 실려 국내외 업계에 큰 선풍을 불러일으켰다. 1980년『집 밖의 열류』

는 제1기 전국우수 극본상을 받았다. 마종쥔도 '중국의 실험연극 선봉'으로 불렸다. 그 후에는 개혁개방 초기 사상해방 극본인『거리에서 유행하는 붉은 치마(街上流行红裙子)』, 『백사장(海滩)』 등을 창작했다. 이 극본들은『옥스포드희곡선(牛津戏剧选)』과『뉴욕당대희곡선(纽约当代戏剧选)』에 실렸다.

"연극에서 영화와 드라마로 전향한 후 초기에 쌓은 연극 창작기교와 경험은 츠원 미디어의 발전에 보탬이 되지 않은 것은 아니다. 연극 경력이 있었기에 작품을 심사할 때에 다른 동료들보다 더욱 전문적인 장점과 전문적인 안목을 가질 수 있었다."고 마종쥔은 말했다.

창업은 견인불발(堅忍不拔: 굳게 참고 견디어 흔들리지 않음)에서 시작된다.

영화·드라마산업은 여러 층면에 불확정 요소가 있기에 투자와 수익은 높은 위험을 가지고 있는 특징이 있다. 시장에서의 프로젝트 위치 선정은 더욱 중요하다. 구체적으로 말하면 영화 드라마 제작과정에서 직면하는 전략적인 판단과 집행이 있다. 이 과정에서 나타난 문제를 해결하는 것은 결정자의 견인불발적 용기와 도전의 정신을 요구한다. 리메이크 드라마『서유기』의 제작은 무척이나 어려웠다. 이 과정은 츠원 미디어 노력의 축소판이라 할 수 있다.

2004년 츠원 미디어는『서유기』의 제작을 시작했다. 최초의 기획 과정에서 많은 사람들이 양제(杨洁)의 86년 버전인『서유기』가 이미 많은 인정을 받고 있기에 이를 리메이크 한다는 것은 모험적인 일이라고 했다. 옛것을 그리워하는 것은 사람의 보편적인 심리이다. 특히 이미 사람들의 인식에 아름다움으로 남겨진 부분은 더욱 그러하다. 신『서유기』는 무엇으로 사람들의 습관을 이겨낼 것인가? 만일 그렇지 않다면, 고생한 보람이 없지 않겠는가?

마종쥔과 팀원들은 진지한 조사와 연구 분석을 거쳐 비록『서유기』를 리메이크하는 것은 츠원 미디어에게는 큰 도전이지만 중국드라마 제작에는 과거의 미진한 점을 극복하고 원작의 매력을 복원하며, 상상력을 보여줄 수 있는 좋은 기회라는 판단을 내렸다. 마종쥔은 팀원들에게 츠원 미디어의 일관된 장점은 액션극을 제작한 경험을 통해 극의 모든 액션장면에 심혈을 기울일 것을 요구했다. 동시에 신『서유기』는 원작의 사상을 더욱 선명하게 전달하도록 했다. "우리는 시청자들이 영상을 기억하기를 희망하며, 깊은 사상적 계시를 받기를 희망한다."고 마종쥔은 말했다.

촬영계획에 따라 특수효과 비용, 장소대여 비용, 드론촬영과 수중촬영 비용 등 사전에 비용을 계산했다. 마종쥔은 회당 200만 위안이라는 제작 예산에 눈이 휘둥그레졌다. 당시 중국 드라마 제작은 회당 100만 위안이면 이미 최고가였다. 마종쥔은 이렇게 말했다. "당시 나는 시장의 상황에 따라 해외에서 회당 5만 달러 정도는 판매할 수 있다고 예측했다. 하지만 여전히 제작에 사용한 자금의 원금을 회수하는 것은 어렵겠다고 생각했다. 하지만 드라마의 제재가 좋고 고 품질의 제작을 한다면 예상가보다 높은 가격을 받을 수 있다고도 생각했다. 조금 손해 본다고 해도 처음이라서 괜찮다는 생각이 들었다. 나는 재방송 가치가 있는 드라마라고 여겼기 때문이다. 장기적으로 본다면 미래는 매우 낙관적이었다."

마종쥔은 몇몇 방송국으로부터 선금을 받아 자금문제는 조금 완화되었다. 하지만 2009년에 마종쥔은 한 방송국 책임자에게서 저장(浙江)의 한 영화드라마 제작사에서 『서유기』를 재 제작했으며 2010년에 방영될 것이라는 소식을 들었다. "당시 정말 어찌할 줄을 몰랐다. 같은 제재인 우리는 이제 막 시작하려는데 그들은 이미 시작했고, 우리보다 더 빠르고 방송국에서도 구매를 했다고 한다. 당시 그러한 압력은 정말로 컸다. 우리와 합작의사를 보여주었던 친구들도 위험이 너무 크다며 하나둘씩 포기했다. 하지만 여러 방송국 관련 책임자들은 우리가 만든 『서유기』가 그들과는 다를 것이라고 하면서 그들의 드라마를 구매했더라도 또한 우리 드라마도 구매할 것이라고 했다."고 마종쥔은 말했다.

이렇게 제작된

2004년부터 2010년까지 6년의 『서유기』 제작 준비과정에 총 1억 위안을 투자했으며 1000여 명이 동원되었다. 한 제작인원은 이렇게 말했다. "드라마의 창작, 제작부터 후기까지의 과정은 당승(唐僧)이 경을 구하는 과정보다 어려웠다." 2012년 1월 30일 이렇게 제작된 신편 『서유기』는 처음 위성방송국에서 방영되면서 큰 주목을 받았다. 기술 영역에서 여러 가지 국산 드라마의 선례를 기록했다. 회당 적어도 300여 개의 특수 효과 장면이 들어가 있었다.

신편 『서유기』를 경영하는 과정에서 마종쥔은 전통 매체가 강력한

충격을 받고 있다는 사실을 발견했다. 첫째, 위성방송국의 경쟁구도는 마태효과(Mattew effect: 빈익빈 부익부 현상을 이르는 말로 우위를 차지한 사람이 지속적으로 우위를 차지하게 될 확률이 높은 현상을 의미)를 생산하기 때문에 강자는 더 강해지고 약자는 더욱 약해지므로 분화가 더욱 강해진다. 둘째, 새로운 매체는 전통매체에 큰 영향을 미치고 있다. 비록 지금의 매체환경에서 신매체는 전통매체와 상대적으로 약하다고 할 수 있지만, 자유 공간이 상대적으로 크기 때문에 기회를 잡는다면 광고 증량은 수배로 증가할 수가 있다. 동시에 인재도 신매체로 유입된다. 신매체의 조건도 날로 개선되어 그 우월성이 더욱 뚜렷해질 것이다. 마종쥔은 영상매체의 미래는 신매체에 있음을 감지했다. 이에 츠원 미디어는 전략 배치를 확대하여 전통 사유를 타파하는 데에 노력하여 새로운 제작 시각을 개척했다.

창업의 성공은 시대와 더불어

영향력이 있고 경쟁력이 있는 영상제작 기업은 미래를 전망할 수 있는 안목을 가져야 한다. 만약 시대와 더불어 발전하려는 사유가 없다면 영상제작 기업은 시장에서 생존하기 어렵다.

전통 드라마 업계가 날로 성장하면서 2012년 츠원 미디어는 우선 인터넷으로 전형한다는 구호를 제기했다. IP 주시와 IP 촬영에서 마종쥔은 동일 업계의 기타 기업보다 10년이나 앞섰다. "10년 전 인터넷 소설 평가심사위원회 위원을 두 번 했었다. 당시 나는 두 대상 작품 저작권을 구매했다. 하나는 『천안(天眼)』인데 후에 드라마 『국가보장(国家宝藏)』으로 제작했다. 다른 하나는 장하이펑(张海峰)의 『칭망(青盲)』이다. 이 두편의 드라마 모두 좋은 시청률을 기록했다. 이는 츠원 미디어의 최초 IP 개발이다." 마종쥔의 말이다.

츠원 미디어 집단 사진

IP 개발을 유지하는 동시에 저작권에 특히 민감한 마종쥔은 동업계 종사자들보다 2년 먼저 '인터넷 바람'을 감지했다. 2014년에 인터넷 문학 작가 'fresh 궈궈(fresh 果果)'의 동명소설 드라마 『화천골(花千骨)』이 크랭크인 되었다. 이 드라마는 1년 반 정도의 준비를 거쳐 광시(广西)의 관광지역를 선택하여 세트장을 지었으며, 저장헝뎬(浙江橫店) 세트장의 청명상하도(清明上河图), 진 왕궁(秦王宫) 등에서 현지촬영을 진행하여 실내 세트장에서만 촬영하던 사극의 창작 습관을 타파했다. 후기 제작에서도 이 드라마는 독창적인 수묵화 스타일을 형성하여 이후 동일 제재 드라마 제작에 큰 지도적 작용을 했다. 2015년에 방영된 『화천골』은 처음부터 줄곧 여름 방학 시즌의 주중 시청률 1위를 기록했으며 인터넷 시청 횟수도 200억 회라는 신기록을 세웠다. 동명 모바일 게임도 단일 수익 2억 위안을 기록했다. 이렇게 중국 드라마의 '슈퍼 현상' 시대가 열렸다.

"『화천골』의 성공은 풍부한 인터넷 유전자를 가진 IP 각색은 큰 시장 가치를 증명했다." 마종쥔은 이 드라마는 2015년 국산 드라마의 새로운 명사인 히트상품(바오콴[爆款])을 창조했다고 여겼다.

인터넷과 방송국은 다른 시청자를 보유하고 있다. 인터넷 드라마와 전통 방송국은 이념과 조성이 달라 각자의 생존방식과 생존공간이 따로 있다. "미래, TV 시청자는 확대되지 않겠지만 지속적으로 존재할 것이다. 하지만 이들의 시청 습관은 부단히 변화하기에 지속적인 유지가 필요하다." 마종쥔은 지금 더 많은 젊은이들이 휴대폰으로 영상을 보는 경우가 많으며, 컴퓨터를 이용하는 경우가 적기에 인터넷 드라마는 영화드라마의 발전 추세라고 했다. 인터넷 드라마를 제작하는 사람은 인터넷 사유가 있어야 한다. 이런 사유는 나이와 관련이 없다. 중요한 것은 이 영역에 흥미를 느끼고 이 분야에 익숙해져야 한다. "아무리 어린 사람이라도 전통적인 사유방식을 가지고 있다면 인터넷 드라마를 할 수는 없다. 츠원 미디어에는 애니메이션과 게임을 제작하는 팀이 있다. 나는 매일 이들과 교류를 하는데 그들의 남다른 아이디어를 느낄 수 있었다. 그들은 사용자 타깃의 성별, 연령, 직업, 애호 등을 이해하고 있었기에 목표성이 강하고 성공률도 높다."고 마종쥔이 말했다.

수많은 상을 받은 츠원 미디어

또한 중국은 자신의 국정이 있고 영화와 드라마 제작에서의 특징이 있다. 중국영화, 드라마 특유의 운영방식에서 국내의 영화·드라마 산업은 이미 일정한 구조를 형성했다. "서방의 영화·드라마 산업과 비교할 때 이야기나 표현 방식이나 방송 방식 면에서 국내의 영화·드라마 제작의 구조는 중국 시청자의 특정한 수요와 어울린다. 츠원 미디어는 '중노년 시청자', '젊은 시청자'의 애호관계에 따른 영화·드라마의 방송형식을 찾았으며, 자신의 특징과 결합하여 독특한 전달방식과 방송방식을 발견했다."고 마종쥔은 말했다.

마종쥔은 중국의 경제수준과 소비능력의 부단한 향상과 더불어 중국문화는 세계의 주목을 받을 것이라고 했다. 동방문화와 중국문화를 이해하기 위해서 영화·드라마 작품은 지극히 중요한 작용을 한다. 마종쥔은 이렇게 말했다. "중국 문화가 보여주는 상상력과 창조력은 당연히 서방문화와는 다르다. 세계가 중국식 상상을 인정하고 이해하도록 하려면 '조용히 물들이는' 과정이 필요하기에 조급해하지 말아야 한다. 중국문화의 매력을 천천히 보여주어야 한다."

츠원미디어는 국산 드라마의 '해외 진출'을 일찍부터 계획했다. 여러 작품은 해외에서 좋은 반응을 얻었다. 지난 10여 년간 츠원미디어는 여러 차례 '국가 문화 수출 중점 기업'으로 선정되었다. 2009년 츠원미디어가 제작한 『마 씨네의 행복한 지난 이야기(老马家的幸福往事)』는 중국 개혁개방 30년을 기념하기 위한 드라마로 중국 특색이 짙다. 당시 베트남 사람들은 이 드라마에서 중국인들이 겪는 개혁개방 초기의 생활에 나타난 각종 변화와 매우 유사한 시기를 겪고 있었기에 베트

남에서 큰 환영을 받았다. 이 드라마는 같은 해 베트남 방영 드라마의 시청률 최고 기록을 경신했다.

현재 츠원미디어의 '해외진출' 업무 중 아시아 국가가 여전히 상당 부분을 차지한다. 유럽과 미국 등 국가의 업적도 대폭 상승했다. 대표적인 드라마로는 최근의 『화천골』과 『특공황비 초교전(楚乔传)』 두 작품이다. 『화천골』의 이야기는 도가문화가 깃들어 있어 미국 시청자들에게는 생소하지만, 일본과 태국 시청자들에게는 쉽게 다가갈 수 있다. YouTube를 통해 북아메리카, 유럽, 아프리카, 오스트레일리아, 뉴질랜드, 중동지역에서 국내와 동시에 상영된 『특공황비 초교전』은 3.5억 뷰를 기록했으며, 57만 네티즌이 공유했다. 『특공황비 초교전』의 YouTube 계정이 오픈한지 40일 사이에 구독자수는 25.3만으로 증가했고, 영상 시청 시간은 28억 분을 넘었다. 그 중에서 미국에서의 수입은 해외수입의 50% 정도를 차지하여 중국어 영화·드라마의 선례가 되었다. 『특공황비 초교전』에서 신앙의 자유를 추구하는 극중 인물의 모습은 당시 미국 젊은이들의 생각과 일치했기에 미국에서의 성적, YouTube의 미국지역에서의 클릭 수는 다른 나라보다 훨씬 많았다.

2017년 중국국제드라마총회사(中国国际电视总公司)의 주도로 성립된 영화드라마 문화 수출입기업 협작체(协作体)에서 츠원미디어는 7개 상임이사 기업 중 하나가 되었다. 2018년 5월 츠원미디어와 영화드라마 문화수출입기업 협작체는 『양생, 우리 우울하지 않을 수 없을까(凉生, 我们可不可以不忧伤)』의 해외 마케팅 협의를 체결했다. 이렇게 이 드라마는 『특공황비 초교전』 다음의 해외 마케팅 모범사례가 될 수 있는 가능성을 얻었다. '해외 진출'에서 판매 효과뿐만 아니라 중국의 우수한 문화전파가 더욱 중요하다.

지금 츠원미디어는 두 가지 형식으로 '해외진출'을 실현하고자 하고 있다. 하나는 츠원 미디어가 제작한 영상을 해외 플랫폼에서 구매하고, 해외에서 상영되는 것이고, 다른 한 가지는 연합하여 내용을 개발하는 것인데, 내용개발 과정에서 국제적인 특색을 추가하여 국제 발행 요소를 보장하는 것이다. 마종쥔은 지금 중국 영화드라마 내용의 '해외진출' 최대 장점은 방대한 시장, 배우와 저렴한 제작원가라고 했다. 하지만 작품의 협력제작이 인정받기까지는 3~4년의 시간이 걸릴 것이라고 했다.

2017년 마종쥔은 중국인터넷시청대회신시청혁신회담과 인터넷 드라마 포럼에서 참가했다.

마종쥔은 지금 츠윈 미디어는 미국과 영화·드라마 제작 합작을 추진하고 있다고 소개했다. 다음 작품은 미국 관중과 어울리는 제재와 서술방식을 선택할 것이다. 그 효과와 피드백은 츠윈미디어의 '해외진출' 과정의 중요한 참고가 될 것이다. 츠윈미디어는 드라마 '해외진출' 방식을 종합하여 업계의 자원, 기술, 관리 등 요소의 국제적 융합과 발전에 깊이 있게 참여할 것이다.

2017년 7월, 마종쥔은 상하이에서 열린 제15기 중국국제디지털 호동 오락 전람회(ChinaJoy) 포럼 및 2017 중국국제디지털오락산업대회(CDEC)에 참석했다.

마종쥔은 츠원미디어의 향후 발전에 큰 자신감을 보이면서 "미래에 츠원미디어는 계속하여 중국이야기의 국제적인 표현과 효과적인 전파에 진력할 것이며, 문학작품의 영화·드라마 편집의 '중국방식'을 탐색하여 지속적인 혁신과 돌파를 이루려고 한다. '중국이야기, 동방심미, 세계전파'이라는 기업의 이상은 츠원미디어가 예술성과 상업성을 겸비한 훌륭한 작품을 창조하도록 이끌어 나갈 것이다."라고 말했다.

츠원 미디어 회장, 총재 마종쥔

창업자의 말

츠원미디어 회장 및 총재인 마종쥔

드라마는 본질적으로 일반적인 상품이 아니기에 일반 상품의 생산처럼 단순 모방을 할 수가 없다. 영화드라마 제품 특유의 산업의 속성, 제품의 특징, 산업사슬의 존재와 발전방식을 존중하고, 차분하게 연구하는 것은 회사가 지속적으로 진보발전할 수 있는 기초이다. 일반 회사의 운영은 반드시 위치를 연구 선정하고, 목표를 연구하며, 중장기 전략기획을 세워 '타킷'을 확정하고 시작해야 한다. 하지만 영화드라마 회사가 이렇게 일을 시작한다면 각주구검(刻舟求劍)이 된다. 우리는 이동 타킷을 겨냥하기에 대중심리와 사회변화를 예민하게 관찰하고 사회생활에서 발생하는 각종 변화에 즉각 반응하고, 배후와 사람의 관련을 사고해야 한다. 특히 '인성'을 연구해야 한다. 이를 확실하게 해야만 침투력이 있고 시대감이 있는 작품을 제작하여 공명을 일으킬 수 있는데, 만일 이러한 공명을 일으킨다면 자연스레 상업적인 업적도 이룰 수 있을 것이다. 이는 '우둔한' 기술이라고 할 수 있다. 그러나 많은 창작자들이 우리처럼 '우둔한' 길을 선택하려 하지 않고, 조급하게 시간을 투자하고 자금을 들여 양성하려 하기 때문에 우리 업계는 '벌 떼'처럼 쉽게 나타난다. 사실 우리가 자주 언급하는 '품질'은 우선 '우둔한' 기술을 통한 끝없는 노력에서 나온다. 나는 성공의 무기는 첫째 선각(先覺)이고, 둘째는 끝까지 견지하는 것이라 생각한다. 만약 츠원미디어가 근 20년의 발전 과정에서 내놓을 만한 성적을 들라고 한다면, 중국인과 중국이야기에 대한 연구를 이행하고, 이해가 다른 사람보다 빠르고 깊이가 있으며, 시종일관 자신이 잘 하는 분야에서 부단히 자아를 쇄신하면서 나아가고 전진한 것이다!

미래에 영화·드라마 업계는 인터넷 신기술의 부단한 갱신과 더불어 지속적으로 갱신할 것이다. 이는 영화드라마 창작의 표현방식과 시청자들의 접촉방식에 무한한 가능성을 제공할 것이기 때문이다. 소위 말하는 신 경제 기회에 츠원은 제일 큰 도전에 직면하게 될 것이다. 이는 중국의 소프트 실력인 정신문화 제품의 추월을 실현하여 세계의 발언체제에 주류로써 진입할 수 있는 기회가 될 것이다. 그렇기 때문에 우리는 "중국이야기, 동방의 심미, 세계의 전파"를 기업이 추구하는 목표로 정한 것이다.

타이허(太合) 뮤직음악 산업의 파종 자

『경제일보』 "중국경제망"

기자/지레이레이(吉蕾蕾)

타이허 뮤직그룹(太合音乐集团-TAIHE MUSIC GROUP)은 중국의 음악 서비스 선두 기업이고, 문화 창작산업의 대표 브랜디이며, 음악 산업의 선도 기업이다. 타이허 뮤직 그룹은 줄곧 중국음악의 발전을 선도하는 것을 그들의 사명과 책임으로 간주했다.

다년간 탁월한 창조력과 영향력으로 타이허 뮤직그룹은 "연예인 종합 서비스, 저작권 운영 발행, 시청 서비스 플랫폼, 현장 활동 연출, 팬 소셜 커뮤니케이션, 엔터 정합 마케팅"을 위주로 하는 범 엔터 생태시스템을 구축하여 무수한 사용자, 유명 브랜드와 연예인을 위해 다원화 서비스를 제공하고 있다.

대륙을 바탕으로 아시아를 주도하고, 세계 영향력을 가진 타이허 뮤직그룹은 산하에 타이허 마이텐(太合麦田), 하이데 뮤직(海蝶音乐), 따스 저작권(大石版权), 야선 뮤직(亚神音乐), 삥마쓰 레코드(兵马司唱片) 등 유영 음악 브랜드가 있으며, 첸첸 뮤직(千千音乐), 슈둥망(秀动网), Owhat, LavaRadio 등 소셜 네트워크 플랫폼을 구비하여 음악 산업 사슬을 관통하고 있다. 동시에 적극 인터미디어 종합을 추진하고, 다자 공영을 추구하며, 사회적 가치를 공동으로 창조하는 것을 지향하고 있다.

사람들은 항상 음악에 열정적이다. 돈을 아껴가면서 테이프 음반을 사고 CD를 구매했으며 음악 다운을 위해 돈을 지불하기도 한다. 온라인 음악시대는 음악 산업 창업자들에게 수많은 기대를 안겨주었다.

음악 회사에게 이는 좋은 일이다. 2015년 4월에 성립된 신형 음악 서비스 회사인 타이허 뮤직그룹은 2000여 만 개의 정품 음악 파일을 보유하고 있다. 타이허 뮤직 그룹은 이미 국내 최대 음악 저작권 서비스 회사로 성장했다. 최초의 내용 제작, 저작권 운영, 시청 서비스 제공, 연출 활동 기획과 팬 소셜 커뮤니케이션을 제공하던 타이허 뮤직은 음악 산업의 전반적인 체인을 조성했다.

타이허 뮤직그룹 회장 겸 최고경영자인 첸스무(钱实穆)는 저작권 보호는 음악 산업의 수입성장을 촉진하는 중요 원인이고, 유료 사용자 수는 시장에 영향을 미치는 관건이라고 했다. "우리는 음악을 수확하는 사람이 아니라 음악 파종자의 역할을 견지하여 억만 사용자들에게 다원화의, 넓은 음악 서비스와 제품을 제공해야 한다."

음악을 사랑하고 산업의 전경을 정확하게 보다.

첸스무는 음악 산업의 발전 잠재력은 무한하다고 말했다. 2015년 4월 그는 타이허 마이톈과 하이뎨 음악, 다스 저작권과 연합하여 신형 음악 서비스 회사인 타이허 뮤직그룹을 설립했다. 3대 중국어 음악 브랜드는 전 중국어 음악 발전사의 축소판이다. 이번 연합은 자본의 추진 하에 뭉쳐 발전하기 위해서이며, 세계 중국어 음악시장의 점유율이 제일 큰 '유니콘'의 출현이라고 할 수 있다.

검은 테의 안경을 쓴 첸스무의 언어와 행동은 예술가로서의 느낌이 다분했다.

첸스무는 음악을 좋아하고 노래 부르기도 좋아한다. 베이징대학교 에 다니던 시기에는 밴드를 조직해 직접 메인 보컬을 맡기도 했다. 1991년 첸스무는 베이징대학교 경제관리학부를 졸업하고 몇 개 회사 에 취직하여 일을 하는 과정에서 점차 두각을 나타냈다. 줄곧 음악 에 대한 초심을 잃지 않고 주의하며 바라보았기에 그는 음악 산업의 발전 잠재력이 무한하다고 여겼다.

2002년 이전의 음악계는 음반 시대였다. 대다수 음악 회사의 운영 중심은 여전히 유행 음악에 대한 홍보와 유행가수의 양성이었다. 하 지만 인터넷의 쾌속적인 발전과 더불어 음악 산업은 테이프 음반, CD 음반시대에서 MP3 시대, 온라인 음악시대로 진입했다. 이런 변화 에서 첸스무는 사업의 발전계기를 발견했다.

1986년에 성립된 하이데(海蝶) 음악은 전통 음반시대의 대표기업으 로 수많은 우수한 제작자와 유명 연예인을 배양했으며, 중국 대륙, 중국 홍콩, 중국 타이완과 싱가포르·말레이시아 등 5대 중국어 지역 을 망라한 서비스를 제공하고 있었다.

1996년에 성립된 마이톈 음악도 역시 중국 내지 원곡 제작과 음악 인재 발굴을 하는 회사였다. 2004년 타이허는 이 회사를 인수하여 이름을 타이허 마이톈(太合麦田)으로 변경했다. 이 이름은 유행 음악 의 대명사가 되었고, 타이허 마이톈도 음악업계 발전을 선도하는 기 업이 되었다. 다스 저작권은 작사·작곡 전문으로 유명했는데, 그들의 서비스는 중국어 음악계 전반을 망라하고 있었다.

인터넷의 발전과 함께 전통 음악업계는 큰 도전에 직면하게 되었다. 2002년에 바이두MP3(百度MP3)가 서비스를 시작했다. 그 뒤를 이어 쿠거우 뮤직(酷狗音乐), QQ 뮤직(QQ音乐), 샤미 뮤직(虾米音乐)이 온라인 서비스를 시작하면서 음악 산업은 빠른 시간에 온라인 음악 시대로 진입했다.

타이허 뮤직 그룹 산하 첸첸 뮤직은 중국 음악의 포털사이트가 되었다.

"당시 우리는 새로운 단계를 고려하고 있었다. 바로 기존의 슬럼프, 산업사슬의 문제를 정리하고 혁신, 생태 화를 융합시키는 방식으로 종합하려 했다." 첸스무는 2015년 타이허 뮤직이 4억 사용자를 가지고 있는 바이두 음악을 인수하면서 인터넷 사용자를 가지게 되었다고 했다.

사실 온라인 음악 업계에서 타이허 뮤직은 사용자가 제일 많고 방문횟수가 제일 많은 것도 아니다. 첸스무는 사용자가 제일 많고, 저작권이 제일 많은 음악 플랫폼이 강한 것이 아니라, 전반적인 음악산업을 제일 긴밀하게 연결한 음악플랫폼이 제일 강하다고 여긴다.

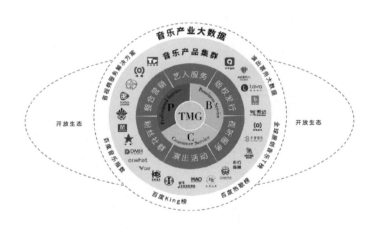

타이허 뮤직그룹은 발전형식을 보완하는 한편 특유의 전체적인 산업체인의 형식에 대한 일련의 업그레이드를 진행하고 있다.

새로 조직된 타이허 뮤직은 다른 서비스 대상에 따라 업무형식을 P 사용자(프로 사용자), B 사용자(비즈니스 사용자)와 C 사용자(개인 사용자)로 나누어 콘텐츠 제작뿐만 아니라 음악인을 위한 음악 제작, 기획, 홍보, 발행 등의 서비스를 제공했으며, 업계 종사자의 홍보 요구에 따라 콘텐츠 내용을 업계 사용자에게 발행하고 업계 사용자들이 각자 요구에 따라 다른 제품 형태로 개인 사용자들에게 제공하도록 했다. 또한 개인 사용자를 위해 바이두 음악, 슈둥(秀动), Lava Radio 등 음악서비스 플랫폼 및 콘서트, Live House 등 공연 서비스와 티켓 판매서비스를 제공했으며, Vae+, Owhat 등 팬과 굿즈 마케팅 업무를 제공하는 등 온·오프라인 서비스를 출시했다.

이렇게 콘텐츠 제작, 저작권 운영, 시청 서비스부터 공연활동, 팬 소셜 커뮤니티까지 타이허 뮤직그룹은 소리 없이 음악의 전반적인 산업 체인에 대한 배치를 완성했다.

사용자 지상, 다원화 서비스 제공

첸스무는 음악의 전반적인 산업 체인의 생태체계를 배치하는 과정에서 제일 중요한 부분은 서비스라고 했다. 오랫동안 P 사용자와 B 사용자에 대한 서비스는 타이허 뮤직의 강세였다. 그러나 환경의 변화로 인해 반드시 C 사용자를 찾아야 했다.

중국음향과 디지털출판협회 음악 산업 촉진회에서 발표한 『2016 음악 산업 발전보고(音乐产业发展报告)』에서는 디지털 음악의 저작권은 이미 '독점'에서 '권한 대행'의 공유 형식으로 변화한다는 판단을 내렸다. 플랫폼에서 거액을 들여 음악 저작권을 구매하고, 이를 통해 유료회원을 발전시키려고 했지만, 줄곧 무료로 인터넷 서비스를 이용하던 사용자들이 유료 결제를 받아들이기까지 긴 과정이 필요하다. 음악회사는 반드시 사고를 전환해서 서비스를 늘여 사용자를 유치해야 한다.

챈스무는 음악의 전반적인 산업 체인의 생태 체계를 배치하는 과정에서 제일 중요한 부분은 서비스라고 했다. 타이허 뮤직그룹의 서비스 상대는 수많은 C 사용자뿐만이 아니다. P 사용자와 B 사용자도 타이허 뮤직의 주요 서비스 부분이다.

오랫동안 P 사용자와 B 사용자를 위한 연예인을 위한 서비스, 대리 발행 및 음악 회사에 대한 저작권 사용 허가 등 서비스는 타이허 뮤직의 강세였다. 텅쉰뮤직(腾讯音乐), 아리뮤직(阿里音乐) 등의 회사는 타이허 뮤직의 서비스를 이용하는 회사이다.

상당히 긴 시간 동안 콘서트, 뮤직 페스티벌, Live House 등 다양한 서비스 형태를 선보였지만, 수많은 C 사용자를 상대로 하는 서비스는 타이허 뮤직의 부족한 부분이었다. 챈스무는 이렇게 말했다. "우리는 CD를 판매할 때 음향시장을 이용한다. 누가 우리의 CD를 구매하는지에 대해서는 모르고 있었다. 우리는 핫한 노래, 핫한 연예인을 통해 시장의 취향을 판단한다. 하지만 기본 사용자에 대한 판단은 명확하지 않다."

"모바일 시대에 음악 회사가 오랫동안 발전을 유지하려면 자신의 사용자가 어디에 있으며, 누가 이용하고 있는지를 이해해야 하며, 어떤 서비스를 요구하는지를 알아야 한다." 첸스무는 새로운 환경변화에서 반드시 C 사용자들을 찾고, 효과적인 서비스를 제공해야 한다고 솔직하게 말했다.

C 사용자 시장에서의 불리한 상황을 전환시키기 위해 타이허 뮤직은 바이두 음악 플레이어 주도권을 구매했을 뿐만 아니라 바이두 검색, 지도 등 기초 데이터를 이용함으로써 사용자들의 행위방식을 정확하게 이해했다.

첸스무는 음악 회사가 성장 발전하려면 반드시 기술과 시장의 변화를 따라야 한다고 했다. "저작권 사용방식에서 전 C 사용자 서비스, 콘서트를 관람하는 사용자, 노래를 듣는 사용자 등 우리는 C 사용자가 어디에 있고, 누구인지를 알 수 있다. 이 루트는 넓어질 것이다. 동시에 이는 우리의 정확한 서비스를 지도하게 된다."

타이허 뮤직의 C 사용자 서비스 체계가 확대될수록, 온·오프라인 서비스도 지속적으로 확대될 것이다. 전국 최대의 현장 뮤직 쇼인 슈둥망(秀动网)이 이를 증명해주고 있다. 지금 대형 뮤직 페스티벌, 콘서트 주최는 타이허 뮤직의 주요 오프라인 서비스이다.

C 사용자가 무수한 개인 사용자라면 이 중에서 제일 가치가 있는 사용자는 팬이다. 2016년 11월 25일 타이허 뮤직은 팬을 위한 서비스 플랫폼인 Owhat에 투자를 한다고 선포했다. Owhat는 국내 첫 팬클럽과 연예인 소속사의 고객 관계를 관리하기 위한 도구이다. 지금까지 3000여 개 팬클럽이 있으며 유료회원은 50%이상으로 연평균 소비액은 500위안이 넘는다. Owhat는 정확한 선정과 깊이 있는 운영으

로 최고 품질의 서비스를 제공할 수 있으르 해서 첸스무는 Owhat를
선택했다.

첸스무는 거래 플랫폼과 팬 서비스 플랫폼의 출발점은 전혀 다르기
에 거래만 하는 플랫폼이면 거래량에만 집중하기 때문에 팬들의 요
구를 무시하는 경향이 있어 팬들을 이끌어내지 못한다고 했다. 하지
만 Owhat는 팬 서비스를 깊이 있게 진행할 수 있기 때문에 팬들이
찾아왔는데, 이는 타이허 뮤직의 음악 이념과 부합되는 것이었다.

지금 바이두 음악, 바이두 음악인에게 시청서비스를 제공하는 것
외에도 슈둥(秀动)의 티켓 서비스, Owhat, Vae+의 팬클럽 소셜 커
뮤니케이션, 음악 현장 서비스 등도 지속적으로 강화되고 있다. 첸스
무는 이렇게 말했다. "사용자의 빅 데이터는 방법을 제시하지만, 데이
터의 의미는 더욱 친밀하고 정확한 서비스 제공에 있다. 이와 연관된
파생 기회도 음악 산업사슬의 서비스가 더 많은 소비자들을 유치하
기 위해서이다."

저작권 보호, 지속가능한 발전 촉진

저작권은 음악회사의 중요 자산이다. 천스무는 음악은 장기적인 업
무이기에 본질은 여전히 내용을 기초로 하고 저작권 마케팅을 핵심
으로 하는 생태체계라고 했다.

음악 산업에서 저작권은 전체 산업의 명맥이라고 할 수 있다. 2015
년 7월 국가 저작권국에서는 인터넷 음악 서비스 제공 기업은 사용
허가를 받지 못한 음악 작품을 제공하는 행위를 중단해야 한다고 했

다. 12월 국가신문출판총국에서는 『우리나라 음악 산업의 대대적 추진에 관한 약간의 의견』을 발표했다.

이어 16개 음악 서비스 회사에서는 사용허가를 받지 못한 음악 작품 220여 만 곡을 내렸다. 고품질의 음악 저작권은 각 회사의 목표가 되었다. 수요가 많아지니 가격도 고공 행진하였기에 온라인 음악시장에 발을 붙인 기업은 점점 줄어들었다. 5년 전 문화부의 통계에 따르면 2,600개 음악 사이트가 있었으나 지금은 100개도 안 된다. 업계 인사들은 이는 전반적인 음악 산업의 건강한 발전을 보장하는 좋은 현상이라고 했다.

2018년 9월 타이허 뮤직그룹이 주최한 첫 마이텐 뮤직 페스티벌

"저작권은 모든 음악회사의 중요한 내용이다. 저작권이 바로 자산이다." 천스무는 음악의 저작권 형식은 영상이나 영화와 다르며 후자와 비교할 때 음악 작품의 저작권은 상황이 다양하고, 사용 빈도가 높고, 사용 주기가 긴 특성이 있다고 했다. 예를 들면 익숙한 선율에 지난날의 기억을 떠올리고 감정을 느낀다. 그런 의미에서 음악의 생명력은 영화보다 길다 할 수 있다.

그렇기 때문에 음악의 저작권은 음악 산업 모든 종사자 각도에서 제일 중요한 자산이다. 이와 연관된 자산의 효율성과 사용허가 발급 경로의 유효성도 중요하다. 천스무는 이렇게 말했다. "음악 저작권 자원에서 타이허 뮤직은 당연히 선도자이고, 저작권 사용허가 발급영역에서 우리는 여러 경로의 허가를 발행하는 회사이다."

천스무는 이렇게 말했다. "뮤직 플레이어 하나로 사업하지 말고, 음악의 전반적인 산업 체인을 정돈하고 종합해야 한다. 이것이 우리가 다른 회사와 차별화된 점이다." 그는 이런 예를 들었다. 빌딩을 지으면 우리는 빌딩의 소유자이고 입주자이다. 음악 저작권 구매회사는 전대인(轉貸人: 빌려온 것을 다시 남에게 빌려주는 사람)이다. 그들은 임대료와 적합한 전차인(轉借人: 남이 빌려온 것을 다시 빌리는 사람)에 집중하고 더 많은 빌딩을 빌리게 된다. 그런 차원에서 타이허 뮤직은 전차인이고 개발상이기도 하다.

천스무가 말한 '빌딩 개발'은 음악 저작권의 생산개발 능력이다. 음악 업계를 분석하는 사람은 음악 저작권은 영원히 지속되는 자산으로 상업 가치는 눈덩이 굴리듯 부단히 증가한다고 했다. 하지만 지속적인 내용의 생산 능력과 전업적인 음악에 대한 이해, 운영 능력의 구비 여부는 음악 창작에 대한 IP가치의 재평가와 상업화 이윤의 폭발 이후의 시장가치를 결정한다.

음악의 전반적인 산업 체인의 생태 체계의 건설을 추진하기 위해 타이허 뮤직은 '창작 음악'과 관련한 배치를 시작했다. 여기에는 타이허 마이텐, 하이데 음악, 다스 저작권의 콘텐츠 제작이 포함되며, 창작 음악인에 대한 지원 계획도 포함된다. 이어 타이허 뮤직은 야선 뮤직(亚神音乐), 빙마쓰 레코드(兵马司唱片) 등 기업을 인수했으며, 전국의 여러 도시에 음악의 대중 창작 공간인 T House를 오픈했다. 첸스무는 음악의 저작권 생산과 축적은 타이허 뮤직의 전략적인 요구로 효과적인 저작권 사용 및 축적의 속도 등의 내용이 포함된다고 했다. 회사 내부에도 매우 명확한 평가 제도가 있다. 이로 인해 음악 산업의 시동 기간이 길어질 수도 있지만, 저작권 특성으로 보면 가치는 더욱 길어지고 지속 시간도 길어진다.

하지만 저작권에 대해 중시하는 경향이 날로 높아질수록 저작권 가격도 높아진다. 지금 국내 일류 스타의 앨범 저작권은 이미 천만 위안을 돌파했기에 유료회원을 통해 이익을 얻는 상업방식으로 회사의 이익을 보장하는 것은 더욱 불확실해졌다. 이에 적지 않은 음악회사에서 산업 체인의 상단으로 업무를 개척하고 있다.

천스무는 이를 크게 걱정하지 않았다. 그는 음악은 장거리 달리기와 같은 업무로 본질은 내용을 기초로 하며, 저작권 운영을 핵심으로 하는 생태체계라고 했다. "전체를 형성하고 음악시장을 건전한 정상 궤도에 진입하도록 하는 것이 지금의 급선무이다."

천스무는 음악 산업의 발전방향을 이렇게 이해하고 있다. 온라인에
서 무료로 들을 수 있던 중국 디지털 음원은 산업 체인생태를 건축
하게 되면서 중국 디지털 음원은 상업형식을 갖추게 되어 양적인 발
전을 하게 되었고, 음악 저작권, 연예인 현황이 존중받고 중시되었다.
따라서 "미래에 음악의 시작은 여전히 내용과 저작권(라이브 방송 포
함)을 중심으로 할 것이다. 또한 어떻게 IP 가치를 효과적으로 발굴하
고, 어떤 방식으로 다양한 사용 상황을 연출하며, 어떻게 사용자를
개발함과 동시에 자아 생산을 실현하느냐 하는 것은 여전히 미래 디
지털 음악전쟁의 관건이다."

타이허 뮤직그룹 회장 천스무

창업자의 말

타이허 뮤직 그룹 회장 천스무

저작권은 모든 음악회사의 중요 내용이다. 저작권이 바로 자산이다. 음악 저작권 형식은 영상이나 영화와 다르다. 후자와 비교하면 음악 작품의 저작권은 세 가지 특성이 있다. 1. 상황이 다양하고 2. 사용 빈도가 높으며 3. 사용 주기가 길다. 음악 저작권 자원에서 타이허 뮤직은 당연히 업계의 선도자이다. 저작권 사용허가 발급영역에서 우리는 여러 경로의 허가를 발행하는 회사이다. 음악 저작권의 생산과 축적은 회사의 전략적인 요구로서 효과적인 저작권 사용 및 축적에 대한 속도 등이 있다. 회사 내부에도 매우 명확한 KPI 평가가 있다. 음악 산업의 시동 기간이 길어질 수 있지만, 저작권 특성으로 보면 가치는 더욱 길어지고 지속 시간도 길어진다. 저작권 보호는 음악 산업의 수입성장을 촉진케 하는 중요 원인이고, 유료 사용자수는 시장에 영향을 미치는 관건이다. 지난 30년의 회사 발전과정에서 우리는 줄곧 뮤직 플레이어 하나로 사업하지 않고 음악의 전반적인 산업 체인의 종합을 견지해야 한다고 여겼다. 이는 우리가 축적한 경험과 견해이며, 다른 음악기업과 차별적인 부분이다. 우리는 음악을 수확하는 사람이 아니라 음악 파종자의 역할을 견지하여 억만 사용자들에게 다원화적으로 넓은 음악 서비스와 제품을 제공해야 할 것이다. 미래에 음악의 시작은 여전히 내용과 저작권(라이브 방송 포함)

을 중심으로 할 것이다. 또한 어떻게 IP 가치를 효과적으로 발굴하고, 어떤 방식으로 다양한 사용 상황을 연출하며, 어떻게 사용자를 개발함과 동시에 자아 생산을 실현하느냐 역시 미래 디지털 음악 전쟁의 관건이 될 것이다. 타이허 뮤직은 계속하여 음악 산업의 전략적 배체를 깊이 있고 신속하게 완성하여 중국어 음악 산업의 발전을 촉진케 할 것이다.